中国石油“互联网+国企党建”系列丛书

铁人先锋 伴我前行

中国石油“互联网+国企党建”征文集（2024）

中国石油“互联网+国企党建”研究中心 ◎ 编

石油工業出版社

图书在版编目（CIP）数据

铁人先锋　伴我前行：中国石油“互联网＋国企党建”征文集. 2024 / 中国石油“互联网＋国企党建”研究中心编. -- 北京：石油工业出版社，2024. 11. -- ISBN 978-7-5183-7129-7

Ⅰ. D267.1-53

中国国家版本馆 CIP 数据核字第 20246LS103 号

铁人先锋　伴我前行

——中国石油“互联网＋国企党建”征文集（2024）

中国石油“互联网＋国企党建”研究中心　编

出版发行：石油工业出版社

（北京市朝阳区安华里二区 1 号楼　100011）

网　址：www.petropub.com

编辑部：（010）64523631　图书营销中心：（010）64523633

经　销：全国新华书店

印　刷：北京中石油彩色印刷有限责任公司

2024 年 11 月第 1 版　2024 年 11 月第 1 次印刷

710 毫米 ×1000 毫米　开本：1/16　印张：33.5

字数：385 千字

定　价：80.00 元

（如发现印装质量问题，我社图书营销中心负责调换）

序言

时光荏苒，岁月如歌。中国石油“互联网 + 国企党建”征文活动已走过三个春秋。每一年文稿归集出版的过程，有如见证农家丰收的喜悦，也如深秋湖畔的一抹惊鸿，浸润着欣慰和感怀。特别是在今年，广大用户投稿数量多、质量好，从不同层面展现了应用平台的真情实感，接地气、有温度，这为进一步深化“铁人先锋”平台建设、推进党建工作数字化转型提供了丰富素材和实践滋养。

本年度征文以“我和平台的故事”为主题，聚焦“铁人先锋”平台党建、工会、共青团等业务应用的亮点，自 2024 年 3 月启动以来，在各单位的大力支持和踊跃参与下，广大党员干部员工累计投稿 846 篇，经过评委会甄选、专家复审，精选出 200 篇入选《中国石油“互联网 + 国企党建”征文集（2024）》。这些佳作美篇充分记录了平台功能应用的生动实践，真实反映了石油人应用平台的“数字生活”，讲出了平台“好故事”，传递了平台“好声音”，进一步提升了平台的传播力和影响力。

2024 年以来，平台坚持“全周期、全方位、全要素”的场景设计思路，紧跟当前热点，深入研判用户应用平台的数据特点和个性化需求，增加了“国学识人用人智慧”“健康生活 有你有我”“传统节日动画祝福”“生日弹窗”等新场景，引导用户广泛参与，积极回应用户对平台的新期待新要求，截至2024年10月，平台累计开展活动73场，用户参与达3293万人次。比如，“学习用典”一经推出，仅四个月用户参与就达到了64.4万人次。2024年“十一”国庆期间，平台举办的“筑梦现代化 奋进新时代”全国石油职工第八届健步走网络公开赛，吸引43万余人参加活动，广大用户的体验感和获得感持续增强。

诚然，编委会在审读征文中，普遍感受到了广大用户数字意识的增强和数据能力的提升，“云上党建”理念已深入人心，融入了石油人的日常学习工作生活之中。从《每天争取百分之一的进步》到《“铁人先锋”真香》，收录的每一篇文章字里行间无不透射出广大员工对中国石油建设世界一流企业宏伟目标的强烈自信，绘就了一幅幅广大石油人立足岗位、弘扬石油精神和大庆精神铁人精神的壮美画卷。全书“油味”十足、文法优秀、地域特色突出，具有较强的可读性和感染力。

奋楫扬帆，一路芳华。在集团公司党群工作部的指导下，当下的“铁人先锋”平台正在持续迭代和完善中。衷心希望广大用户一如既往支持平台建设，深化平台应用，多提宝贵意见建议，携手推动智慧党建高质量发展，让中国石油互联网上的“红色精神家园”建设得更加美好。

本书编委会

2024年11月7日

目录

每天争取百分之一的进步

◎ 天然气销售

$(1+0.01)^{365} \approx 37.8$；

$(1+0)^{365}=1$；

$(1-0.01)^{365} \approx 0.03$。

上述 3 个等式中，设定每个人一天的正常工作为 1，一年为 365 天。（1+0.01）表示每天进步 1%，（1+0）表示每天保持不变，（1−0.01）表示每天退步 1%。365 天后，结果分别为 37.8、1 和 0.03。细微的差异经过一年 365 天的累积，竟然有几十倍甚至上千倍的差距。

作为一名基层党支部书记和“铁人先锋”的忠实粉丝，这就是每天登录“铁人先锋”给我的启示，也让我对学习理念和方法进行深入思考。

积极行动，躬身入局。每天登录“铁人先锋”才能获得签到积分和奖励积分，通过学习答题才能获得学习积分。这个过程看似简单，但也说明了一个朴实的道理：行动才有结果，去做才有成效。2024 年初，“铁人先锋”公布了“油味”楹联评选结果，我创作的一副楹联获得一等奖。我喜欢中国古典诗词，多年来也坚持业余创作，获悉中国石油作协征集“油味”楹联，很想试一试，但迟迟没有下

荣誉证书

任孟 同志：

在中国石油首届“油味”楹联征集评选中，荣获一等奖。特发此状，以资鼓励。

中国石油文学艺术界联合会 中国石油作家协会
二〇二三年十二月

“油味”楹联一等奖

荣誉证书

天然气销售湖南分公司：

你单位选送的作品《铁人王进喜纪念馆》（作者：任孟）荣获集团公司“赓续精神学铁人 踔厉奋发新征程”主题征文活动

二等奖

特发此证，以资鼓励。

中国石油天然气集团有限公司
党组宣传部
二〇二三年十月

集团征文二等奖

笔。一直拖到截稿结束前最后几天，我突然意识到积极参与的重要，才集中精力进行了创作。获得一等奖既是意外之喜，也是积极行动的结果。

日积月累，春华秋实。现在的“铁人先锋”功能越来越完善，不局限于对用户的单向信息发布和传递，更是打造了一个供用户展示的平台。因为爱好写作，我试着向“铁人先锋”栏目投稿，《靓丽刘丽》《水调歌头·参观铁人王进喜纪念馆》《红村的干打垒》等散文和诗词作品得以陆续发布，让我更对“铁人先锋”多了几分归属感。通过持续写作练笔，自己的理论得到提升、逻辑日益清晰、文笔不断提高，陆续有作品在《地火》《中国石油报》发表并获奖。2023 年，我被中国石油作家协会接收为新会员，在写作之路上又前进了一步。

坚持不懈，终身成长。习近平总书记曾反复强调：“梦想从学习开始，事业从实践起步。”通过“铁人先锋”日复一日地利用和学习，更加坚定了我终身成长的学习习惯和人生信念。2023 年，为了参评高级政工师，我报考了思想政治理论考试。从“铁人先锋”的“智选商城”购买教材以后，我把 400 页左右的教材连续学了五遍，取得了 82

分的考试成绩，并顺利通过了高级政工师评审。正如《大学》第一句："大学之道，在明明德，在亲民，在止于至善。""至善"是一个远大的目标，决定了我们必须永不知足，终身学习，不断成长。

工欲善其事，必先利其器。"铁人先锋"利器在手，我将每天努力争取百分之一的进步，在"吾生也有涯，而知也无涯"的生命旅程中上下求索，前进不止。

（撰写人：任孟）

笃行学习之道　你我皆是黑马

◎ 玉门油田

职业女性、孩子母亲、党建工作者……多重身份的我，每天都在忙碌中度过。身边的朋友不再像以前那么众多，大家都在经营自己的事业和家庭。但我清醒地知道，不能仅仅沉溺于自己的小天地里，我也需要感受时代的脉搏。也不知从什么时候开始，“铁人先锋”已悄然成了我的“闺中密友”。

“铁人先锋”，庄重而不失热烈的中国红。如果说前一夜伴我安心入眠的是手机 APP 里的自然音，那么清早唤我拥抱晨曦的便是“铁人先锋”学习模块中的热门倾听。

“胸藏文墨虚若谷，腹有诗书气自华。”你是我的温柔晨曦。当清晨第一缕阳光升起，我会习惯性打开“铁人先锋”，接受丰富多彩的内容：听听“博物馆里的党史”、听听“铁人王进喜的故事”，讲述声在洗漱的流水声中轻轻抚过；早上在单位紧张有序的工作间隙中答完“每日答题”和“在线答题”；午饭后打开手机浏览“网讯”模块，看看习近平总书记的重要讲话、看看各大油田的重大新闻；晚饭后，和老公交流答题心得，看看他有没有漏答题，积分有没有下降……日子仿佛就这么简单有序地循环着，无须刻意雕琢，但学习已成必备的生活。每天准时与你一起看新闻、读文章、学知识，就如听风沐浴，沁人心脾，每一次的路过仿佛都在告诉我：享受你的赠予，会让我更好地掌握人生，这才是忙碌生活中最好的治愈。

“不积跬步无以至千里，不积小流无以成江海。”你是我的力量之源。2018年，在我刚成为一名党建工作者时，正徘徊在对党的知识了解少之又少的时候，你如春风化雨般出现在我的面前，那时候的你还是1.0版本的“小豆芽”，各方面功能还不健全完善，但是你用仅有的模块功能弥补了我的缺陷。六年多的时间，你在不停地更新改变，直到现在，你已经发育得很健全了，拥有了2.0的版本，那么多的功能让我应接不暇：每月的“专题学”、网上课堂“月月学”、健康知识讲堂……只要是和我们息息相关的，你一样都不会落下。每一次的路过仿佛都在告诉我：知识就是力量，日积月累就是力量，这才是人生中最精彩的篇章。

“知识如沐春风舒，智慧如磨砺剑寒。”你是我的无尽宝藏。在这个知识日新月异的信息化时代，中国石油40多万党员都需要紧跟时代潮流不断地学习。相伴成长的岁月里，“铁人先锋”一直在不断丰富自己，并把自己的所有无私奉献给我。从党费交纳到会费交纳，从党支部学习到中心组学习，从在线考评到在线投票，从职工服务到智选商城……以前这些在线下的工作都搬到了线上，智能化的操作让我深深地爱上了你。尤其是入党纪念日的时候，每次打开APP，手机上都会跳出我的党龄，并写下入党周年感言，那一刻感觉很神圣。你，包罗万象，取之不尽，用之不竭，从未收取任何费用。每一次的路过仿佛都在告诉我：你是值得拥有的！

“业精于勤，荒于嬉；行成于思，毁于随。”你是我的快乐纽带。

或许很多人和我一样，最开始与“铁人先锋”认识开始于枯燥又少得可怜的积分，和一日不学便落后于千军万马的排名，但执着于积分和排名的那些日子却潜移默化地让我们渐渐地耐下心来：从这里戳戳、那里点点的尝试中发现更多学习的渠道。“在线答题”模块推出之初，我的积分排名有所下滑，不服输的我暗下决心一定要奋起直追。为此，工作之余，我加强题库学习，每日将练习次数全部用完，反复查看自己的错题。党纪学习教育如火如荼，“在线答题”模块开启了党纪学习教育每日答题，从最初的零分，到后来的 30 分、70 分，到现在的满分，我掌握了更多的《中国共产党纪律处分条例》知识，在后来单位的“主题党日活动”答题环节中，我竟然答对了很多题。就这样，日复一日刷题积分的过程中，让坚持学习成为一种习惯，你会发现，那些在总积分排名中默默前行坚持学习的人突然间像一匹黑马一样，冲入了年度积分榜的前列，但我依然让自己的总积分保持在党支部前三名。每一次的路过仿佛都在告诉我：学无止境，日月不可辜负，学习路上，你我皆是黑马。

书未学，墨香味已浓。寒来暑往，“铁人先锋”带给我的远远不止文字与视听的饕餮盛宴，更重要的是，你是我思想上的引路人，是正能量的传递者。我们虽然阻挡不了时间的流逝，但可以选择塑造自己的方式。未来的岁月，我将与你执手偕老，不忘初心，勇毅前行。

（撰写人：高雪芝）

指尖上最好的朋友

◎ 辽河油田

如果说，我是茫茫人海中一颗渺小的尘埃，那么她就是我生命中一缕独特的光华。她如同那初升的朝阳，照亮了我曾经黯淡无光的日子，使我在迷茫中找到了前行的方向；每当我遇到困难，她总会伸出援手，为我指明应对之策。她就是“铁人先锋”，一个在我指尖上最好的朋友。

我是一名共产党员，也是一名油田基层党总支的组织干事，还是一名团支部书记。我和她的见面充满仪式感。初出茅庐的我，第一次见到她是在“石油党建”平台的启动会上。那一天她深深吸引了我，落落大方的宝石花界面，洋溢温暖的石油红主色调和琳琅满目的小窗口。她向我伸开了友谊的臂膀，将我迎进无限宽广的石油党建世界。她有党的最新理论知识，有石油行业的动态，有权威的学习资料……那一刻，我知道，未来的我们一定会并肩同行。

2019 年，“不忘初心、牢记使命”主题教育在我的党组织工作中全面铺开。如何开展好一次令人印象深刻、触动心灵的党员活动？还是一名新手组织干事的我急得团团转。那一刻，她向我伸出了援助之手，平台上各种震撼人心的榜样故事展现在我的面前，驻村书记黄文秀的故事深深吸引了我，那一刻我深刻理解，共产党员的不忘初心源于群众、依赖群众。

于是，我带着“党员的需求是什么？”深入班站，开展问卷调查，了解他们的所思所想。“想从心灵上震撼一次”是我收获的答案。我确定了开展“我心向党”诗朗诵活动，将优秀党员的事迹分享给大家，将党的初心和使命歌颂。朗诵的那一天，党员站在讲台上真情流露，那一刻我被党的崇高理想深深打动，在场的所有党员被活动的氛围所感染，那一刻我知道，我举办的这次活动成功了。

我们的第一次合作非常愉快，她给了我超多灵感。原以为我们只会在党组织工作中结伴，没想到，她强大远不止此。我经常会被注汽生产过程的技术术语和专业知识所困扰：什么是注汽时率？如何降低燃气单耗？我遇到技术上的不理解会习惯性地找到她，搜索相关的培训资料。她强大的知识库、丰富的培训资源总能让我找到答案，帮助我不断提升自己的技能水平。与此同时，她让我交到了更多的好朋

2019 年组织开展“我心向党”诗朗诵活动

在“铁人先锋”平台中汲取力量

友，她很了解青年的想法，推出了许多特色栏目和活动。通过参与线上学习、交流和分享，我结识了许多志同道合的朋友。我们还组成了线上学习小组，互相鼓励、共同进步。这种青春的氛围和力量，让我在工作之余感受到了别样的精彩。

回首与她相伴的日子，我深感自己成长了许多。她不仅见证了我的进步和变化，更让我与众多党员、工会会员、共青团员建立了深厚的情谊。我的这位指尖上的朋友一直指引着我前方的路，我们一起学习、工作、热心公益，我们共同书写着数字化时代党建工作的新篇章，展现着石油人昂扬向上的精神风貌。我与“铁人先锋”的故事还在继续，我相信，我们会一起携手，走向更加美好的未来！

（撰写人：潘晶）

追分日记

◎ 长庆油田

“什么？倒数？！在哪里？”

“‘铁人先锋’，在线答题，你可还有印象？”

“额……”我一边迅速点开手机屏幕角落里的“铁人先锋”，用手指快速戳戳屏幕，迅速关掉“每日答题”的温馨提示，偷偷看了一眼躺在党支部排名底部且困意十足的几个数字，东倒西歪，就好像在用慢倍速喇叭对着耳朵喊：“尴……尬……了……吧……”

我憨憨一笑，道：“书记，我疏忽了，疏忽了！”

“咱不能给党总支拖后腿，还有三个月，2000 分，有没有信心？”党支部书记信心满满地说，但还没等我开口，又道：“一天 25 分，一个月保底 750 分，嗯，三个月，没问题！”

虽然，我惊讶的表情已然凝固在空气中，但脑海里却已开始悄悄制定起追分的计划……

第一天　习惯，还没习惯

10 月 13 日，星期五，阴。

7:50，党委宣传部的同事们已在电脑前“奋笔疾书”，键盘敲击声让整个办公室更加显得安静，我看看昨晚罗列的 11 条工作计划，轻轻放下手中的水杯，深吸一口气，准备一如既往地“大干一场”。突然，放置在鼠标旁的手机屏幕闪亮起来，瞥了一眼，“嗯，是闹铃！”随手一关，但放在键盘上的双手立刻随着回过神的视线，挪回手机，“哦，‘铁人先锋’！不行，倒数不是咱的风格，得赶紧答题，超越几个人再说！”

正说着，电脑桌面“中油即时通”跳出一条信息……

好吧，就是这条信息，我的“第一天”，断签了……

第二天　答题，为了积分

10 月 14 日，星期六，雾。

8:55，“快叫儿子起床！”厨房里传来家人的催促声。

“爸爸，让我再睡会儿……”，儿子把被子往头上一蒙，卷过身去。

我放下答了一半的“每日答题”，严肃地说：“不行，架子鼓课要迟到了，快起来……”

一切收拾妥当，开车拉着儿子等红绿灯。

“爸爸，黄色红色手拉手，变成橙色画橘子！”

“嗯，嗯……”

“爸爸，黄色绿色手拉手，变成……变成什么？”

“嗯，嗯……”

“什么颜色啊，爸爸你说啊！”

“什么什么颜色，稍等下，我在答题呢，我怕我一会儿又忘了！”

“是绿色啊，爸爸，绿灯了！绿灯了！”

“滴滴……”后车的急速喇叭狂按不止，伴随着一个敲窗，警察叔叔很有礼貌地敬了个礼：“您好，您这儿半天不动，怎么，没有您喜欢的颜色？”

“我爸爸答题呢……”儿子以迅雷不及掩耳之势接话道。

“我这也有一套题，想答吗？”交警指指斜对面的交通法规“小课堂”说。

“哦，不了，不了，”我一边摆摆手一边赶紧“弹射”起步。

虽然今天的积分搞定，但我被警察叔叔“训斥”了一番，认识到不该在开车时操作手机，这种行为十分危险！

第三天　交错，积分竞赛

10 月 15 日，星期天，霾。

6:50，莫名其妙突然醒来，看看手机时间，不自觉点开“铁人先锋”，看看积分排位，依然需要出现两次“加载中……”才能刷到自己的排位。“不行啊，大家每天也都在答题，超越并非易事，什么时候才能摆脱倒数的噩梦啊！”心理虽然想着，但还是迅速答完题，再回头看看积分排名，突然，熟悉的“排号”变成了讨喜的“数字”，定睛一看，排位上升一格。虽然不该有私心，但一边放下手机一边还是有了一个念头，“让我真正超越一次吧，一格也是进步。”

于是，当天手机屏幕的点亮次数陡然增加，每一次均是心跳，每一次均为惊喜，伴随着零点的到来，胜利的狂欢笑出了声，我，终于晋级了！

第七天　学习，才是目的

10 月 19 日，星期四，多云转晴。

一周的时间，我已诚然度过了闹铃飞舞的提醒阶段，经历了积分交错的激烈剧情，养成了每日答题的良好习惯。清晨醒来，第一件事儿，就是答题，看着昨晚又超越了一人，心中暗自欢喜。爱人瞥了一眼，说："你最近答题坚持得不错啊，看来思想境界有所提升！""那是，咱拼的就是坚持，咱还是当年那个少年！"说着，我举起手机，展示着依然排名底部却向上晋级两格的排位。正沾沾自喜，儿子瞬间从床上跳起，舞动着蓬松的睡衣跳唱起来："你还是从前那个少年，没有一丝丝改变，时间不过只是考验……"无奈给儿子一个白眼后，心中顿感空虚："人说高处不胜寒，才至空虚，我这低谷也空虚？！"沉思片刻，妻儿的话语让我顿悟，几天来，我的确没有一丝丝改变，每天只关心攒多少积分，超越多少人，但这并不是我们要追求的答题意义，唯有学习，才是真正的目的。

于是，从那天起，开始不自觉地关注每道题目和答案注释的模样。

第二十一天　共进，阔步前行

11 月 2 日，星期四，阳光明媚。

7:50，党委宣传部的办公室里，依然唯有键盘敲击的声音，"中油即时通"一声"答题了"的提醒，瞬间得到回复："早答了！"看来大家都已形成了自觉学习的好习惯，无须他人提醒了。在办公室与餐厅的往返路途中，还能听到对照文件制度交谈某道题目答案的讨论声。我想，每个人或有或无，都经历了无脑答题攒积分的冲动和起夜惊觉叹失分的无奈，都经历了从紧盯排名到更加关注学习质量的过程。"一人进百步，不如百人进一步"，党建答题以这种看似简易却不简单的过程，无声无息地引导着大家共促学习、共助进步，不自觉形成了高效自律的工作习惯和团结奋进的凝聚合力，潜移默化地助推各项工作更高质量地深入开展。也许，这才是党建答题更为重要的目的和意义。

期待我们，从思想政治理论到业务管理能力，都越学越强，时刻紧随党的号召，积极推进“一流物资供应链管理能力”和“一流物资供应保障能力”的“双一流”建设，倾尽所能为“大强壮美长”的长庆新图景增添闪耀夺目的物资光芒，在建设世界一流大油气田的新征程中不断彰显“长庆精神”，与心系祖国发展、保障能源安全的红色石油人，一路披荆斩棘，阔步前行。

（撰写人：何健）

入党 20 年

◎ 长庆油田

夏日午后，炽热的阳光将斑驳的光影洒在窗前。被连续暑热炙烤的办公室，气氛沉闷，间或传来“噼啪”的打字声。没有空调的办公室，室温显示已经 30 摄氏度了。虽然这里是黄土塬最深处，但是夏天的热浪依然高调涌向这里。

“丁零零……”桌上手机传来的声音，如同让湖面泛起涟漪的石块，打破了办公室的宁静。我拿起手机一看，屏幕上弹出一条消息：“李莉同志，你是 2004 年 6 月 25 日入的党，恭喜你已经有 20 年党龄了。”霎时，一股暖流在胸腔激荡，自豪之情溢于胸前。“我入党 20 年了。”我大声说道，顿时，在祝贺声中，大家也都算起了自己入党的年份。

我是在延安入的党。父亲是一名老党员。那年父亲被评为油田公司先进个人，需要写份事迹材料。虽然做了父亲二十多年的女儿，但父亲的事迹我还真写不出来。“你父亲真了不起，一天晚上去查夜时，碰到了偷油贼，他们拿着武器恐吓你父亲让他放弃追赶。你父亲没有被吓倒，在追赶过程中，被扔出的石块砸出一个血坑，还缝了六针。”父亲的一名年轻同事说道。父亲受伤的事我知道，但具体的细节我还是第一次听说。那一次，我望着党龄已经有30年的父亲，下定决心也要入党，做一名父亲那样的人——坚韧、乐观奉献，就像扎根黄土高原的白杨树。

那一年，我在杏子河畔，遥望着巍巍宝塔山光荣入党。记得那也是个七月流火的季节，我们这些刚刚入党的同志，在党支部书记的带领下，到延安以红色之旅的方式进行了爱国主义教育。在杨家岭革命旧址前，我们在鲜红的党旗下，庄严举起右手，郑重许下了志愿加入中国共产党的誓言。那一刻，我们身着火红的工服，在那窑洞前，就像一只追寻来的燕子。“像翩翩归来的燕子……追寻你，延河叮咚的流水；追寻你，枣园梨花的清香……”宣誓结束后，激动的心情如同夏日的暖流涌动着，我终于可以像父亲一样，成为一名共产党员了。

后来我调到了长庆姬塬油田工作。这里位于长庆油田海拔最高处，自古就有“旱码头”之称，剪不断的风总像披散着头发的疯子，一会儿蹿到群山之巅，一会儿又扫荡在谷底。在这里，我一待就是18年，从来没有打过退堂鼓。在这些年里，我始终严格要求自己，多次获得厂级优秀共产党员的称号。

李莉在一线采访

在“铁人先锋”平台里不断汲取知识，让自己共产党员的形象更为突出。自从平台上线以来，她就成了我的亲密伙伴。我每天的成长都离不开她的滋养。如今，她像老朋友一样提醒我入党已有 20 年了。

不忘初心，牢记使命。在这个源头活水般的平台里，我一定要让自己胸前的党徽更为闪耀！

（撰写人：李莉）

“新”支书与“新”平台的“新新”相印

◎ 长城钻探

我，性别女，今年 40+，别看我已经“老大不小”，但是从国内到国外、从非洲到美洲，面对工作上的各种挑战，咱就没有怕过。大话说得有点早，2023 年的春天，在去大修项目一部赴任的路上，面对基层党支部书记这个我从未从事过的新岗位，我的心里还真是揣满了忐忑与害怕：如何把党员聚起来？党支部工作怎么开展才能既有效又不招人烦？传统基层党建工作如何在我这个新人手里做出一点新成绩？面对老问题怎么做才能找到突破口……

她，性别 APP，今年 7+，别看她年龄不大，但是名称从“石油党建”到“铁人先锋”，她在迅速成长与完善，内容与栏目不断丰富，涵盖党建、工会、共青团、统战、三基、学习和每日互动交流、科普与心理健康辅导等众多内容，可谓是石油员工的“老朋友”。我之所以称呼她“新平台”，那是因为在我眼里她从未停止发展的脚步，无时无刻不在自我成长与自我完善，与时俱进，创新内容。当我觉得不过如此的时候，她又总是给我“耳目一新”的新认知，也推动我在新岗位上完成了一次又一次的新进步……

说实话，我是无论如何没有想到新岗位面对的众多新问题会因一个 APP 迎刃而解。是的，我这个新支书就是以"铁人先锋"APP 为支点，撬动了整个党支部工作的有效运转，故事还要从一首歌开始。很多年以前，"工作狂"的我在北京每天都自行加班到很晚才回到出租屋。一个夏日的夜晚，爸妈怕我一人回去的路上不安全就来单位接我。也许为了给一直奋斗的自己打气，也许为了给爸妈带来点欢乐，走在回家路上的我竟然放声唱起了《踏着铁人脚步走》，作为老石油的爸妈也跟着大声唱起来。于是，深夜的北京街道上三人边走边唱边笑，工作的疲惫一扫而光。而那一幕、那首歌也深深地印在了我的脑海中，在我每每想要退缩或胆怯时跳出来，给我力量。于是，在成为党支部书记以后不知所措的我，自然而然地点开了"铁人先锋"，似乎冥冥之中认定同为"铁人"的她一定也会给予我力量。

事实是，这个平台真的超过了我的预期。最开始，我只是进入后台维护党支部日常数据。后来，通过"党组织管理""党员管理""党费管理"等版块，在最短的时间里我不仅掌握到了党支部机构设置情况，更了解到了支部每名党员的个人基础信息；通过"组织生活"版块的维护，我又无形之中重温了"三会一课"的标准与规范，了解到了现有工作的问题与不足。而伴随使用的深入，"铁人先锋"平台对我工作上的帮助与启发也在与日俱增。2023 年底，当我思考党支部新一年年度工作计划时，"中国石油智慧党建研究""党建微视""三基工作"等栏目又给了我工作启迪，于是 2024 年《党支部工作考核办法》《党支部宣传工作积分制考核》"党支部书记示范项目"等制度办法和工作载体应运而生。

我，是嘎嘎新的党支部书记；她，是与日俱新的“铁人先锋”平台，我们“新新”相印让工作充满底气。

（撰写人：金敏）

“习”以为“常”

◎ 大港油田

“老王！今天的‘每日一习话’讲得不错，你看了吗？我又给背下来了。”小李满脸兴奋边说边推开老王办公室的门。

老王故意装作没听着，因为这个话题是“每日一谈”，若无其事地低头“弹着”键盘……

小李大步走到老王桌前，也不顾老王是什么反应就只管开口背起来：“深入开展党性党风党纪教育，传承党的光荣传统和优良作风，激发党员崇高理想追求……”

“不错！那你说说昨天‘每日一习话’是？”

“坚持党性党风党纪一起抓，从思想上固本培元，提高党性觉悟……”还没等老王说完，小李就口若悬河地背了起来。

“好了，好了。你小子最近平台学习效果不错，我看看你‘我的学习栏’，看你小子最近都坚持学了吗？”老王忙挥起手示意小李停下来。

老王接过小李的手机，登录“铁人先锋”，点到小李的学习记录，确实每天都有学习记录。就故意逗弄小李：“小李，你没必要天天都学，再说这些平台学习一般都不加分，支部也不考核，你就……”

“你这看低我了，我每天既要加积分，又要看看平台，学习学习这不也提高一下自己，不然咱俩差距不就越拉越大了？再说多学些确实不错的，有助于我工作水平的提升。”小李好像知道老王下面会说啥，急忙接过话说。

小李和老王正说得带劲，就见老严和老郭走进办公室。

“你俩在聊啥呢？这么热闹！”老严走到小李跟前拍拍小李的肩问道。

“我们这不是在说‘铁人先锋’学习的事嘛！其实我是想提醒老王坚持登录平台学习。因为早上起来我习惯打开手机，第一件事就是平台学习，老怕积分落后了。”

小李转过脸，用手比画了一下接着说，“我一看‘组织排行’，发现老王积分好像‘掉队了’。”

“没错，我也发现了，老王从积分第一名忽然掉下好几名了。”老郭补充说道。

“哎呀！这不我每天都是早上醒来，睁开眼就是登录‘铁人先锋’先答题，然后再学习。可是昨天我登录后先看了‘党建百科’，看着看着，到最后忘了答题了。”老王懊悔地解释道。

“也是，我们一般都是早上登录答题，然后再学习，看新闻。”他们三个齐声应道。

“其实，积分都是次要的，我平时上平台学习的时间会更长点。”老王看着大家说。

“就是，我登录一般是到‘资料库’听党课。”

“我通常是答完题，再看看‘推荐学习’栏里的文章。”

“我也是先答题，再到‘工会’里看点文章或者学点理论知识。”

“你们发现没有，我们支部的大多数党员登录‘铁人先锋’平台都很积极，一看大家积分就知道了，而且大家也爱在里面学点理论知识或看新闻。”几个人你一句我一句聊得很欢。

“其实，支部党员都喜欢答题，也爱看党建理论知识和推荐文章。爱学习的习惯不错。”老王看出大家讨论的热度一时半会“凉不下来”，就做总结性发言，“重要的是‘习’以为常，温故而知新。”

“同意！”大家也看出老王的用意，异口同声地答道。

说完，他们三个都回到各自办公室去了。

“‘铁人先锋’呀！不但给我们送来知识，同时也传递给我们‘铁人精神’。”老王看着他们走了，自言自语地说了一句，坐回椅子上……

（撰写人：张洪斌）

写在与您断联的 231 天

◎ 西南油气田

今天是 2024 年 6 月 30 日，没有暗合，也不意指，虽已不能屈指计算，但我知道，与您断联已 231 天。

与您相识是多年以前，一袭红衣，款款而来，从此您就是我和母亲联系的纽带，是我的精神家园。母亲的衣服是层层浸染的浓墨重彩的红，我是那红中一点；我是举起右手庄严宣誓的九千九百万分之一，是那每天与您相见的数十万中的一员。

您号召，我拥护。您呼唤，我执行。您点名，我说“到”。我知道，您为母亲代言。

您把光辉百年娓娓道来，峥嵘岁月，激荡我的心田；您把复兴大业徐徐展现，巨手筹谋，新时代谱写绿色高质量发展新篇；您把章程条例推入我的眼帘，字字千钧，让我刻刻记心间；您把永远在路上的决心彰显，自我革命，焕发勃勃生机的伟大实践。

其实与您咫尺之间，握您在手或是揣您入怀，您陪我不断成长，给我一份自信与安然。

清晨向您道个早安，看看母亲的信息，您问我答开启充实的一天；夜晚聆听您的声音入眠，点开扉页便受益匪浅；我收藏祖国的历史，领悟“一习话”箴言；每月您一个弹窗——光荣履行了党员应尽的义务，那是我对母亲的景仰与眷恋。

您是知音，亦是友人，见面如返家，我愿做只留鸟，默默衔草固巢。

您酷静又温暖，可记得我兑换马克杯时的笑脸；您缄默又活跃，曾记否我健步行时的欢颜；您从无延迟传递通知消息，提醒我牢记使命如磐；您从不忘祝贺我的纪念日，告诫我勿忘初心。

我踏着创业者的脚步来到蜀南，在这热土上历经守业之艰，也有幸见证凤凰涅槃；其实我还想再看看，看看千万吨级大气矿的实现，看看五百亿大油田的美丽画卷……

岁月缱绻，葳蕤生香。我走了，就拜托同志们代替我与您相见，是今天，也是每一天。

杨洪川同志（前排右二）参加主题党日活动

后记：蜀南气矿自贡采气作业区运维保障党支部杨洪川同志2023年11月因病去世。一名基层的普通党员，在平凡岗位上默默付出，满怀虔敬之心，卧病在床时仍坚持学习。故撰文追忆他与“铁人先锋”的片段与点滴。

（撰写人：张帆）

特殊的“介绍人”

◎ 昆仑银行

“嘉明，又在加班呢？工作再忙，个人问题也得考虑啊！”

办公室管工会的俞大姐几乎每次遇到行里的单身青年，总会时不时“督办”一下大家找对象的进度，大家都开玩笑说，这俞大姐催婚比家里长辈催得还紧呐！

“俞姐，我这不是项目忙没时间，再说我们这搞技术的，平时也啥没机会接触到女孩。”嘉明腼腆地笑笑，挠了挠不太浓密的头发，依旧目不转睛地盯着那一串串代码。

“这不，机会来了，就看你自己要不要把握。”俞大姐指着“铁人先锋”平台上团委组织的“青年联谊”活动，兴奋地给嘉明讲起来。

正是这次平台上的联谊活动，嘉明邂逅了他生命中的另一半，此前他从不相信什么一见钟情，但自从遇到她之后，一切都发生了改变。

女朋友是大庆人，来自铁人王进喜的故乡。嘉明和我们讲，在女朋友身上总能感受到一种莫名的熟悉感和质朴的亲切感，让他不禁想起了自己的姥姥姥爷。

20 世纪 60 年代，正赶上石油大会战，为响应国家号召，当年天各一方的两个年轻人，因为一腔“我为祖国献石油”的豪情，一个从北京铁道研究院，一个从甘肃酒泉供电局，怀揣着共同的红色信仰，来到祖国最需要的地方——大庆油田进行支援。

听嘉明说，当年姥姥姥爷的第一次邂逅也和“石油党建”有关，当时俩人都在大庆市里的一家书店看书，那时候的书籍资源极其匮乏，反映石油工人风貌、宣传石油精神的文化载体多数也以纸媒为主，因为俩人同时看上了一本名为《石油工人》的党建刊物，姥爷主动把书让给了姥姥，俩人因为彼此共同的深厚而质朴的“石油情结”，就这样缓缓地打开了话匣子……

姥姥姥爷 60 年的红色石油爱情

一路走来，两位耄耋老人从相识相知到相携相伴，风风雨雨，相濡以沫 60 年，建立了坚韧的革命情谊。先为国，再为家，他们对献身祖国石油事业有着同样的责任感和使命感，共同经历过那个创业年代的苦难，也更加珍惜那个火红年代来之不易的浪漫。如今再讲起当年大庆油田的故事，还是那样的幸福和温暖。

不知不觉间，“石油党建”成为姥姥姥爷那一辈爱情的见证人，质朴且坚韧；而“铁人先锋”平台也成为新生代石油青年联谊的介绍人，实用而贴心。随着时代的进步，铁人精神的传承媒介，虽然从书信逐渐发展到互联网，但几代人身体里蕴含的红色基因和石油血脉却从未改变，代代相传。

（撰写人：陈宇航）

耕耘云上一片“田”

◎ 大庆油田

如果把“铁人先锋”平台比作一片“田”，每个班组网格就像一粒种子，经过精心的翻耕、施肥、灌溉，收获累累硕果。作为田间人，我愿在这方“田字格”里写下一个“红”字。

这个“红”是全心全意“为人民服务”的红。在“铁人先锋”平台的“学·习”专栏，我学到了“我将无我，不负人民”八个字，背后是习近平总书记对人民的无限挚爱，是人民领袖深厚的为民情怀。如何为民？去哪服务？平台打通了这条“连心路”。前不久，一名员工在“铁人先锋”平台的“事件上报”模块反映：“往返队部和站内需要走到马路上，不仅绕路，而且不安全。”收到问题后，党员骨干马上组织商讨，还向上级发出改造申请。很快，方案立项，全员行动，焊接废旧油管、除锈刷漆、铺砖石路，大家同心合力建起了长廊，原本的土路“穿上新衣”，不仅解决了群众生活的“痛点”，还摇身一变成为文化宣传阵地。说文化其实有些大了，我理解，就是汇聚起班组的正能量，再传递给更多人。站里的路和心里的路同时建了起来，这一抹“红”成了最好的“定心丸”。

这个“红”是焕发了基层治理新活力的红。基层治理涉及内容很多，需要调动和协调多方力量共同参与。我们依托平台，以网格为轴心，凝聚多元合力，突破信息壁垒，融合了上级网格、业务部门、网格协作区、党员责任区等多方面治理力量和资源，形成党建引领、各方协同的基层治理“大格局”。2024 年 3 月，一名员工巡检时发现有漏点，班组无法自行处理，马上通过“铁人先锋”平台上报。接到事件的作业区专项管理人员不到一个小时就带领维修人员来到现场，督办施工进度、保证现场安全。抢修结束后，他还开玩笑地对员工说：“你现在就得给我办结啊，过了 24 小时这事儿就穿透到上级，给我挂上了！”“上对下层层压实，下对上紧追不舍”的工作格局初步形成，不少员工主动当起了“一亩三分地”的小小管理员，让基层的发展活力更足了。

这个“红”是党建“三基本”与“三基”工作深度融合的红。“平台功能很实用，像‘风险预警’模块就可以让所有员工第一时间看到

与管理创优网格员一起研究员工在平台上报的问题

当天生产中可能存在的临时性风险隐患。”班组里的生产干部是学平台最上心、用平台最多的。通过六项网格员业务领域模块，将现有资源统筹整合，在线上集成映射，平台成了站里的“网红角”，让每名员工一看到网格就对工作心中有数。作为基层党务工作者，我也愿意第一时间在网格播报模块上传工作动态、员工成长故事，尽一份努力，让每个人向着光、成为光、散发光。

数智党建是一个宏大的课题，而探索和积累源自身边的故事，我们和平台的故事未完待续……

（撰写人：李姊桐）

跨越·共生

◎ 渤海钻探

当科技的种子遇上党建的土壤，会绽放出怎样的时代之花？一如史铁生在地坛中找寻生命真谛，我循着平台的迭代足迹，仿佛走进了另一座心灵的地坛……

序章　遇见平台，如初访地坛

在那个桌面上还摆放着各种党建纸质资料的办公室，我初次触碰了平台，就像史铁生在《我与地坛》中描述的第一次踏入那片古老园林，心中充满了对未知的好奇与敬畏。那时的平台，还叫“石油党建”，界面简朴，功能尚浅，却如同地坛里最不起眼的小径，引领我踏上了数字化党建的探索之旅。在一键生成的党费统计中，在分门别类的党建网讯浏览过程中，我感受到了前所未有的便捷，仿佛是开启了一扇窗，让党的光芒照亮了日常工作的每一个角落。这个时期的平台，虽然简单，却在我的心中播下了希望的种子，让我意识到，“互联网 + 党建”的结合，将会开启一片全新的天地，我桌上那些无处安放的纸质资料可能将迎来它的“电子收纳盒”。

组织党员利用平台开展“指尖立体课堂”学习共享

第一章　陪伴平台，共赏金秋银杏

时光流转，2020 年，平台更名为“铁人先锋”，正式迎来了 2.0 时代，她如同地坛的四季更迭，焕发出新的光彩。平台建立的“党建管理驾驶舱”，以云视图方式全景式展现组织、党员的工作动态和重点工作落实情况，总揽工作全局，企业党建就此迈入“智慧党建”新阶段。越来越多的工作依托平台开展，党建工作“一网集成”，让我仿佛置身于地坛的金秋，那满目金黄的银杏叶，美不胜收。在这个平台上，我不仅能够系统学习党的理论知识，还能与更多的一线党员同志交流心得，仿佛是地坛中的游客，虽然分布在不同的地方，却因共同的景致而产生共鸣。在交流中，我收获了知识，也收获了友谊，那份温暖如同秋日午后的阳光，柔和而充满力量。

第二章　与平台共舞，智慧之树常青

如今，平台一如既往、不断更新迭代，她比以往任何时候都更加智能、人性化。大数据智能分析等功能，让平台仿佛地坛中那棵历经风雨依然苍翠的古树，根深叶茂，智慧之光在枝叶间闪烁。在平台中，我能够更精准地把握党建工作的脉搏，用数据说话，用智慧决策。每一次与平台的互动，都像是在与一位智者对话，她不仅解答了我的疑惑，更启迪了我的思考，让我的工作方法和思维方式得到了质的飞跃。

未完待续　时光印记，共赴未来

回首工作中与平台相伴的日子，她不仅是一部记录我党务工作点滴的时光机，更是我成长路上的良师益友。正如史铁生在《我与地坛》中对地坛的深刻感悟，我也在这片“数字地坛”中找到了自我，理解了责任，学会了成长。每一次平台的升级，都像是地坛四季的轮回，带给我新的启示和力量。我期待，未来的日子里，与“铁人先锋”平台一起，继续在这片数字土地上，播种希望，收获智慧，共同绘制一幅更加灿烂的党建蓝图。

（撰写人：杨毓婷）

指尖方寸“宝石花” 凝心聚力大平台

◎ 大庆油田

指尖方寸“宝石花”，油田党建大平台；
点点星光齐凝聚，红色基因汇成海。
看网讯、阅新闻，
思想动作齐跟进，忠诚向党聚起来；
学习角、增储备，
资料百科加竞猜，能力岗位更合拍；
纪规法、月月学，
思想行为党群带，严实作风成常态；
石油人，看榜样，
标杆旗帜做表率，学比先进展风采；
六大员，齐发力，
一键穿透短平快，难事不难把忧排。
我为祖国献石油，一网多能聚英才；
融合群智绘网格，用好平台承血脉。

偶然才发觉，这颗“宝石花”在我手机里已经长住了好久。她从

建立健全三厂保卫大队党建平台数智大屏

“石油党建”到“铁人先锋”，历经几年的更新、辗转，已经从播放石油新闻、交纳党费等浏览、党务功能的党员“小驿站”，强大到与邮箱、即时通互联，承载红色网格治理全流程，链接每位油田员工的党建“大舞台”。

这颗“宝石花”也在不知不觉间，压过抖音、快手、头条等诸多软件，从第二屏抢占到主页，赫然醒目钉在了我——一名油田保卫普通党务工作者的手机头一排的位置。我也在不知不觉间，从只知道利用平台交纳党费，点击自己感兴趣的油田新闻，渐渐将她作为我开展党务工作、阅读书籍资料的依靠，也让我从无聊的小视频“乐刷”中解放出来，用更多的时间吸收“精神食粮”。我每天会在党政动态、时事政策中吸收“营养”，也会在党建百科、党务技能等资料中汲取“能量”，也会在“电子书屋”中读史学史、博闻强识，随时随地也通过“在线答题”来“加餐”拓宽视野。

2023 年，油田全面铺开红色网格治理模式后，让我更见识到这颗小小“宝石花”的强大。我们每个党支部开通了一面窗口大屏，人和事都“一键尽览”，特别是“六大专班”工作全面铺开后，感觉突然之间，工作形式一下就翻天覆地变了。“政策主张”指方向、“管理创优”定目标，让队伍干劲儿齐了；维稳信访设专管、健康管理建帮扶，让员工心里暖了；安全环保有专责，综合治理定包保，让单位事情人人伸手管了。经过一段时间的磨合、改进，通过“铁人先锋”平台互通互联，逐渐形成了“点动成线，线动成面，面动成体”的立体网格格局。通过“人在网中走、事在格中办”，让各类事件一键上报、闭环解决，也让基层党建更接地气、更有温度，通过党心连民心让基层党支部更具凝聚力。

作为一名基层保卫工作者，我所关注的综治协管工作，也在平台上“翻了新”。通过平台，让保卫部门辖区治理的“单打独斗”，在融合共建中被赋予了新动力。我们三厂的每一个保卫基层巡逻班都与生产班组建立了网格联盟，让每一位员工通过平台的“上报事件、交办任务”功能参与到辖区治理中，共同制止各类侵害油田违法犯罪，和属地内违建、偷电、放牧等违法行为，做到齐抓共管、属地共治，大联防格局通过平台逐渐形成，辖区治安形势焕然一新。

现在的这颗“宝石花”，不单单是油田党建的“区块链”，更是每一名石油人的精神港湾。她的成长，不仅有平台工作者的辛劳，也有

第三采油厂保卫大队“铁人先锋”平台红色网格治安综治工作专班推进会

无数油田党建工作者的汗水。众志成城中，将“铁人先锋”融智聚力成强大武器，从推动高质量发展到创新油田治理，油田各项事业发展无不贯穿着党的领导这条红线，我们必须与时俱进将她用好、做好，才能让油田基层党建焕发新的力量，才能继续交出“我为祖国献石油”的新答卷。

（撰写人：徐海涛）

石油人的精神“桃花源”

◎ 长庆油田

六月的陕北，烈日当空，热风浮动。翠绿的玉米在高温下蔫卷了边儿，随风翻滚扑打着脚下的黄土地。远处依稀传来读书声：“复兴之路，道阻且长；利民之事，丝发必兴……”循声望去，两个“红工衣”正坐在一颗伟岸的绿树荫凉下，一个拿着手机，为另一个高声朗读。

利用乘车、巡线、开关井间隙，坚持每日学习党建知识，已成为这里每位党员的日常；而手机里的“铁人先锋”APP，不仅是他们每日必用最爱的学习平台，更是他们在广袤荒原大漠中的精神“桃花源”。

巡线间歇学习平台党建知识

曾几何时，特殊生活环境、特殊工作性质、特殊轮休模式，使得这里开展党内组织生活、进行党员管理等工作成了“老大难”问题。恰逢此时，“铁人先锋”平台带着一丝高科技的神秘、也带着迎合大众所盼的亲切应运而生。

初识平台，看着诸多大栏目下包含的更多子栏目，党员们一头雾水，不知道除了像看新闻一样阅读，这个平台还有什么功能？新平台的应用，更是让个别党员本能地有了抵触心理，党员的眉头越看锁得越紧。

急党员之所急，油田公司第一时间组织各单位党务工作者进行了集中培训，细致地讲解，生动地现场操作，让在场的党员豁然开朗。带着“先进技术”的党务工作者回到各自“主战场”，也用同样的循循善诱、手把手教会更多身边党员熟练使用平台。

随着对“铁人先锋”的全面了解，一个别有洞天的精神“桃花源”徐徐在党员面前展现——这里可以指尖一点就交纳党费；可以远在千里之外参加自己单位的党支部会议；可以第一时间收听观看党中央各项指示、会议精神；可以每日打卡答题“攀比”分数；可以上传党建

党员为大家播报平台内容

基础数据实现“纸质资料瘦身”；丰富的党建资讯更是让党员眼前一亮……像极了陶渊明形容的“芳草鲜美，落英缤纷”。

老党员教新党员使用平台

现如今，这里的党员提起“铁人先锋”如数家珍，日日在这里盘旋徘徊的他们，早已对每一条“阡陌交通”了如指掌——早上刚起床，先放一段“今日党建三分钟”叫醒耳朵；趁烧开水的功夫签到答题，再看看自己积分排名有没有前进一位；工作一上午缓解一下疲劳，刷刷平台新闻知形势、比差距；下午突然听到“滴、滴、滴”三声清脆提示音，平台提醒你要参加明天支部党课，于是顺手做个备忘，再看看交流模块更新的消息；晚上临睡前再次点开 APP，观看完一小节“新质生产力”微党课，觉得收获满满，注意力又被《廉洁自律准则》漫画吸引，笑的同时也将“廉”字在心里又写一遍，郑重告诫自己：心存戒尺，行有所止。

就是这样，在这个精神“桃花源”，党员在这里悟思想、提素养、铭初心、蓄动能，“怡然自乐”；支部在这里以更多元、更便捷、更规范、更高效的方式教育党员、管理党员、监督党员。像是一座座岛屿，因为这个平台而更加紧密连接、缔结在一起，形成了一座连着的巨大山川，他们的力量也因为连接而被不断放大，展现出更蓬勃生机和旺盛活力，那是共绘“大强壮美长”新发展图景的不竭动力。

（撰写人：周玉娟）

在铸梦的脉搏中感受学习平台的温度

◎ 长庆油田

我是长庆油田采气五厂的一名员工，一个在沙漠腹地苏里格气田里，与天然气打着交道的采气人。我的故事，是一首关于家国情怀、技术革新，以及个人成长的奋斗之歌，它与“铁人先锋”平台紧密相连。

在这片古老而神秘的土地上，我们采气人用汗水和智慧，守护着国家的能源安全。但这份工作从不是孤单的征途，因为有了“铁人先锋”平台，我们的步伐更加坚定有力。

记得我第一次接触“铁人先锋”时，正是我工作中遇到瓶颈的时候。那时，我在处理一个采气现场的技术难题，传统的方法和经验似乎都无法奏效。正当我焦头烂额之际，同事向我推荐了这个平台。初探“铁人先锋”，我便被其丰富的专业知识库和便捷的交流功能所吸引。

在这个平台上，我找到了解决问题的关键信息，更与其他油田的技术骨干展开了深入的交流。他们的建议如同及时雨，让我茅塞顿开。通过远程协作，我们不仅解决了眼前的难题，还改进了整个作业流程，提高了采气效率。这次经历，让我深刻体会到了技术共享的力量，也坚定了我利用数字化工具提升工作效能的信念。

“铁人先锋”不仅是知识的海洋，更是精神的港湾。平台上那些前辈们的铁人故事，总能在我最疲惫的时刻给予我力量。他们坚守岗位、无私奉献的精神，激励着我将个人的梦想与国家的命运紧密相连。每当夜晚降临，我一个人守在控制室，望着窗外星光点点的油气田，心中便会涌起一股豪情：我是幸运的，能在这伟大的时代，为国家的繁荣昌盛贡献自己的绵薄之力。

这个平台还成为了我的精神家园。每当我遇到困难时，平台上的在线问答功能总能及时为我解答疑惑。那些来自全国各地的石油前辈们，用他们的经验和智慧，为我指明了方向。在这里，我可以分享自己的工作心得，也能学习到最新的行业动态。她让我感受到，虽然我们身处偏远的油田，但心却与祖国的发展同频共振。每一次的学习交流，都让我更加坚信，只要我们不断学习、不断创新，就能把握住时代的脉搏，为国家的能源事业贡献更多的力量。

这就是我，一名普通的长庆油田采气五厂员工，与“铁人先锋”平台共同书写的奋斗之歌。在这首歌中，有对技术的探索，对职业的热爱，更有对家国的深情。我知道，这条路不会一帆风顺，但有“铁人先锋”相伴，我有信心，也有决心，去迎接每一个挑战，去创造属于我们的辉煌。

在这首奋斗之歌中，每一段旋律都凝聚着我们对技术的深刻理解和对创新的不懈追求。我们知道，只有不断推动技术的边界，才能拥抱那个更加璀璨的未来。而每一次的突破和创新，都离不开“铁人先锋”平台的默默支持和无限资源的供给。

我的采气生涯，就像是一部在“铁人先锋”指导下撰写的史诗，它记录了我从一名青涩的新兵成长为战场上的老将的过程。这部史诗中，充满了对油气田的热爱、对同行的尊敬、对家人的思念，以及对未来的无限憧憬。

在未来的日子里，我将继续在“铁人先锋”的旗帜下前进。将我的故事，绘制在这片黄沙之上，镌刻在这一串串数据之中。我相信，只要我们采气人的心中有火，手中有光，就能点亮这片星空下的每一个角落。

这就是我和“铁人先锋”平台的故事。平台如同一位智慧的长者，引领着我在学海中遨游。在我心中，她不仅仅是一个关于工作的故事，更是一个关于信念、勇气和责任的故事。在这个故事中，我们都是主角，我们都是这个时代的铁人先锋。

在未来的征途上，我将持续在这片知识的海洋中扬帆远航，追寻着智慧的星光，探寻着知识的深邃奥秘。我将与数百名志同道合的采气人并肩作战，将所学的知识转化为源源不绝的动力，将坚定的红色信仰熔铸成建设“大强壮美长”长庆油田的不竭动力。我们共同携手，以智慧和信念为舵，驶向更加辉煌的未来。

（撰写人：董婷）

我和“铁人先锋”那些事

◎ 长庆油田

“各位党员，请大家完成今天‘铁人先锋’的任务，感谢各位党员对我工作的支持，感谢对‘铁人先锋’的陪伴，祝大家工作愉快……”，每天早上一睁眼采油一厂侯市作业区侯十转中心站党支部王凯雷打不动地在早上 8 点整在中心站党员群内就发送这样的消息提醒十名党员，这样的工作他坚持了五年，更是将“铁人先锋”作为“规定动作”认真完成了五年。

“铁人先锋”成为指尖学习的“加油站”

王凯，是采油一厂侯市作业区一名基层的支部书记，也是有着十年党领的老党员，“一切行动听指挥、永远跟党走”是他入党时坚定的承诺，也是他用十年时间坚持遵守的行为准则。从递交入党申请书开始，他就以党员标准约束自己，看党建书籍，《求是》《党支部书记》《党建文汇》成为他房间书架上被“光顾”最多的书刊，他说：“身在党支部书记的岗位上，要求别人做的自己首先要做到，要求别人遵守的自己首先要遵守，只有自己的党员责任明确、意志坚定了，才能带领大家更好地成为优秀的榜样。”

2018年，“铁人先锋”平台2.0全面推广上线后，对于支部书记的他来说，工作中多了一项更重要的任务。但刚开始他在思想上没有太重视，答题也是有一天没一天的，“月月学”“专题学”打开一看两眼一抹黑，干脆理都不理，更别提积极发动全员答题。后来，经过一段时间翻阅“铁人先锋”平台，发现平台上的内容真是丰富，政治生态、学习教育、咨询内容、石油党史、主题课堂、职工云平台、党建网讯等一系列地浏览下来，大事小事尽收眼底，国事天下事一览无余。结合每月“学、练、测”的流程安排，加深了知识巩固。平台让每一名党员突破了线下集体学习的局限，而且激发了大家主动学习的积极性。在各支部的综合排名中大家可以清晰地看到每天的答题和考试积分，做到及时跟进学习和答题。

“现在不管走到哪里，只要手中有手机，工作的间隙就可以随时浏览信息掌握各种党内知识、了解各类党纪党规，对于我来说，现在的途径更加便捷，我更应该做好支部工作，做好员工的引路人……”一次开展党员座谈会的时候支部书记王凯深有感触地说道。

“铁人先锋”成为集中管理的“储存库”

“我觉得我作为党建干事最有发言权，以前党总支的党员管理我都是一个个核对、一个个定期维护、一个个调出调入仔细核查，现在有了平台的帮助，我只需要一次性维护好党员信息，就可以实现党员管理、党费收缴和资料查询，不必再花费大量时间来搞基础性工作，所有的工作重心都在不断地往业务能力提升上转移。现在的管理更是依托这个平台，不再需要做重复性工作了……”作业区机关党支部书记李杰感慨道。

“李书记，我调到别的采油厂了，请给我把党组织关系转一下，需要我本人过来一趟吗？”

“现在咱们的关系转接不用再开具纸质版证明了，你把你现在的工作单位说清楚，我可以直接在平台上转接，你的所有资料都会在那边显示，不用再二次提供了，现在咱们的系统可方便了。”

“雷司，咱们今年的困难党员筛查出来够标准，我再核实下你的基础信息，没错的话我就直接上报了……”

现在的“铁人先锋”平台，就像是一个“储存库”，党员的所有资料都会一一显示，每一位党员的基础信息都有专人维护更新，管理更加精细高效。

“铁人先锋”成为队伍管理提升的“快捷键”

工作提醒是常态，工作评比是手段，比学赶超在进行。

自“铁人先锋”学习平台上线运行以来，电脑已经被“取代”，一部手机、随时随地，看新闻、学党史、上网课、查资料、答题、考试、交党费等，一样不落，而且占据了“短、快、简”的优势，一部手机随时操作，可多人参与其中，成为岗位员工一道新的风景线。

“书记，今天我有一道题答错了，原本第三名这下到第五名了，都怪我太粗心了，后悔死我了……”

“书记，党的二十大文件我学习完了，你不是说考试么，啥时候开始，我胸有成竹……”

“书记，我觉得这个‘铁人先锋’真是个好东西，上面有海量信息知识、百位名师讲解、每日线上答题，真是我们指尖上的‘加油站’！”

这样的情景是“铁人先锋”平台上线以来党员对自己最有信心的一次，不管是理论知识还是工作能力，都有一个新的提升。

“铁人先锋”平台运用以来，党工团工作融为一体，并将党支部工作、理论学习、党员践行践诺等工作融合，我的工作更加直观了，大家线上操作完成的多了，线下实践的工作更加合规遵标，员工接收信息的渠道更通畅了。我的管理水平更要上台阶，只要有时间，我就提前学习各类业务，不懂就在平台上及时“补剂”，通过不断的学习，我的业务水平有了更快、更专业的提升，员工对我工作的满意度也更高了，这都归功于“铁人先锋”这位“无名导师”。

以前总是我追着党员“让学习”，现在变成党员总是追着我“要学习”，提出的很多问题，都值得我们一起讨论，并付诸生产实际、党员作用发挥中。作为党支部书记，我更应该带头做、带头学，学技能、学认知、学管理、学先锋，为大家树立起榜样的力量。

“铁人先锋”成为业务提升的“终端”

“铁人先锋”平台信息的海量融合，让我可以将更多“党建＋”工作，比如“三会一课”、主题党日、安全专题宣讲等融入其中，带领党员队伍发挥自身的优势作用。

侯零二中心站支部书记总是半开玩笑地说：“就我个人而言，作为一名一线的‘豆包书记’，听党话、跟党走是义不容辞的责任，要将‘压力’转变为‘动力’，要践行‘冲在前、干在先、做在明’的行动典范。在个人业务能力上，要把做到技术过硬、管理做实、帮扶做深当作行动底线，不断提升自己的业务能力。”

“大家好，5 月份已经结束，我作为一名支部书记，有很多做得不周到的地方，请大家多多包涵，同时请大家给我当面或以微信形式提出，我会积极改正。愿我们侯零三中心站这个大家庭和谐、共享，每个月末，我都会将这条信息发至微信群内，请大家畅所欲言，我会一一解答，一条一条地落实改进，这样的工作态度，我一直在坚持。”支部书记在党员大会上做工作总结时说道。

（撰写人：何画）

我是“铁人先锋” 这是我和她的故事

◎ 辽河油田

大家好，我是“铁人先锋”，曾用名是“石油党建”，是中国石油党建信息化平台的官方手机客户端，主要为党员用户提供学习交流、党政资讯阅读、党费交纳查询等服务功能。我与她相识了六年之久，在这六年多的时间里我们从“点头之交”成长为“莫逆之交”，相互之间的互动和了解更是越来越实、越来越深厚。

那接下来，我就向大家介绍一下我说的这个“她”。她叫陈安宁，2008 年 3 月参加工作，2011 年 5 月入党，是中国石油辽河油田锦州采油厂的一名一线采油女工。我们的故事就从交纳党费、每日答题这些基础程序开始说起吧……

我们的“点头之交”。初识之年，我们之间的互动只有简单的交纳党费、每日答题，等等。在我的后台统计中，每月她除了早早地交好党费，她最在意的就是答题能不能满分，因为每次答题她都会花费很长时间，我想她应该是在搜寻正确答案、查看解析内容吧。看着她日复一日地努力答题，我就想着要做些什么……终于有一天我做好了准备，为每道题增加了“答案解析”，感受着她答题的速度，我想那时的她脸上应该洋溢着笑容吧！

我们的“莫逆之交”。2020年12月1日，我更名为“铁人先锋”，升级至智慧党建2.0，活跃度排名稳居全国党建类APP第一，是我国最大、最活跃的企业党建云平台。一个月后的她也踏上了新的征程，党支部书记是她的新身份，而我也能感受到她的变化和成长。操作不熟练的党务功能、内容不全面的会议记录等等，都说明了那时的她还需要不断地磨炼、不断地深入学习。时间很快就来到了2023年，她的成长也非常迅速，“三会一课”、主题党日、谈心谈话等组织生活都体现出党支部工作的标准化、规范化，也在述说着党建工作与中心工作的相融相促。而我也容纳了越来越多的工作，呈现出党建工作“一网集成”，群团服务“一线牵引”的良性互动。

说到这里，我们还有一个相互体谅的小妙招分享给大家，那就是每当她在APP中使用“升国旗”程序时，我能清晰地感知到心情沉闷、情绪低落的她正在用自己独特的方式调整心态，继续追寻着心中的梦

开展谈心谈话工作

想，在践行初心使命的道路上勇往直前，而我也在这振奋人心的国歌声中热血沸腾，立志扬起“智慧党建”的风帆，为国有企业党建信息化提供“石油样本”，凭借自己独有的方式，以高质量党建引领高质量发展，不断提高党建工作的科学化水平。

这就是我和她的关于相互成全、相互成长的故事！

（撰写人：陈安宁）

党员们的“数字智慧”

◎ 大庆油田

自“铁人先锋”上线以来，“铁人先锋”APP的党费交纳、党员在线学习、答题等功能规范了党员教育、“红色网格”建设，增强了基层党员管理工作，提高了党员党内活动参与率，让基层党建管理逐渐步入“数字智慧”之中。

“数字智慧”的“磁石效应”

“今天签到答题了吗？”“答了！我现在每天醒来第一件事儿就是签到、答题，然后再看下积分和排名，生怕自己掉队了。”综合管理项目部党支部的党员们每天都在平台上签到学习，已然成为一种习惯，他们不仅对平台使用熟练，而且坚持线上交流学习。如今学习不见堆积的材料，党员们的积极性却在不断提升，只要在平台上点击相关模块，即可享受视听学习盛宴，“三会一课”、党史资料、系列讲话等尽在“掌上”。学习后为了检验学习成果，党员们还会积极参与“月月学”“专题学”活动，通过“学、练、测”的方式，创新学习方法，实现学习自主化、内容个性化、效果显现化，形成了“比学赶超”的浓厚学习氛围。如此一来，平台的传播力、吸引力、影响力已经充分显现了出来。不夸张地说，现在的“铁人先锋”平台已成为党员离不开、放不下、舍不得的红色精神家园。

“数字智慧”的“转化效应”

“铁人先锋”平台学习讨论还在继续，党员们自觉发挥作用的意识也在悄然提高，教育成果转化逐渐显现出实效。在综合管理项目部党支部中，年龄大的老党员占比较高，且具备着较丰富的工作经验，年轻的党员无论是在工作生活还是党务理论方面都得在工作之余“见缝插针”地向他们请教。推广使用“铁人先锋”平台以来，成长在信息时代的“年轻人”反而有了优势，迅速掌握了平台的使用方法，成为经验丰富的“老人”，年龄偏大的老党员却成了“新手”，年轻党员成了“师父”，他们“一对一”地教会“新手老党员”如何应用。在相互交流学习中，新老党员都将彼此的各类经验和技巧倾囊相授，争先恐后冲在前，“学”出一片热火朝天。坚守在一线的党员们互帮互学，对工作中的难点重点互相提点。为民服务传帮教，“辅”出一份真心实意。在新老党员们的带动下，身边的员工群众学习热情空前高涨，也纷纷加入学习的行列中，党支部的凝聚力和战斗力得到了显著提升。

“数字智慧”的“红色效应”

“铁人先锋”平台红色网格上线，综合管理项目部党支部积极推进以党旗为凝聚、党建为引领、党组织为核心、党员为先锋的网格化管理新模式，搭建起全员“红色网格”体系。按照业务类别划定基本网格，细分“八大员”与岗位对应，做到人员精准定位，网格职责精细划分，服务内容清晰明确。管理人员全覆盖，应用“支部联系党员，党员联系群众”工作机制，通过红色网格的细致划分，每个人都能在网格中找到自己的位置，网格长向上对接党总支管理人员，向下对接基本网格直线职能人员，实现上下贯通、人员管理的全面覆盖，切实推动“八大员”作用充分发挥。管理业务全覆盖，结合地理位置、人员实际、岗位责任等情况，将党建工作、离退管理、安全经营等各项工作融入网格中，不断完善党支部“细网”，做到人、事、物、责全部进网进格，实现双管双治，各类事情在平台中办理，确保不落一人、不丢一岗、不漏一项、不失一环。

平台的应用让党建触角延伸至基层末梢，基层党建管理边探索边实践，党员红色身影三五成群，跨步加入“数字智慧”之中，胸前的党徽成为一道靓丽的红色风景线。

（撰写人：张爽爽）

我与平台的故事

◎ 长庆油田

当清晨的阳光爬上苍翠的百里油区，驻井师傅刘新宁沐浴在晨光中开始了一天的巡井工作。录取油套压、取样、憋压、单量、间开抽油机……对着每口单井细致地望、闻、问、切，一个人就是一支油井“体检队”。刚参加工作的时候，我来到刘师傅驻扎的井场学习，瞧见有新人来了，刘师傅赶忙放下手里的管钳迎出来开门。我向门里瞧去，偌大的井场只有台不知疲倦的抽油机在往复工作着，随即好奇地问道：“刘师傅，平时您一个人驻井孤单吗？”刘师傅憨厚地笑

作业区美丽风光

笑："工作嘛，总要有人干，孤单是小事，我就是担心思想和学习跟不上大部队……"原来刘师傅是一名党龄 15 年的老党员，从长实集团成立之初，他便身着红衣，坚定地驻守在陇东这片黄土地上。日复一日，刘师傅用双腿丈量地下"油龙"的长度，用双脚跑出了油井的平稳生产。

井场花园一角

"小张，你也是党员吧？给你推荐个学习的好地方！"闲谈中，刘师傅打开了手机，点进了那个有着醒目宝石花的应用软件。"你刚参加工作，可能还不知道这个 APP，这是'铁人先锋'，咱们石油人自己的学习平台，这里面的知识可多了，从经典的党史学习、理论学习到国家、企业发展的议题和方针政策，应有尽有，内容涵盖理论、政治、经济、文化等诸多领域。此外，在这个平台也可以看到我们石油行业最新取得的进展突破，还有跟我们一样的石油人的生活随笔，自从 2021 年这个平台上线，即使在山沟沟里，我也可以想学就学，算是赶上时代的潮流喽！"

驻井的生活无疑是孤独的，一个人守着一片井场、两间彩钢房和三餐四季，是"铁人先锋"打通了公共文化服务的"最后一公里"，成为刘师傅和万千石油人看世界的眼睛。打开"铁人先锋"，我们可以随时随地参与一场入地的"深地之旅"，看金刚石钻头钻穿古老的

长实集团员工幸福美好瞬间

白云岩地层，叩响沉睡的“深地之门”；可以跨越时间，与前辈们进行一场穿越时空的对话，听革命先烈们追忆峥嵘岁月，擦亮共产党员的精神底色；可以连接空间，通过“一线故事”“多彩基层”等栏目，将五湖四海的石油故事汇聚于此，拉近了石油人心与心之间的距离。在“铁人先锋”这片红色小天地里，一个又一个平凡的我们书写了一个又一个不平凡的成就。我们的故事，写在沟壑纵横的黄土地上、写在茫茫的沙漠戈壁里、写在一望无际的碧海深蓝中。

新技术赋新能，搭乘“互联网”的快车，“铁人先锋”平台开创了党建、学习、交流、发展的新纪元，并在新领域、科学性、智能化探索的道路上不断前进，成为每一名员工日常生活中的离不开、忘不了、放不下的“案头书”。

数字改变生活，“铁人先锋”平台终将引领多元化学习发展新潮流，全面开启“智慧党建”新阶段。

（撰写人：张力文）

你好平台

◎ 辽河油田

你好，平台，我叫刘宗琦。仔细算来，我们相识已有两年。这一路走来，我们学习相伴、工作相助，一起努力在岁月无声中蓬勃生长。我想说，与你相识，真好！

你好，平台，我要先和你说声抱歉。我们的初见不如小说话本里写的那么精彩，“人生若只如初见”的话对我们而言也不太适用，当初的我下载你不过只是为了交党费。但当我静下心来仔细探索你丰富的功能之后，我才意识到当初的我是多么的幼稚可笑。我发现你并不是一个简简单单的交费软件，而是一个覆盖全面、功能强大的信息化管理平台。随着交往的深入，我愈发感觉到你对我的重要，“情不知所起，一往而深”便也不过如是。

你好，平台，你是我的良师益友。通过线上学习，我不断汲取着知识与能量。无论是收看新闻、了解时政，还是学习党史、了解先进模范事迹，我都能从中收获良多，激励自己努力学习、不断变好。我最喜欢的就是你每日答题的功能。每天起床，我总是习惯性地打开“铁人先锋”APP 进行签到答题，签到能得七分，答题能得九分，这便是我每天的开始，也几乎成为我生活中不可或缺的重要部分。

你好，平台，你是我的好帮手。作为一名平台管理员，从一开始党员管理、组织管理、在线答题等简单操作，到后来支部生活、党务办公、在线考评等功能的深入应用，我切实感受到，你已经成为党务干部、党组织、党员之间互联互通的重要平台。“互联网＋党建”高效便捷，帮助我更有效地理解掌握党建业务知识，让我可以快速地成长为一名合格的党务工作者。

你好，平台，你是大家的好法宝。有了你，支部书记告别了挨个收取党费、找零钱的烦琐，实现了党费线上直接交纳；有了你，支部书记可以在网上创建“三会一课”，党员可以坚守岗位的同时轻松学习交流；有了你，党员每天签到、学习、答题成为常态，浏览党建要闻、学习主题教育、参与专题活动，激发了学习兴趣，实现了资源共享。

人间忽晚，山河已秋，你便是我入职后最美的邂逅。你不仅仅是一个学习应用平台，更是一个让我感受到温暖力量的地方。愿你我在今后的漫长岁月里互帮互促，共同成长，以“智慧之风”吹动党旗在基层一线处处飘扬，促进形成党建工作与生产经营深度融合、共生共赢的蓬勃态势，为采油厂高质量发展提供源源不断的强劲动力！

（撰写人：刘宗琦）

“铁人先锋”点亮我的党建“星空”

◎ 辽河油田

在岁月的长河中，总有一些特别的存在，如璀璨星辰，照亮我们前行的道路。在新时代的党建工作中，“铁人先锋”平台于我而言，便是这样一颗熠熠生辉的星，点亮了我心中的党建“星空”。

铁人，这个词汇让我想起了王进喜，他那“有条件要上，没有条件创造条件也要上”“宁可少活二十年，拼命也要拿下大油田”的豪迈誓言，宛如洪钟大吕，在我耳边回响。他用身体搅拌泥浆，是为国家石油事业拼搏奉献的英雄。他的精神，如同烈烈燃烧的火炬，点亮了那个艰苦的时代。而“先锋”二字，则让我感受到了勇往直前、开拓创新的勇气，也让我明白了什么是真正的担当和奉献。

在“铁人先锋”的世界里，我看到了无数平凡而伟大的身影。他们或许在偏远的山村默默耕耘，为教育事业奉献青春；或许在科研的前沿日夜奋战，为突破技术难题绞尽脑汁；或许在基层的岗位上辛勤付出，为百姓的幸福生活奔波忙碌。他们以实际行动诠释着“铁人精神”，成为时代的先锋。

作为一名基层党务工作者，我与“铁人先锋”也结下了不解之缘，她以数字化的方式，打破了时间与空间的限制，让基层党建工作更加高效、便捷。通过这个平台，党的声音能够迅速传递到每一个角落，公司每一位党员都能随时随地获取最新的党建资讯，学习党的理论知识。

在基层党组织的活动中，“铁人先锋”平台也发挥着独特的作用。“同舟共济扬帆起，乘风破浪万里航。”线上的交流互动，让公司广大党员能够分享经验、交流心得，共同成长进步。无论是组织志愿服务活动，还是开展主题党日，平台都成为大家沟通协作的桥梁。有一次，我们机关第一党支部准备开展一场关于党史学习教育的活动，我在平台上搜索到一系列生动的党史课程和相关资料，为活动的成功举办提供了有力的支持。通过这次活动，党员们对党的历史有了更深刻的认识，也增强了党组织的凝聚力和向心力。

平台中的党组织管理模块，让党组织架构一目了然，党员信息清晰准确。这不仅极大地提高了我们进行党组织关系转接、党员信息更新等工作的效率，还确保了数据的准确性和完整性。记得有一次，一位新调入公司的党员需要办理党组织关系转接，以往这需要烦琐的手续和较长的时间。但在“铁人先锋”平台上，我仅用了几分钟就完成了相关操作，让新同事迅速融入了党组织的大家庭。

平台上展示的那些优秀基层党建案例，犹如明灯照亮前行的路。“路漫漫其修远兮，吾将上下而求索。”它们激励着公司的基层党组织不断创新工作方式，提升党建水平。“些小吾曹州县吏，一枝一叶总关情。”那些生动的故事、感人的事迹，让我们看到了基层党建的无限可能。

“千磨万击还坚劲，任尔东西南北风。”基层党建工作如同翠竹，无论面临怎样的风雨，都坚定地挺立。而“铁人先锋”平台，则为这翠竹提供了更肥沃的土壤，让其更加茁壮成长。

基层党建与“铁人先锋”平台的融合，是时代的呼唤，是发展的必然。它们携手共进，为实现中华民族伟大复兴的中国梦筑牢根基，为人民的幸福生活描绘出更加美好的画卷。我相信，在未来的日子里，基层党建工作将在“铁人先锋”平台的助力下，不断开拓创新，绽放出更加耀眼的光芒，书写出更加辉煌的篇章。

仰望着被“铁人先锋”点亮的党建“星空”，我心怀敬畏与感恩。我将把这份光芒珍藏在心底，化作无尽的力量，在党的伟大征程中留下坚实的足迹，让星空更加灿烂辉煌……

（撰写人：贾晨）

共青团员个人能力提升的新引擎

◎ 辽河油田

在数字化时代的浪潮中，共青团员如何提升自身能力以适应社会的发展，成为了一个重要议题。在这个过程中，"铁人先锋"平台以其丰富的功能和便捷的操作，成为我们共青团员提升个人能力的重要工具。

"铁人先锋"为共青团员提供了一个全面、系统的学习平台。在这里，我们可以随时随地接触到党的最新政策、团的最新工作部署和团员的先进事迹。通过学习，我们不仅能够加深对党的理论和路线方针政策的理解，还能够掌握到与共青团工作紧密相关的各类知识和技能。这些学习资料丰富而全面，覆盖了政治理论、历史文化、科学技术等多个领域，为我们的个人成长提供了广阔的空间。

在"铁人先锋"平台上，我们可以根据自己的兴趣和需求，选择适合自己的学习课程。这些课程不仅涵盖了政治理论、团史团情等基础知识，还包括了职业规划、创新创业等实用技能。通过系统的学习，我们可以逐步构建起自己的知识体系，提升自己的综合素质和能力水平。

除了学习功能外，"铁人先锋"平台还为我们提供了互动交流的平台。在这个平台上，我们可以与来自全国各地的石油团员进行线上交流，分享自己的学习心得和工作经验。这种交流方式不仅拓宽了我们的视野，还让我们能够从中汲取到他人的智慧和经验。通过与他人的互动，我们可以发现自己的不足之处，从而更有针对性地进行学习和提升。

“铁人先锋”平台还开展了各种线上活动，如主题团日、志愿服务等。这些活动不仅丰富了我们的业余生活，还为我们提供了实践锻炼的机会。通过参与这些活动，我们可以将所学知识运用到实践中去，检验自己的学习成果。同时，这些活动还能够帮助我们增强团队协作能力和实践能力，为我们今后的工作和生活打下坚实的基础。

在“铁人先锋”平台的帮助下，我逐渐提升了自己的个人能力。通过系统的学习，我掌握了更多的知识和技能；通过与他人的交流，我发现了自己的不足之处，并进行了有针对性的提升；通过参与实践活动，我将所学知识运用到实际中去，增强了自己的实践能力。这些经历让我更加自信地面对未来的挑战和机遇。

未来，我将继续利用“铁人先锋”平台这一重要工具，不断提升自己的个人能力。我将更加深入地学习党的理论和路线方针政策，增强自己的政治素养和理论水平；我将积极参与各种线上学习和交流活动，拓宽自己的视野和知识面；我还将积极参与各种实践活动，锻炼自己的实践能力和团队协作能力。我相信，在“铁人先锋”的陪伴下，我将在个人成长的道路上不断前行，为团的事业贡献自己的力量。

（撰写人：张硕）

平台“置顶”

◎ 辽河油田

初次遇见“铁人先锋”平台时，是每月交纳党费的那一天。那时的平台于我像是一位熟悉的陌生人，月度相见，再不想念。后来，负责政工工作的我，每月初提醒大队党员交纳党费，平台成了必不可少的伙伴。有了平台，党员的党费直接从个人账户移交到平台，工作量省掉了核算、找零、汇总、交纳银行的过程，仅剩确认和提醒。这项工作，因为平台，多了些安心和便捷。

从月度相见到经常见面，从陌生到熟悉，我已经从基层单位来到了党委组织部。党员人数急剧增加，且日常事务性工作占据了一定的时间，庆幸可以应用“铁人先锋”平台交纳党费。不仅如此，还发现平台开发了一个新功能——调查问卷。有了电子版的调查问卷，培训之前的信息掌握不用到基层发纸质版了，可以直接线上发放，数据也有了更直观的呈现。借用这个功能，各类培训项目、基层想法都由线下转移到了线上，大家也都反馈“比手填方便多啦！”

现在的“铁人先锋”平台已经窜到了我的手机首页第一个应用，解锁手机第一行左手边是她的专属位置。我也从组织部的“打杂”人员，成长到了党建工作管理岗位。从事党建工作，要求党务工作者具备较高的政治素养和理论水平。刚接触党建工作一年半的我还需要理论知识的浇灌、章程条例的滋养。“铁人先锋”刚好是提供党建知识的专业平台，是解决基层问题的经验平台，是了解中国石油发展状况的信息平台，恰到好处地解决了燃眉之急，犹如雪中送炭。

就这样，平台一步步从手机的零散角落攀升到了手机“置顶”的位置。时光荏苒，岁月悠悠，一晃神，平台已陪伴了我五年的时间，我也从 29 岁走到了 34 岁的光阴。她从之前的简单基础成长为全面具体，我也一路跌跌撞撞，从对党建的懵懂无知到渐趋成熟。我见证了平台的成长，平台陪伴了我最美好的时期，日后也将继续伴随我在党建管理这个职责光荣且任务艰巨的岗位上，引导我提升政治素养和理论水平，创新工作思路和方法，推动党建工作与生产经营深度融合。

成长路上，平台是我的“明灯”，为我答疑解惑、指引方向。平台“置顶”是我和平台深入骨髓的缘分，是成长路上的必然选择。一路走到今天，我想说：“成长路上，有你真好。”

（撰写人：王泽）

60 名党员的“好伙伴”

◎ 辽河油田

“给大家分享一篇好文章《以勇于自我革命精神打造和锤炼自己》，看看新形势对我们党员的新要求。”2024 年 4 月 23 日下午，不到半个小时，在“铁人先锋”APP 上，锦州采油厂油气市场开发项目部的讨论组里就有 78 条消息。如今，“铁人先锋”APP 已成为这个项目部 60 名党员工作生活中的“好伙伴”。

项目部受特殊工作环境和模式的影响，党员不集中且流动性大，群众诉求日益增多，党建工作任务繁重、压力较大。在主要依靠人力工作的传统党建中，部分党员分散的党支部感觉到对接力度不强、灵活度不够，尤其是单井站党员难以第一时间参加集中会议了解最新党建动态，因此党建的发展受到明显制约。为突破这一瓶颈，项目部党总支全面应用“铁人先锋”平台，开启了“互联网 + 党建”的工作新格局。

“铁人先锋”一经在项目部推广应用，就广受党员好评。信息资讯、党务办公、学习教育、线上活动、交流服务等功能全部囊括，突破时间、地域限制，把支部建在网上，把党员连在线上。

“自从有了这个 APP，大家线上交纳党费，真是太方便了。”以前，党员转接党组织关系，手续非常烦琐。“铁人先锋”可以在线转接党组织关系，实现了“让数据多跑路，党员少跑腿”。

项目部借助“铁人先锋”平台，开展了为期六个月的“学习贯彻习近平新时代中国特色社会主义思想主题教育”活动。根据学习安排，每日线上学习相关课程，每周“在线答题”上会有相应的习题，随时帮助大家巩固和检测学习成果。党员登录平台、在线学习、意见反馈、在线组织活动等还能得到积分。“今天你答题了吗？”成为党员间见面打招呼的流行语。

油气市场开发项目部组织员工参与在线答题

项目部组工干事了解到，初到长庆外闯的员工对环境还存在不适应的情况，导致其睡眠质量大幅下降，因此很多外闯员工有听电子读物助眠的习惯。于是，组工干事从“铁人先锋”平台搜索筛选出 30 篇电子书，摘录出重点段落语音制作成“睡前听物”推送给员工，既能发挥助眠作用，又在潜移默化中促进员工学习。

“铁人先锋”一头连着党群工作管理部门、一头连着党员，不仅拉近了基层党员和党组织的距离，也提升了党组织的号召力和凝聚力。项目部充分利用“互联网 + 党建”，把每个基层党支部建成坚强的战斗堡垒，有力推动了广大党员为外闯事业贡献磅礴力量。

（撰写人：梁爽）

宝贝眼里的"小红书"

◎ 昆仑银行

"爸爸，你在看'小红书'吗？"

"爸爸，我也想看你的'小红书'！"

我有一对双胞胎女儿，今年五岁，在妈妈的影响下，她们特别喜欢在"小红书"APP 上看儿童相关的视频。

"是'铁人先锋'，爸爸学习知识的地方。"

"铁人是铁做的吗？会不会生锈？"

"铁人是称号，就像你们的小名一样，是一名很勇敢的英雄！"

"他叫什么名字啊？"

"叫王进喜，他为了我们的汽车能跑、飞机能飞，做了很大的贡献！"

"他是加油员吗？"

"不对不对，他是司机吧！"

"嗯……他应该是一名很厉害的'加油员'，为了我们国家加了很多的'油'。"

说到这时，她俩突然跑了，我正纳闷的时候，她俩又呼哧呼哧地跑了回来，头上戴着挖沙子用的小桶，手上拿着浇花用的水壶。

“我是加油员！”

“我是加油员！”

“你们为什么喜欢当加油员啊？”

“因为妈妈上班要开车。”

“因为爸爸上班要坐飞机。”

“谢谢你们能想到爸爸妈妈，其实王进喜做的贡献比这大多了，是我们学习的榜样！”

她俩安静了下来，想听我接下来说什么。

“比如姐姐你，喜欢哭，遇到困难就要找妈妈。而王进喜爷爷遇到困难的时候，第一个‘举手’，第一个‘动手’，你要学习王进喜爷爷的勇敢！”

“比如妹妹你，没耐心，学习练字几分钟就开始玩玩具了。而王进喜爷爷工作的时候没有白天黑夜地干，你要学习王进喜爷爷的坚定！”

“爸爸爸爸！我喜欢王爷爷！你的‘小红书’里有他的视频吗？”

两姐妹与“铁人先锋”

两姐妹扮演加油员

两姐妹观看铁人事迹

我笑了笑，打开“铁人先锋”，在搜索框里输入“王进喜”关键字，选择了由集团公司董事长讲述的《信物百年——“铁人”王进喜的笔记本》纪录片，让她们一同观看。

“铁人先锋”是我每天都会打开的 APP，我在上面交党费、答题、看新闻、查资料，在女儿的眼里，这就是我喜欢的“小红书”。对于五岁的孩子，她们暂时还很难理解铁人的故事，但她们明白勇敢、坚定是好孩子的品质，我希望在潜移默化中慢慢影响她们，树立起刚毅、坚韧、不屈的性格，这将引导她们从容地面对未来更多的挑战。

（撰写人：时秋寒）

网格智先锋

◎ 大庆油田

在第八作业区维修班网格中，一场数字时代“铁人先锋”浇灌下的种子悄然生根发芽、破土而出，在维修保障急难险重的生产一线开出红色的“智慧之花”。

2024 年 5 月 20 日，H03 责任区的助理网格员卜洋接到电话，注采 5-8 班网格的数字化网络出现故障，需要专业人员达到现场排查检修，卜洋当机立断拿起工具箱奔向现场。经检查，光缆内部被刮断，但外部仅有轻微的擦痕，肉眼确实难以察觉。这给排查工作带来了极大的挑战，修复了这一处故障网格就能恢复吗？如果不能，这样的问题究竟还有几处呢？面对这一棘手问题，卜洋陷入了沉思。

就在这时，手机消息“叮”的一声响，打破了周围的寂静，卜洋灵机一动，差点忘了还有“铁人先锋”APP 呢！他可以通过 APP 红色网格模块的“上报事件”功能寻求帮助！他三言两语描述了来龙去脉和故障原因，精准定位了事件位置，将事件设置为“紧急”程度，一键上传给网格员和网格长。电光石火间，远在十公里外的网格长张劲松马上收到了这条重要的“待办事项”，当机立断派出 H03 责任区的全体成员前往支援。

仅用不到五分钟时间，所有成员便迅速汇合，众人齐心协力、分工合作，通过“铁人先锋”APP“讨论组”功能上传各自找到的断点位置，再由卜洋有条不紊地指挥大家进行线路抢修。凭借着丰富的经验和精湛的技艺，不到一个小时的时间，注采5–8班网格数字化网络恢复正常。同事们纷纷竖起大拇指，赞叹“铁人先锋”功能的强大与便捷。

回到班组后，大伙累得腰酸背痛准备休息，却看到卜洋和刘勇聚在一起不知道在激烈讨论着什么，网格员迟树峰回答道：“这小子心里惦记着刚才发生的事儿，缠着他师傅想设计个小革新保护电缆呢。”刘勇是网格里当之无愧的革新能手，还是维修班“铁人先锋小课堂”的讲师，经常利用“在线会议”功能向大家讲授革新知识，卜洋得知

卜洋检查故障

卜洋使用平台上报事件

网格员工接到平台通知来帮忙

后便自告奋勇和刘勇结成了“师徒对子”，整天刨根问底地向师傅学习革新知识和技巧。不到半年的工夫，几乎可以独立思考发明小革新了。大伙感慨道：“这个季度‘铁人先锋’APP 里的网格先锋肯定是卜洋的了！”

刘勇指出卜洋设计中的问题

维修班巧妙地将“铁人先锋”平台与维修保障工作相结合，确保问题在平台上得以迅速解决。不仅构筑了一个“上下贯通、协同联动、资源共享”的数智生态，更为整个班组的高质量发展注入了智慧新活力、释放了红色新动力、彰显了治理新效力。

（撰写人：张晓旭）

“红网”进我“家”

◎ 大庆油田

我有两个“家”，一个是生活的小家，一个是工作的大“家”。2023年，我们这个大“家”迎来了新成员，那就是“红色网格”治理模式，他的“诞生”，让红色基因代代相传，激励了我们不忘初心、接续奋斗。

“红色网格”治理模式是落实基层党建“三基本”建设与“三基”工作有机融合的落脚点，是助力开启大庆油田持续向上攀升第二曲线的重要措施。随着油田数智转型、高质量发展的加速推进，“红色网格”治理已经走进了我们基层的每一个角落，他的功能强大，应有尽有。我也是基层的一名网格长，在这里想跟大家讲一讲我们红岗供热分公司燃煤锅炉运行党支部“网格”里的暖心事、安心事、贴心事。

推进“红色网格”以来，党支部立足“党政融合在网格”的工作定位，以共建共治共享为方向，充分发挥党组织的政治功能和组织功能，结合运行特色建立“红色网格＋安全网格＋生产网格”多网合一的综合网格，依托合理划分基本网格单元，融入新时代岗检内容，实现党建工作、群团活动、安全环保、生产运行、经营管理的有机融合，促进基层治理能力提升。

帮扶身体不好的员工上下楼

网格员通过数智平台、微信工作群共享共治，实现大事小情一“键”上传、一“键”下达。一张张派工单解决了跑冒滴漏，一次次谈心谈话解开了员工心里的小疙瘩，一件件暖心事舒展了员工的美丽笑容。积分制、星级榜、流动红旗等量化考核机制，激发了党员的身份意识，自豪感不断增强，营造了人人充当“红色管家”的良好氛围，员工们在网格中走出了效率、走出了质量、走出了标准、走出了心气儿。“一枝一叶总关情，最是小事见真章”，网格中的每名员工努力做好每一件事，一个小小的爱心把手温暖了员工的心、一个风机叶片腐蚀技术小革新降低了环保排放指标，一份份走出去的“成绩单”创造了一个又一个辉煌，织牢了基层治理的“一张网”，织密了基层治理的“一条心”，织活了基层治理的“一盘棋”，织成了扭亏解困的“一个梦”。

当前，新时代党建工作吹响了强基固本的奋进号角，擘画了企业高质量发展的美好蓝图，在这场聚焦基层治理的大潮中，“红色力量”注入了源源不断的动力，“红网”家里的所有成员将乘风破浪，扬帆起航，坚定走好专业化发展道路，为油田上扬“第二曲线”贡献热源力量。

（撰写人：李华）

从剪刀到鼠标再到手指

◎ 大庆炼化

自“铁人先锋”平台上线运行以来，我经历了从最初的被动接受到主动使用的心路历程。现如今，“铁人先锋”平台已经成为我工作、生活中不可分割的一部分。回顾过往的时光，无论是学习提升还是工作奋斗，平台始终默默地守护、陪伴着我，早已成为我心中的精神家园。

作为一名从事党务工作三十余年的基层党支部书记，随着时光的流逝，我见证了“铁人先锋”平台的发展与壮大，平台不仅让我们基层党务工作者的工作更加便捷，也让我们的工作内容更加丰富。记得1991年刚刚大学毕业的我，作为入党积极分子去找党支部书记汇报思想时，经常看到书记的办公桌上铺满了时事报纸，书记戴着一副老花镜，手拿一把剪刀，从报纸上剪取各种形状不同、大小不一的小纸条，然后把这些剪下的纸条，用胶水工工整整地粘在一个专门的本子上。我好奇地问书记这是在做什么？书记告诉我，他在收集有用的素材。20世纪90年代人们获取信息的途径比较单一，主要是从电视、广播、报纸这三类传统的媒体上获取。就当时的条件而言，只有利用报纸才能长期保存所需信息。他这样做的目的：一是能够方便学习别人的好经验好做法；二是通过多方搜集的信息资料来提升自身的工作能力。书记剪辑报纸的身影从那一刻起，深深地刻入了我的脑海。

党支部书记使用剪刀剪报纸进行搜集资料工作

1998 年在组织的培养下，我光荣地成为一名党务工作者。那时互联网已经出现，新浪、网易、搜狐等新媒体方兴未艾，提供的内容包罗万象，想查找的资料都可以在网上进行搜索下载，信息获取与之前相比方便了许多。我就此放下老书记送给我剪辑报纸的剪刀，拿起电脑鼠标，开始了新的学习。我慢慢地发现，在网上搜集查找党建信息虽然比较快捷，但是信息内容却良莠不齐，准确性不尽如人意，让我无所适从。比如在发展党员的工作流程上，可谓五花八门，本来我是要在网上寻找问题答案，却不料陷入了一种更深的迷茫。这种情况一直持续到我参加“铁人先锋”平台的使用培训，才有了转变。

“铁人先锋”APP 的使用，我只需动一动手指，各种新信息就扑面而来，让人应接不暇。想提升党建专业水平，平台有学习版块；想了解时事动态，平台有网讯版块；想了解工作进展，平台有工作版块。只要工作中有疑问，我都能快速在平台上找到权威的答案。当前“铁人先锋”平台已经成为了我工作中的好助手，生活中的好朋友。

从剪刀到鼠标再到手指，我不但见证了党的十八大以来，中国石油朝气蓬勃的发展，见证了广大石油人为国献石油的拼搏与奉献，也

党务工作者使用电脑登录平台进行党务工作

使用”铁人先锋”APP在工作中随时查看党建信息

深刻体会到了“铁人先锋”平台飞速发展给党务工作者带来的红利与便利，衷心地祝愿“铁人先锋”平台越办越好！

（撰写人：陈亮）

回望来时路　砥砺再前行

◎ 渤海钻探

亲爱的“铁人先锋”：

见字如面。不知不觉，你我相识七年，写这封信是想告诉你，七岁的你，真的越来越好！回望过去，一年又一年的更新和蝶变，逐渐褪去的青涩，一步又一步的攀登，无言的努力，一切都值得！

“立志欲坚不欲锐，成功在久不在速。”2017 年，你在万众瞩目中诞生，我以一名普通党员的身份与你相识。“每日签到”“每日答题”“在线答题”“在线交党费”，我们在一次次互动中一遍又一遍地熟悉对方。我从最开始的新鲜新奇，慢慢地想更深入地了解你。“党建要闻”“主题教育”“基层党建”“堡垒先锋”“典型经验”，一个个栏目让我受益满满，从前我起床第一件事就是打开微信，看看朋友圈，现在每天起床第一件事，就是在平台上签到，进行每天的答题活动，浏览党建要闻，休息和空闲时总会登录平台看一看，武装头脑。而你也在我们一次次的互动中褪去青涩，紧跟时事与时俱进，让自己变得更成熟更完善。

2023 年，我又以一名基层党建管理员的身份对你有了更深入的了解。基层党建管理在“实”字上，在“精”字上，在“效”字上，下苦功见真章。你不断突出重点，“党的二十大精神”“党史学习教育”，这都是党员们喜爱的专题。党员组织关系转接、发展党员管理、党组织换届、党费核定、队伍建设业务开展统计等功能模块，让我们在党员教育管理上拥有了更多的主动权，基层党建的规范化和信息化更上一层楼。

“骐骥一跃，不能十步；驽马十驾，功在不舍。”看着你的曾经是喜悦，而参与你的现在是幸福。作为基层党建管理员，我们的故事也在悄然发生，党纪专题教育、石油党建在线投稿、党建责任制考核……我们在工作中不断磨合；现在，我每天在“铁人先锋”系统上管理党组织、党员，在“铁人先锋”APP上看时事热点，汲取党建知识，“铁人先锋”成为我离不开的地方。看着你在党建的舞台上熠熠生辉，我由衷地替你高兴，我知道，获得党员群众的肯定才是你的目标，为着这个目标你在不断努力！

亲爱的“铁人先锋”，你的踏实、努力我们看得见，你的上进、创新我们永远支持，未来的路还有很长，时间证明初心如磐，灯塔砥砺历久弥新，为人民服务的脚步永不停止，让我们，一起变得更好！

（撰写人：黄琳）

“铁人先锋”平台带来的“大变化”

◎ 渤海装备

“铁人先锋”平台已经陪伴我们走过了七个年头。如今，她已经是每一位石油人生活中密不可分的一部分。她内容丰富、包罗万象，她帮助我们了解更多信息，助力我们的工作、提升我们的学习、丰富我们的生活。

我是公司的一名党建平台管理员，同时也是党支部的组织委员。近年来，深刻感受着“铁人先锋”平台给我们的工作和生活带来的变化……

公司排名冲进集团公司并列第一

2022年，我牵头制定了《公司党建信息化平台应用考核通报机制》，通过月度通报、季度评比、年度考核，加强了对平台应用的考核力度，各级党组织和广大党员对平台应用的积极性一下子被调动了起来，公司在集团公司党建信息化平台应用推广月度排名实现了跨越式进步，2023年综合排名连续几个月位列集团公司并列第一。2024年，集团公司考核标准进行了调整，我们及时研究并更新考核制度，积极鼓励各级党组织加大“三基”信息的报送，在“铁人先锋”平台三基

渤海装备公司平台应用推广排名

月度	集团综合排名	党建业务排名	工会业务排名	团委业务排名
2023年6月	1	1	1	1
2023年5月	1	1	1	1
2023年4月	1	1	1	1
2023年3月	1	1	1	1
2023年2月	10	15	1	1
2023年1月	18	15	53	22
2022年3月	60名以外	41	60名以外	60名以外

公司排名连续几个月位列集团公司并列第一

“工作动态”和“典型经验”栏目刊发信息七篇，在网讯、党建动态、经验交流、支部建设等栏目刊发信息十余篇，充分展现了渤海装备公司在党建工作方面的好经验、好做法。

开辟“党建品牌可视化”新模块

渤海装备公司积极探索党建工作新模式、新举措，把具有石油装备特色的党建品牌创建与党建信息化平台应用推广相结合，出台党建品牌建设三年行动方案，以“一党委一品牌，一支部一特色”为抓手，以“铁人先锋”平台应用推广为有效载体，相互融合促进，推动基层党建有特色、有成效。2024 年 3 月，我们与昆仑数智科技有限公司联合设计开发的“党建品牌可视化”模块项目顺利完成，实现了将党建品牌成果从纸面上搬到手机端，建强党建品牌的“线上”阵地。广大员工可以随时通过“铁人先锋”APP 进入“党建品牌风采”模块，浏

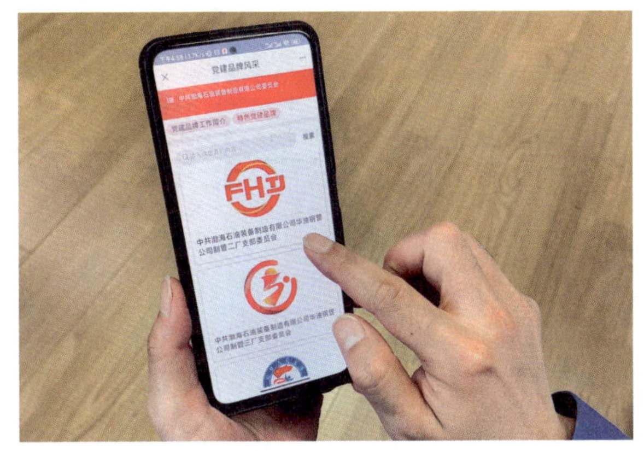

🚩“党建品牌可视化”模块主界面

览学习各级党组织的“支部特色品牌”“品牌工作法”“支部风采”“党员风采”以及本单位的情况简介和产品简介等多维度内容，有效提升了各级党组织的品牌影响力和组织凝聚力，增强广大党员的战斗力和执行力。

营造你追我赶的竞技场

登录“铁人先锋”平台打卡签到、在线答题、收藏学习卡等动作已经成了广大党员们每天早上醒来的第一件事。“你排名多少了？”“今天连续签到了吗？”这些都是我身边党员们每天经常讨论的话题。大家都暗暗较劲，比积分、比排名，营造了你追我赶的竞技场。党支部利用“铁人先锋”平台形成了支部学习和过组织生活的固定模式，利用平台完成“三会一课”线上建会、线上签到、线上记录，真正让党支部和党员们感受到了方便、快捷、高效。

作为一名党务工作者，在“铁人先锋”平台的滋养和陪伴下，我的情感愈加浓厚，信念愈加笃定，热情愈加高涨。未来，我将一如既往地坚持在习近平新时代中国特色社会主义思想的指引下，推动“铁人先锋”平台应用更广泛更深入，为助力企业高质量发展贡献党建力量！

（撰写人：郝亚娟）

一半书香　一半轻运动

◎ 西部钻探

在这个快节奏的现代社会，我们时常被各种琐事和压力困扰，渴望找到一种能够平衡身心、充实生活的方式。而“铁人先锋”作为掌上 APP，带给我们“一半书香，一半轻运动”的生活状态，她让我们在书香中品味知识的甘醇，在运动中感受身体的活力，从而实现身心的和谐与健康。

书香，是知识的象征，是智慧的源泉。无论是经典名著还是时尚杂志，无论是历史传记还是科技新知，书籍都是我们获取知识和信息的重要途径。

阅读，不仅可以拓宽我们的视野，增长我们的见识，更可以陶冶情操、提升素养。在书的世界里，我们可以与古人对话，感受他们的智慧和情感；可以与今人交流，了解他们的思想和观点。阅读让我们在忙碌的生活中找到一片宁静的天地，让心灵得到滋养和升华。

为了更好地享受阅读的乐趣，我们可以为自己打造一个舒适的阅读环境。工作之余，在书房或客厅的一角摆放一张舒适的沙发或书桌，配上柔和的灯光和喜爱的绿植，打开“铁人先锋”APP，有理论学习、有心理疏导、有绿色低碳活动，让这里成为我们放松身心、品味书香的圣地。

轻运动，是一种低强度、高频率的运动方式，它不需要过多的时间和场地，却能够带给我们身心的双重益处。无论是健步走、正念打卡、健康讲座，轻运动都可以帮助我们舒缓压力、增强体质、提高免疫力。

在轻运动的过程中，我们可以感受到身体的每一个细胞都在苏醒和活跃，仿佛有一股清新的能量在体内流动。这种感觉让我们感到愉悦和满足，也让我们更加珍惜和爱护自己的身体。

在健康生活理念的熏陶下，为了将轻运动融入日常生活，我们可以选择步行或骑行代替开车或乘坐公共交通；可以在工作间隙做些简单的伸展运动或深呼吸练习；可以在周末和家人、同事一起参加户外徒步活动。这些小小的改变，不仅可以让我们的身体更加健康，也可以让我们的生活更加充实和多彩。

书香与轻运动，看似是两个不同的领域，却可以在我们的“铁人先锋”APP 中完美融合。阅读可以让我们在知识的海洋中遨游，而轻运动则可以让我们在身体的舞动中感受生命的活力。

在清晨的阳光下，我们可以一边听书一边散步，让书香与清新的空气共同滋养我们的身心；在午后的闲暇时光里，我们可以选择一本好书和一段瑜伽练习，让身体和心灵都得到放松和舒展；在夜晚的宁静中，我们可以躺在床上阅读一本喜欢的书，然后在轻柔的音乐中做些简单的伸展运动，为一天画上完美的句号。

要实现“一半书香，一半轻运动”的生活状态，我们需要培养良好的习惯。这包括定期阅读的习惯、坚持运动的习惯以及合理安排时间的习惯。

我们可以为自己制定一个阅读计划，每周阅读一个栏目或每天阅读一定的篇幅；可以设定一个运动目标，每天或每周进行一定时间的轻运动打卡；可以合理规划自己的时间，让阅读和运动成为生活中不可或缺的一部分。

同时，我们也可以与家人和朋友分享这种生活状态，邀请他们一起阅读、一起运动。在共享书香与运动的过程中，我们可以增进彼此的感情，也可以一起探索更多生活的可能性。

“一半书香，一半轻运动”是一种理想的生活状态，它让我们在忙碌的生活中找到平衡和充实。通过书香与轻运动的结合，我们可以不断提升自己的知识和素养，也可以保持身体的健康和活力。

在未来的日子里，让我们继续坚持这种生活状态，让书香与轻运动成为我们生活的底色。同时，我们也期待更多的人能够加入到这个行列中来，一起分享阅读的快乐、体验运动的魅力，共同创造一个更加美好、更加健康的生活世界。

当我们深入体验“一半书香，一半轻运动”的生活方式时，会发现这不仅仅是一种生活态度，更是一个自我提升和自我完善的过程。

（撰写人：朱叶茹）

我的三重身份

◎ 西部钻探

“铁人先锋”平台作为服务百万石油人的数字化党建平台，自全面推广以来，早已成为广大石油员工成长的“精神家园”。我作为西部钻探工程院的一名基层党务工作者，既是平台的“参与者”，同时也是平台的“监督员”和“维护者”。

我是“参与者”

作为一名老党员，我是“铁人先锋”平台活动的积极参与者。她是一个多元化学习平台，不仅有党史、党建、廉政等学习教育题材外，还有大量视频学习材料，使我在思想、工作、生活等方面都收益颇多，极大拓宽了自己的视野。

平台有一个栏目是“收藏学习卡”，内容很潮流，原先讲的是“党史上的今天”，现在则是“每日一习话”，不仅能让我学到知识，我的党性也得到提升。平台上还有大量其他基层党支部的经验分享和做法提炼，对基层党组织开展工作具有借鉴意义。作为参与者，我积极参加平台的“每日答题”“在线学习”“收藏卡片”等活动，每天晚上只有完成了这些“任务”，我才能安心入睡。

我是“监督者”

第二重身份，我是钻井所党支部平台学习情况的“监督者”。为把党支部“铁人先锋”平台学习、签到、党性提升工作抓实抓到位，我主动请缨，负责落实党员的平台学习情况。

为提高学习效率，党支部要求每位党员每天完成学习后截图发群里，如果过了时间还有未完成学习的党员，我就充当“黑面包公”，在群里提示大家赶紧追上学习进度。为此，大家都有点儿怕我，因为稍不留神就会被我点名。月底需要清查“月月学”“专题学”完成情况的时候，我又变身“婆婆嘴”，全力保障党支部的完成率达到 100%。2024 年钻井所党支部学习排名在工程院始终保持前三名，个别党员个人积分排名更是蝉联榜首。

我是“维护者”

与“铁人先锋”平台文创品合影

后台维护包括每年的组织生活会和党员民主评议情况录入，支部换届选举后及时信息录入，每个月的“三会一课”会议补录维护，党支部每个月自行制作党建试题，党支部新发展党员的情况录入等。我需要按照时间节点自觉做好相关的信息维护，做到今日事今日毕。四年来党支部共上传了近五十次支委会记录，20 次党员大会记录，一百多次支部党员学习、专题党课，四十多场主题党日的活动记录。按照每个月出两套党建试卷的规律，我前后制作党建试题超五百道，并上传了八名同志的各阶段入党资料。

每天和“铁人先锋”平台相伴，我的工作和生活充实忙碌又很开心，我在三重身份间来回切换着，也认真品味平台带给我的精神源泉，这就是我与平台的故事。

（撰写人：任艳）

“数字时代”的好伙伴

◎ 塔里木油田

每日轻触“铁人先锋”，我仿佛听见成长的低语，如同旅人仰望夜空，引领我穿越未知。在数字化浪潮汹涌澎湃的今天，我们每个人都不可避免地与数字世界紧密相连，对我而言，“铁人先锋”不仅是一个学习平台，更是我在这个数字时代中不断成长、遇见更好自我的重要伙伴。

夜幕降临，星辰闪烁，当万物归于沉寂，我都习惯性地问一句：“你今天‘打卡’了吗？”以此告别一天的忙碌，封存今日所有的努力与梦想。

“铁人先锋”平台已经成为每个中国石油党员手机中的必备应用。日常对话中，我们常听到“你今天登录了吗，答题了吗？”以及“你的‘铁人先锋’积分排名第几？”等话题。党员们热衷于聚在一起，分享学习技巧和宝贵经验，讨论如何获得更多分数。在同事间相互比较的氛围中，形成了一种积极向上的竞争环境，使得大家的学习态度从最初的被动接受转变为主动打卡。

我是一名党务工作者，肩负着学习和传播党的理论知识的任务，在信息化、网络化的今天，如何更高效地学习、更好地传播知识，已

青年党员江志豪与塔思恒·金奴斯在党员活动室比拼“铁人先锋”积分，并相互交流获得积分秘诀

经成为新时代面临的重要课题，正如古人所言：“学如逆水行舟，不进则退。”

记得2017年9月15日，我第一次接触“铁人先锋”时，心中充满了好奇与期待。随着深入了解，我发现她不仅是一个党建工作的平台，她更像一座移动的党校，无论何时何地，只要我打开手机，就能接触到最新的党讯内容，接收到实时的党员通知公告，通过平台我可以参加在线党课，随时随地学习党的知识；我可以参与线上讨论，与全国各地的党员共同探讨问题；我还可以通过平台了解最新的党建动态，这些功能让我深刻感受到了数字技术在党建工作中的巨大潜力。“铁人先锋”的管理、通知公告、活动管理等功能，可以高效处理各项业务，使组织管理更加便利，监督也更加有效。这些功能的集成运用，让我深深地感受到，数字化时代为我们带来的无限可能。

我在使用“铁人先锋”的过程中，也留下了许多难忘的瞬间。一次，我在平台“三基工作”栏目下看到了一篇名为《让党建成为看得见的生产力》的文章，深受启发，随即在评论区写下了自己的感想，没想到很快就收到了其他党员的回复和鼓励，那一刻，远在大西北边疆的我感受到了来自五湖四海的温暖和力量，真的是“三人行，必有我师焉”。现在每当我遇到困难或迷茫时，都会打开平台，寻找答案和灵感，她帮助我不停地成长和进步，也承载了我对党的忠诚和对事业的热爱。

在这个数字时代，我很庆幸有“铁人先锋”这样的好伙伴。通过日积月累的学习，我深刻感悟到：唯有坚持努力，才有赢的可能。那些同你一起暗自努力的时光，终会照亮我前行的路。我相信，我一定能遇见更好的自己，成为更好的党员。

（撰写人：齐伟）

党建赋能新征程

◎ 东方物探

作为党支部书记，我见证了“铁人先锋”平台从推广到深入应用的全过程。她犹如一座坚实的桥梁，连接着我和每一位党员，让我们在党建的道路上携手共进。她已然成为我工作中不可或缺的一部分，我与她有着许多难以忘怀的故事。

曾经，我们面临着诸多党建工作的挑战。党员们由于勘探工作性质经常分散各地，党支部组织生活的开展困难重重，信息的传达也时常出现滞后。但平台的出现和推广使用，极大地解决了我们党支部一直面临的难题。通过“铁人先锋”平台，党员们即使远隔千里，也能轻松连在线上，按时参加“三会一课”，党支部间联合主题党日活动更是方便快捷，在线交纳党费也变得信息化和人文化，那些曾经困扰我们的很多难题迎刃而解，让党支部的凝聚力得以更强，不再受空间距离的限制。

她对标准化党支部建设的推动作用更是显著。“三会一课”、组织生活会、民主评议党员等活动都在平台上实现了标准化，每一项流程都清晰明确，党员们的参与积极性被极大地调动起来。大家在平台上认真学习、热烈讨论，积极为党支部的发展建言献策，那种浓厚的党建氛围让我深感振奋。

在管理工作中，“铁人先锋”平台也是我的得力助手和赋能工具。“在线会议”让我们可以随时随地沟通交流，“在线投票”方便快捷，“在线学习”资源库丰富多样，“在线答题”检验学习成果；“三会一课”、谈心谈话等工作也能通过平台高效开展。她仿佛是一个万能的工具箱，为我的工作提供了无尽的高效便捷。

而最让我欣喜的是，她成为了党员学习交流的重要阵地。丰富的学习资料库就像一座知识的宝库，党员干部们可以随时在其中探索求知，找到自己所需的资料。通过讨论组，大家可以分享经验，思维的火花在这里碰撞。浏览公众号信息、网讯实时新闻、经验案例等，让党员们能第一时间掌握企业信息，积极参与到企业的各项活动中。

党支部通过“铁人先锋”开展重温入党誓词主题党日活动

“铁人先锋”平台，见证了我们的成长与发展，也记录了每一位石油共产党人的党员数字生活。我与她的故事还在继续，她就是我们共同的“红色精神家园”。我相信，在她的助力下，我们党支部的工作将不断焕发出新的活力。她也让我们在数字时代的党建工作中，找到了归属感和前进的动力，让每一位党员都能在这个平台上绽放光彩。总之，她让党建工作变得更加生动、有趣，更加充满新时代活力，必然为实现吐哈物探分公司“优精强”业务和高质量发展发挥党建信息化的驱动力。

（撰写人：许保安）

“铁人先锋”真正成为党员学习工作的“互联网上的家”

◎ 锦州石化

“铁人先锋”平台在不知不觉中已经陪伴我们走过了七载春秋，从刚开始的略带抵触情绪到逐渐喜欢，再到现在与党建工作的互助融合，“铁人先锋”平台以沉浸式的方式慢慢融进我们的生活，成为党员学习、工作的“互联网上的家”。

党员自省吾身的必备“餐食”

“今天你答题了吗？”自公司党委开展“铁人先锋”平台“三个一”活动以来，这句话成为党员们在工余时间聊天的一句口头禅。从党的二十大精神、到习近平总书记最新系列讲话和重要指示批示精神、再到集团公司和锦州石化公司重要会议精神，定期的精准“配餐”让党员们在参与中不断提高思想认识，对党、对国家、对企业的最新政策、部署有了全面的了解。看党建基础知识、听消息要闻、参与专项答题，各种党的知识“套餐”已经成为党员日常生活不可缺少的一份。坚定初心、提纯纳新、向榜样看齐，每一天党员们在享受这份独有的“美食”中自省吾身，自觉扛起为企业高质量发展而不懈努力的责任，在保障装置安稳运行的攻坚战中尽显党员风采。

党员严肃组织生活的“小窝”

“党小组会你签到了吗？”每次党小组会议上，党员们都会互相提醒一下。“铁人先锋”平台“组织生活”模块现在已经成为基层党支部将党建工作由基层党组织向党员个体延伸、由现场会议向网络延伸的有效载体。特别是在新冠疫情期间，线上会议、线上送学、在线交纳党费在方便党员参与基层党支部组织生活的同时，也实现了基层党支部“三会一课”的实时管理和对党员教育学习情况的监督，有效地规范党组织生活流程、严肃党内政治生活氛围。

党组织落实党建责任的“看家本领”

“第三党支部发展党员没有按照时间节点进行线上审批。”中心党委利用“铁人先锋”平台对基层党支部党建工作的自动跟踪，对基层党支部落实党建责任情况实施监督。在制定的月度党建考核细则中，“三会一课”、民主评议党员、党内表彰、党费使用、党员发展、关系转接等党建基础工作已经纳入基层党支部月度党建考核范围之内，“互联网＋党建”的模式有力地提升了党组织的凝聚力与战斗力。

“铁人先锋”平台已经成为推进基层党建“三基本”和“三基”工作有机融合的有效途径。在这里，党员们可以随时交流、学习；在这里，党支部党建工作可以延伸到八小时以外；在这里，基层党组织学习借鉴先进管理经验。“铁人先锋”平台在成长的路上真正成为党员学习、工作的“互联网上的家”。

（撰写人：柴春喜）

路转粉札记

◎ 西部钻探

“都 21 世纪了，这种机械式形式主义为什么还能存在？”

初识“铁人先锋”，她还叫“石油党建”，被通知安装软件的时候，心里忍不住泛起一阵抵触。那个时候软件本身运行还不够流畅，每天打卡学习前，那种无端的“怨念”都会直冲天灵盖。

日复一日，年复一年，不知从何时开始，每天早上睁眼第一件事变成了打开“铁人先锋”学党史、看国家要闻、了解时事政治……这个曾经被嫌弃的软件如今开始吸引我和同事们。渐渐地，积分榜的排名竞相追逐，眼看着排名超越周围同事，会让我油然而生出一种快乐和骄傲，碰到积分排名靠后的同事，还忍不住分享多得分、得高分的“秘诀”，而真正改变我对她看法的是一次考试。

2023 年，集团公司政治理论水平考试比预期提前了两个月，让我这个还没来得及看书的人一下子慌了神，临时抱佛脚已经无力回天，剩余价值、剩余价值率、利润的区别和关系刷十遍题也还是搞不清、记不住。考试当天，已经“放弃治疗”的我潇洒地带着空白的大脑进了考场，一边听着监考老师的考前提醒，一边祈祷幸运之神眷顾我，让我考的全会、蒙的全对。

意外的是，考题里涉及时事政治、党的二十大报告等方面我竟然全会，“长征二号丁运载火箭，一箭四星”“全面依法治国是国家治理的一场深刻革命，关系党执政兴国，关系人民幸福安康，关系党和国家长治久安”……这些熟悉的题目在“铁人先锋”每日答题、在线答题版块统统出现过，细数一下，居然有15道题，占考卷30%之多，此时我无比庆幸有“铁人先锋”这个学习平台的陪伴，也庆幸一直保持打卡学习的习惯没有半途而废。这次考试虽然最终以52分收场，但完全改变了我对“铁人先锋”平台的看法，“要我学”已是过去，“我要学”才是正道。

2024年，我开始留意平台每天的更新，关注石油科普讲堂、微视频、图说事、今日三分钟等感兴趣的版块，品味专家的针砭时弊，关心行业的热点。今日三分钟是一个短平快的版块，它采用语音播报，随时随地只要你想听都可以快速了解行业新闻，里面还会专门划出学习金句，不知不觉她变身成为了知识小百科。

4月中旬，平台热推“春风十里 ‘绿’动‘油’你”健步走活动，健康企业理念如今深入人心，我和同事们一改往日“能坐不站、能站不走”的生活方式，主动低碳出行、徒步健身，随着每日步数增加，足迹从石油河向铁人王进喜纪念馆前进，每到一个纪念遗址，身为石油人的骄傲就呼之欲出。

平台已陪伴我七年有余，我越来越离不开她，在这里我见证她的成熟，她帮助我成长。我想今后，我们的故事会越来越多、越来越精彩。

（撰写人：钱莉莎）

我的“掌中宝”

◎ 东方物探

“完了完了完了，忘了忘了忘了……”听到我抓狂的自责声，儿子快步走过来，“咋了，老妈，出啥事了？”“我坚持了120天无间断的签到、答题，今天工作太忙竟给忘了，真是气煞我也。”“哈哈，怪不得呢，原来是你对不起你的‘掌中宝’啦，懊恼没用，后面继续努力吧。”润物细无声中，坚持在“铁人先锋”平台签到、学习和答题等已经成为我每天要做而且必须做好的功课了。

记得平台刚上线时，平台的许多功能，我都不太会用，不了解参加哪些活动能够获得积分，哪些活动是对党员的考核项，哪里可以看到参加学习、互动交流等记录，所以只要一有空就打开平台自己琢磨。当时每周只回家休息一天的儿子看到我沉迷的样子，生气地说：“整天说关心我，我回来也没见你的心思在我身上啊，我看这个平台比我重要，她才是你的‘宝’，还是‘掌中宝’。”

叫她“掌中宝”，是实至名归的。党员可以随时随地打开平台参与党支部生活、在线学习，第一时间交纳党费，随着平台功能不断完善和丰富，可以通过平台了解东方物探公司党建工作动态和动态播报，学习先进人物典型事迹，还可以关注中国石油系统各单位公众号，借鉴好的经验亮点，不断开阔自己的视野，丰富思想认识，在工作中找到新方法持续提升为民服务的本领。

“掌中宝”不仅是我自己的“宝”也还是全家党员的“宝”。妹妹和妹夫都在东方物探公司工作，茶余饭后聊天必不可少的话题之一就是“铁人先锋”平台学习使用心得和经验交流。他们也会时不时地给我微信提醒：“关注一下哦，平台‘学习’模块中已经设置《中国共产党纪律处分条例》课件了，可以点击学习啦。”“现在正在开展‘春风十里 “绿”动“油”你’活动呢，别忘了参加、每天同步步数。”已经有四十多年党龄的父亲听到我们热烈的谈论，也好奇地凑过来听听看看，还带着略有遗憾的语气说：“要是我们退休党员也能使用就好喽，这样我们‘人在家中坐’就能了解公司大事喽，还能不出门不带现金，手指一动就在平台上交党费。你们真是赶上好时代了，一定要努力工作，要从熟练用平台、积极参加平台活动等小事做起，争做优秀党员。”

讨论新稿件

是啊，我珍惜且爱“掌中宝”，因为她是我做好党建工作的良师益友和得力助手，是我参加“云走长征”“我为碳中和种棵树”等各项活动，让我的生活变得丰富多彩的好伙伴。无论何时何地，她永远是我手心里的“宝”。

（撰写人：谢静）

我的“飞驰”人生

◎ 西部钻探

我清楚地记得2022年的春天，那时的我，蓬头垢面，油腻懒散，工作压力和生活中的矛盾让我一直郁郁寡欢，感觉自己像是一台永不停歇的机器，日复一日地重复着上班、加班、睡觉的循环，生命一片灰暗，一直看不到尽头。

直到有一天，在外地的妻子来探亲，看见我这副样子，和我沟通许久还是见我提不起精神，问我什么也懒得回答。她想了想说：“我们玩个游戏，我问你答好不好？”我点点头，她便开始问：“由于自己过失使得工作延误，对你的影响是什么？ A是××××，B是××××”……一直问了十几项问题，当我不耐烦的时候，她忽然说：“我的天，你属于心理问题中危人群啊！”我一骨碌翻起来说：“怎么可能，你用什么测呢？”按照妻子的指导，我打开自己的“铁人先锋”，按照提示，输入了自己的身高、体重、年龄等基本信息，再次进行心理测试，还是一样属于心理问题中危人群，我怎么都想不到我亚健康到如此程度，赶快打开心理咨询翻看里面内容，越看越觉得自己真的出现问题。了解EAP后，我主动拨打电话进行了咨询。咨询师对我的建议是多与家人倾诉，多与朋友搞一些群体性活动，加强户外运动及锻炼。

按照健身目标我打造了一份运动计划，开始了我的运动健身之旅。在“铁人先锋”里面设定好目标和提醒，我就咬牙坚持，逐渐适应了运动的节奏。慢慢地发现自己越来越喜欢这种挥洒汗水的感觉，身体也变得越来越轻盈。

“乒”出精神，“乓”出健康

随着时间的推移，自己的运动能力不断提高，便开始尝试游泳、乒乓球、羽毛球等运动项目。并结识了一群志同道合的朋友，我们互相鼓励、分享经验，一起参加比赛。2022 年年底，我的身体状况发生了翻天覆地的变化，体重减轻了，精神状态也变得更好，越来越喜欢与家人一起出游，与单位同事关系越来越融洽，喜欢帮助别人，再不是那个疲惫不堪的上班族，而是一个充满活力、自信满满的人。

2023 年我参加了单位组织的乒乓球比赛。比赛场上我左防右扣，步法灵活，场上一片叫好声音，最终我获得第三名，我感受到了从未有过的成就感和喜悦。从此以后我更加热爱运动，将“铁人先

不断超越自我，完善自我

锋”视为自己生活中的良师益友。回首这段奇妙的旅程，心中充满了感激与欣喜，有一种脱胎换骨、飞驰人生的感觉。我感谢“铁人先锋”给我带来的身心健康与活力，更感谢她让我重新找回了生活的热情和动力。在未来的路上，我将带着这份健康与活力，继续探索、前行，去追寻更加美好、充实的人生。

（撰写人：王亮）

我在“铁人先锋”过生日

◎ 长庆油田

在这个数字化浪潮汹涌而来的时代，党建工作也迈入了全新的阶段。“铁人先锋”平台作为党建工作数字化转型的典型代表，不仅理论上实现了创新，更在实践中展示了其独特的魅力和强大的功能。通过这个平台，石油人的党建活动与数字生活紧密交织，共同描绘了现代化油田企业党建的新图景。作为一名油田压裂科研人员，我在这个平台上的每一次经历，都是学习、责任、情感和温度的传递。

2021 年 9 月 9 日，是我人生中一个特殊的日子。在遥远的鄂尔多斯盆地庆城油田，我庆祝了自己与众不同的 40 岁生日。那天，我的周围没有父母、丈夫、孩子和朋友的陪伴，只有秋风在荒凉的土地上轻拂，给我带来一丝清凉。当时我正忙于参与页岩油压裂改造实验，这项工作不仅繁重而且充满挑战。

清晨时分，我被一种孤独和落寞的感觉包围，由鼻炎引发的不适加剧了这种感觉。然而，当我打开“铁人先锋”平台的那一刻，一切都发生了变化。屏幕上突然亮起了五彩斑斓的生日祝福和一个虚拟蛋糕，上面的蜡烛闪烁着温暖的光芒。这一幕深深地感动了我，一种久违的温馨感涌上心头。

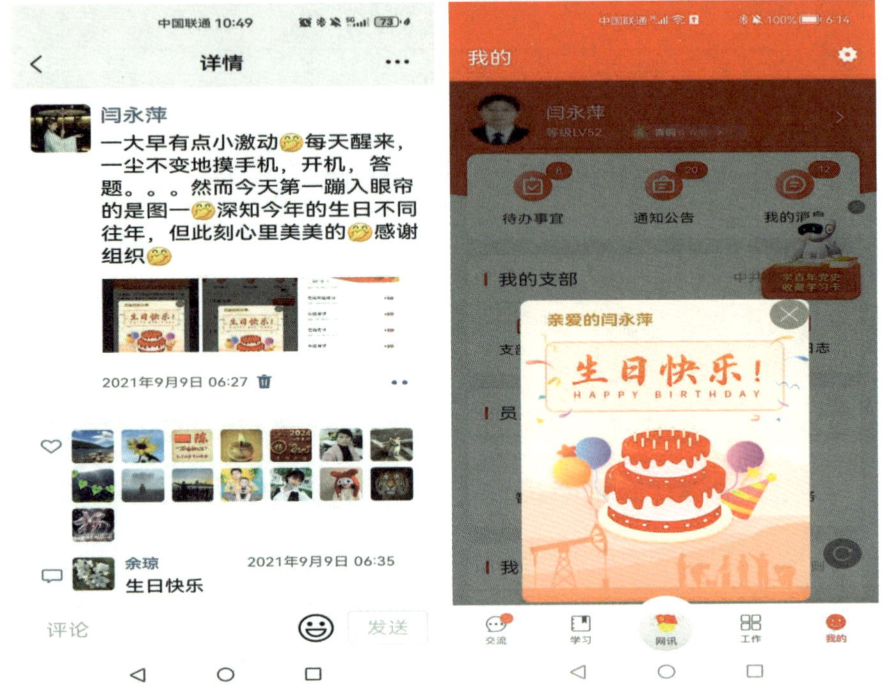

“铁人先锋”祝我生日快乐

尽管我身处偏远地带，党组织的关怀和温暖却如同一束光线，穿透屏幕照亮了我的心灵。这些祝福背后的深厚情感和真挚关怀让我感觉自己并不孤单。在那一刻，我真切地感受到，无论身处何地，党的关怀和人间的爱都能穿越千山万水，跨越所有障碍，触及每一个需要她们的人。

这个生日不仅加深了我对科技的依赖，还让我在快速变化的世界中深刻认识到情感的力量是如此强大，她能激励人心，也能治愈心灵。这次经历不只是对生活的深刻领悟，更是对人性的深入探索。她教会了我，无论未来的道路多么坎坷，多么不可预测，只要我们心存感恩，就能在世界任何角落找到属于自己的温暖。此外，这一天还让我思考了科技与人文之间的关系。科技的发展带来了便利，但也带来了新的挑战和责任。如何在保持技术进步的同时，也不失人情味和关怀，是每一个现代人都应当思考的问题。

“铁人先锋”平台为我们提供了一个学习的场所，不仅展示了技术的力量，更是建立了党员与党组织之间的桥梁。这是一种全新的学习和交流方式，体现了党建工作与时俱进的生动实践。在“铁人先锋”平台的帮助下，党建工作不再受限于时间和空间的束缚，每一位党员都能在任何地点、任何时间感受到党组织的力量和温暖。

这个生日是我一生中最难忘的一次经历。它不仅让我感受到了前所未有的情感深度，也启发了我对生活、科技和人性更深的思考。在这个特殊的日子里，我学到了感恩和珍惜，也明白了无论身在何处，爱与关怀总能找到它的道路，温暖每一个心灵。

（撰写人：闫永萍）

与铁人同行　与先锋共进

◎ 西南油气田

“今天你签到了吗？”逐渐成为办公室的流行语，“你积分怎么比我多？”成为同事之间的“攀比”，甚至深夜12点多爱人会掏出手机，戳戳我的手臂问“你打卡没？”“铁人先锋”已经无孔不入地“入侵”我的生活和工作。

自“铁人先锋”推广使用以来，每日登录“铁人先锋”，已经成为石油人的必修课。我亦从最初的打卡完成任务、关注积分排名，慢慢被其丰富的内容吸引，在“网讯”模块翻阅每日的重要新闻，阅读兄弟单位的党建动态和工作经验，探索着平台内其他的功能版块，发现平台真的就是一个知识大宝库，不仅有海量内容，功能也很实用，对党务工作者获取工作素材、提升业务能力，有着非常大的帮助，这座便携可移动的“图书馆”亦时时督促着我自主学习、自我提升。

平台，让我懂得了学习，学习是滴水穿石的坚持。人的一生就是不断学习、不断积累、不断蜕变的过程。正如习近平总书记在中央党校建校80周年庆祝大会上指出：“哪怕一天挤出半小时，即使读几页书，只要坚持下去，必定会积少成多、积沙成塔，积跬步以至千里。”

坚持是一种修为和历练，做一件事坚持一天容易，难的是一件事一直做、天天做、重复做。“铁人先锋”的问世让学习变得不再枯燥，坚持变得简单，每天打开平台，看着不断更新的答题积分、学习时间、登录天数，这些都鼓舞着大家逐渐从“要我学”转变为“我要学”，每日打卡变成了甘露，滋润着我们的生活和工作。

平台，让我见证了祖国的伟大，一个新时代的来临。在热门课程里学习“博物馆里的党史”；在推荐学习里听他们讲“八三”故事；在党建百科中强化“新思想”、解读“新条例”，平台上全面的学习资料帮我解疑释惑，使我一次次得到思想升华和精神洗礼，对党的历史和国家的发展有了更深刻的认识和理解，更加坚定了我的理想信念和为党工作的信心。

平台，让我坚定了理想，青年本应逐梦前行。习近平总书记曾寄语广大青年：“未来属于青年，希望寄予青年，一代人有一代人的长征，一代人有一代人的担当”。作为青年中的一员，作为输气舰队上的一颗螺丝钉，牢牢紧固着帆布的一角，驶向“上产500亿”的新会战。面对新的征程新的起点，有党支部的坚强领导，有“铁人先锋”的激励相伴，我坚信目标必将实现，未来必将更加美好闪耀。

自2022年5月成为入党积极分子以来，我努力向党组织靠拢，通过研读群团学习中的“创业篇、攻坚篇、开拓篇”铁人三代故事，深刻体会大庆精神铁人精神的传承与发扬；通过浏览中心组学习中海量丰富的党建课程再次强化自我党性；通过翻阅党建图书中的《中国共产党章程》深度领悟新党章对提高党的凝聚力战斗力的重要意义。作为一名入党积极分子，我离成为一名正式的党员还有很长一段路程。

“铁人先锋”的坚持使用时刻触发着我爱国爱党爱工作的决心。我深知想要不断提高自己，“铁人先锋”就是最好的学习平台，只有通过平台不断学习积累，才能进一步提升自我，开阔自我。

愿与铁人同行，与先锋共进，不负时代，不负韶华。

（撰写人：李巧）

寻宝在“铁人先锋”

◎ 西南油气田

等待电梯时短暂浏览“铁人先锋”

看了眼桌上的手机，我回头望着楼下大片映着金红的绿色，揉了揉疲惫的眼睛，已记不清这是今天第几次点开“铁人先锋”了。回想近一年的使用，从最初毫不在意到现在时常在休息时间一头扎进“铁人先锋”。平台里丰富的内容如同瑰宝般让我受益颇多，其中有两件宝藏我记忆深刻。

精神铸就的 49 颗璀璨钻石

网讯模块处在一个非常显眼的位置，其上的党徽让我不自觉地点了进去，并被首页栏目里的党史学习教育所吸引。《收藏！ 49 篇文章带你解读第一批纳入中国共产党人精神谱系的伟大精神》是我选择阅读的第一篇文章，其中分别介绍了建党100年来所发生的重要历史时刻，并提炼出49个伟大精神。其中抗战精神、抗美援朝精神、雷锋精神和载人航天精神等我从小耳濡目染，颇为熟悉，但我更想讲的是抗击“非典”精神、抗震救灾精神和抗疫精神，它们都与我的亲身经历有关。2003年我站在重庆市儿童医院大厅，仰头看着大人们行色匆匆，这是我唯一记得的小小片段，但紧张的氛围让当时的我以为将无法逃脱“非典”的牢笼。之后也经历过汶川地震的地动山摇和新冠疫情风险，但现在想来，不论是“非典”，还是之后的汶川地震和新冠疫情，党和国家都一直保持着勇于战胜一切风险挑战的精神带领人民坚强走过。这让我非常认同文章中的一段原话，“人无精神则不立，国无精神则不强。唯有精神上站得住、站得稳，一个民族才能在历史洪流中屹立不倒、挺立潮头。”

汗、血与智慧凝结的两枚晶莹珍珠

第一篇文章让我在“铁人先锋”尝到了甜头，在我情不自禁地一番搜寻后，我在学习模块的群团学习中找到了我想要的。关于铁人王进喜的事迹我常常听闻，但对王启民和李新民仅是略有耳闻。怀着好奇，观看完近两个小时视频。王启民从三级运动员到患上类风湿强直性脊椎炎，从温和注水开采到高效注水开采；李新民和队友在苏丹先后完成37口水平井开采。两位铁人通过科技改革和勤劳奉献对石油事业的贡献令人钦佩。

吃着晚饭，回味着今天所寻到的宝藏，我的内心心潮澎湃，我在党和国家的默默支持中安全、快乐地生活，我希望回报这份美好。作为一名石油工作者，我想尽我所学在能源方面狠狠支持我的国家。这

学习现场知识

是我第一次与“铁人先锋”的交心，但不会是最后一次，我要在她的更多故事里奋力成长，成为一名精神上站得住的、实干的铁人先锋。

（撰写人：唐思哲）

我们的“铁人先锋”

◎ 长庆油田

中午 11 点半的一声响铃过后，长庆油田第八采油厂定边生产运维中心的同事们陆陆续续地走到了食堂，不一会儿就排起了一条间隔一米的“长龙”。

“每天叫醒我的不是闹钟，是‘铁人先锋’的答题。”排着排着，党员张莉突然发出了一句感慨。

“我和你不一样，每天我睡觉前一定要打开‘铁人先锋’看一看，没答题的话就把题答了，其他的时间就看看别的兄弟单位又有什么新经验、方法可以学习一下。”综合管理室主任石亮边说边拿起了手机，打开“铁人先锋”给大家分享他最近看到的几篇不错的文章。

今年刚转正的党员魏根听到后也拿起了手机，翻开最近的答题记录说道：“我也是，每天都期待今天的‘铁人先锋’又有什么新题，上次我们组室长考了我一道关于质量知识的题，要不是我在‘铁人先锋’上做过，还真答不出来，她可真是帮了我的大忙。”

杨旭的话音刚落，陈宁的大嗓门就响了起来：“说起‘铁人先锋’，你们有没有注意过咱们机关党支部的组织排行，从去年开始，排名第一的不是熊姐就是虎师傅，这俩人的积分一直遥遥领先，大家都管他俩叫运维中心的‘熊虎之士’呢。”

排在前面的熊娟华探出身子，向陈宁喊道：“别羡慕姐，只要你好好答题，每天都刷一刷‘铁人先锋’，你的排名肯定也能靠前，姐在前头等你。”大家都被逗得哈哈大笑，就连在前面打饭的吴勇也忍不住笑得手抖，一勺青椒炒肉抖得就剩青椒。

在运维中心，“铁人先锋”APP早已成为大家日常生活中的一部分，“月月学”“党建网讯”“石油史上的今天”这几个栏目几乎构成了党员们每天见面打招呼的“核心内容”；“热门倾听”里的政策和党建工作解读是老党员们的最爱；“你的积分有多少？”“你今天答了多少题？”之类的晒分比拼也成了运维中心的新风尚。

自平台使用以来，定边生产运维中心充分利用“铁人先锋”APP接地气、真实用的特征，将其与生产运行紧密结合，促进党建融入中心工作的管理再上台阶，引导党员带头做事热情高涨。“铁人先锋”APP

将“铁人先锋”里的好文章变成党课

的有效应用，打破了党支部之间的隔阂，把分散的党员有机结合，党员干部依托“铁人先锋”争当时代先锋，为坚定不移推进高质量发展贡献“红色力量”。

（撰写人：张妍荣）

从黄沙白雪到数字浪潮

◎ 长庆油田

作为一名普通的石油工人，我的生活有很大一部分是与“铁人先锋”平台紧密相连的。这个平台不仅是一个智慧党建工具，更是我们员工成长和精神寄托的家园。

记得第一次接触“铁人先锋”是在 2020 年底，当时平台刚刚更名并升级到智慧党建 2.0 版本。我在宿舍的小床上，通过手机观看了中国石油庆祝中国共产党成立 100 周年的表彰大会直播。屏幕上，集团公司党组书记的讲话让我深受触动，那种为国家能源安全贡献力量的使命感油然而生。

随后的日子里，我开始频繁使用这个平台。她不仅提供了丰富的党课资源和学习材料，还有各种实用的功能，如在线答疑、互动讨论等。通过参与这些活动，我逐渐熟悉了党的路线方针政策等，也加深了对石油行业的认识和热爱。

2023 年冬天，我在启动转水泵的过程中遇到了难题。那时，连日的大雪使得设备出现了故障。正当我束手无策时，想起了“铁人先锋”平台上有一个技术交流论坛。我迅速发帖求助，没想到很快就收到了来自其他油田操作骨干的回复和建议。通过他们的指导，我成功解决了问题，保障了生产的顺利进行。

此外，“铁人先锋”还极大地丰富了我的业余生活。平台上的文化活动、健步走活动和技能竞赛让我在繁重的工作之余，也能保持积极向上的生活态度。特别是每年的文艺晚会直播，总能让我感受到大家庭的温暖和欢乐。

通过这些年的使用，我深感“铁人先锋”不仅仅是一个学习和交流的工具，她更像是一座桥梁，连接着我们每一个油田工人的心。她传递的不只是知识和信息，更多的是对这片石油沃土的无限热爱和对党不尽的忠诚。

如今，每当我身穿红工服，头戴安全帽站在这片黄沙白雪覆盖的土地上，心中总是充满了自豪和责任感。这份情感，有着“铁人先锋”不可磨灭的印记。在这里，每个人都是先锋，都在用自己的方式，为祖国的能源事业贡献着力量。

有一次，我在进行日常巡检时发现了一个潜在的安全隐患。由于涉及的技术问题较为复杂，我当时感到相当焦虑。就在这时，我想到了“铁人先锋”平台的专业问答版块。我迅速上线提交了我的问题，并附上了现场照片和初步诊断材料。

没过多久，平台上就有多位经验丰富的技师响应了我的提问。他们不仅仔细分析了我提供的资料，还给出了多种可能的解决方案。在他们的远程协助下，我和同事们成功地将隐患排除在萌芽状态。这次经历让我深刻体会到了“铁人先锋”平台的力量，她不仅拉近了我们彼此之间的距离，更加强了我们在面对困难时的凝聚力。

除了工作上的支持，“铁人先锋”还在精神上给予我极大的鼓舞。平台上不定期发布的正能量故事和英雄模范的事迹总能激发我的工作热情。每当看到那些不畏艰难、勇于创新的同事们的事迹，我就能感受到作为一名石油工人的骄傲和责任。

最让我感动的是，“铁人先锋”还关注我们的身心健康。平台上的心理辅导和健康讲座帮助我学会了如何在高压环境下调节自己的情绪和身体状态。这种关怀让我深切感受到，无论在工作还是生活中，“铁人先锋”都是我们可依赖的强大后盾。

“铁人先锋”已经成为我生活中不可或缺的一部分。她见证了我从一个青涩的新员工成长为一名能够独当一面的技术骨干。每一次的登录、每一次的学习、每一次的交流、每一次的分享，都记录着我的成长和变化。我坚信，未来在“铁人先锋”的陪伴下，我会以更加坚定的步伐，为我们伟大的石油事业贡献自己的力量。“一个人可以走得很快，但一群人可以走得更远。”在“铁人先锋”的大家庭里，我们肩并肩，心连心，共同书写着石油行业的辉煌篇章。

（撰写人：吴鹏）

亦师亦友亦知己　且学且乐且成长

◎ 大港油田

看网讯、观新闻、学党史…… 作为一名党员，打卡“铁人先锋”平台就如一日三餐一样成为了我生活中必不可少的一部分。每天起床后第一件事，那就是登录“铁人先锋”平台，学党建知识、看党建网讯、完成当日的学习答题……不知何时，我惊奇地发现，她已经变成了我生活中的一部分，润物无声地为我输送着各个领域的知识，为我指明方向，成为我学习和工作的好伙伴、好帮手。

学习促成长

“铁人先锋”平台的内容十分丰富，推送的每一篇文章都是精华，还有各种先进人物的典型事迹和经验交流，是一个提供了全面学习、详细了解党建知识的窗口。通过长久以来的学习，我也逐渐感受到身上的责任和力量，一步步提高着自身的精神素养，多一份用心，多一份上心，让学习成为一种习惯，让知识激励我前行。“铁人先锋”平台是我学习中的挚友，是思想教育的“充电桩”。

活动促健康

叶圣陶先生曾说："好习惯养成了，一辈子受用。"的确，"铁人先锋"平台不仅让我养成了良好的学习习惯，对生活的影响也是令我受益匪浅。"铁人先锋"平台会开展形式多样、丰富多彩的活动，通过参加其中的"春风十里　'绿'动'油'你"活动，使我的生活习惯也悄悄地发生了变化，令不爱运动的我，渐渐"动"了起来，每天看着步数一点一点地增加，不知不觉中眼睛不疼了，腰也不酸了，睡眠也好了，同时，通过每天的浏览和闯关，还了解了石油会站，既锻炼了身体，又增长了知识。平台的"中国石油职工云课堂"栏目成为我生活中的一抹阳光，她定期发布的员工心理健康课程，使我学会了知足、感恩、乐观开朗，让我塑造阳光心态，照亮别人、温暖自己。通过与平台的"亲密"接触，我无论是身体还是心理的健康都得到了很大提升，平台成为我生活中的"加油站"。

工作促效率

"铁人先锋"平台不仅是我学习的挚友，也是我工作的帮手。高效运用平台"三会一课"功能，有效促进了学习成果的快速转化，提升了党支部工作科学化、规范化、标准化整体管理水平，尤其是新冠疫情期间，大力推进"线上"学习、活动，极大地为党支部工作开展提供了便利条件，利用视频会议开展"三会一课"、组织集中学习、开展讨论交流……党员们只需动动手指，就可以随时随地参与党支部组织生活。同时，通过平台的党务公开功能，党员能够及时掌握党支部工作动态；通过线上交纳党费，相比之前传统的专人收缴，简化了工作流程，极大地提升了党费收缴工作效率。平台功能的高效运用，极大地便利了日常党支部工作，对提高工作效率、工作质量具有极大的促进作用。

积分促进步

平台的积分制度更是我不断坚持学习的动力。"今天的'铁人先锋'你打卡了吗？""你积分排第几？"这些都是我们身边党员们茶余饭后热议的话题。大家经常在一起讨论答题，一起比积分，看排名，一起探讨学习方法、介绍好的经验，探讨多得分、得高分的诀窍。大家积极参与在线学习、每日签到、每日答题、月月学、专题学……参加党支部学习和活动的热情也空前高涨，在单位慢慢地形成了"趣味学习、赶学比拼"的浓厚氛围，"铁人先锋"也成为党员们的"掌中宝""指尖加油站"，是每日不可或缺的精神食粮，从开始的"要我学"，变成了现在的"我要学"。

"梦想从学习开始，未来从实践起步。"善于学习，持之以恒，在学习中反思问题，在实践中解决问题。自主学习能让思想更坚定，视野更开阔，工作更主动。不忘初心、牢记使命，共同成长，与"铁人先锋"相处的日子让我不负韶华，未来可期。

（撰写人：白英力）

相约赴彼岸

◎ 大港油田

红日未出人已醒，清风拂面蚊虫鸣，推开窗，东方的天空泛起了一抹鱼肚白，晨风吹拂着大地，吹醒了万物，也吹开了新的帷幕。习惯性地坐在窗前，默默地拿出手机，轻轻地点开了那朵宝石花，看着屏幕上出现的“铁人先锋”四个字，我的嘴角不由地掀起一抹弧度。

生命中的不期而遇　都是生活给予的惊喜

初次遇见她，是单位领导通知安装“石油党建”APP，怀着尝试的心情进行安装。最初的交流只是停留在交纳党费时，点击、交纳、返回、关闭，制式化的流程一成不变。直到一次不经意地触碰，我打开了《我们是石油人》这篇文章，顿时我愣住了，“我们曾走进戈壁，用帐篷温暖大漠荒凉；我们曾破冰荒原，用呐喊唤醒晚霞朝阳；我们曾踏雪昆仑，用脚步丈量国脉悠长。我们是谁？我们是石油人！”一次次振聋发聩的发问，一次次铿锵有力的回答，宛如一次次灵魂的冲击，震撼着我，也吸引着我。从那刻起，我迷上了她，随着深入了解，我发现她是一个充满活力和智慧的平台。在这里，我可以随时随地学习党建知识，了解党的历史、理论和政策，既有深入浅出的理论解读，也有生动有趣的案例分享，让我受益匪浅。

与君再相识　犹如故人归

“今天我给大家讲述的故事是《青春的力量》……”2020年平台由“石油党建”升级为“铁人先锋”，新增加团青管理版块，作为一名基层青工，我有了更多的“理由”与她见面。平台精品内容讲述，已经成为我们团青会议精彩的一环，每个人都在踊跃报名，讲述在平台学习时对自身感触最深的文章，与大家一起分享，通过榜样的力量激励青工，营造“比学赶帮超”的工作氛围，每个人都怀揣“黄沙百战穿金甲，不破楼兰终不还”的豪情，比进步、学知识、赶名次、超自我，奉献青春、绽放青春。

始于初见　止于终老

习惯成自然，现在每天清晨的第一件事就是点开“小铁人”，签到，答题，然后看新闻，观时政，学党史，感受先进文化理念……每天工作之余听到最多的就是“今天你答题了吗？”“快看看这道题，哪个是正确答案？”“唉，又落后了，我得加油努力了。”每天和“小铁”的接触让我们充满能量。她像盏盏明灯，指引前行伴我成长；她像缕缕和风，吹散迷茫促我奋进；她像耀耀骄阳，普照大地助我前行。

在心里种花，人生才不会荒芜，生活不会亏待任何一个心中有光、全力奔跑的人。回顾过往，我与“铁人先锋”的邂逅是如此美好而珍贵，“铁人先锋”就是那粒种子、那束光，就是我奔向彼岸的动力。我相信在未来的日子里，我会继续与“铁人先锋”相伴成长，破浪前行。

（撰写人：李国强）

“绿叶”和“根”

◎ 大港油田

作为新时代的青年人，积极向党组织靠拢是我不断奋斗的目标，可我还未成为一名党员，只能间接性地学习党的精神，接受党的教育，直到“铁人先锋”平台全面推广上线后，她如同一缕清风为我送来清凉，如同一轮明月为我指引方向，我可以随时随地自学党的发展历史，了解党的路线方针政策，还可以和支部党员在平台上一起参加线上党建活动，互相交流心得体会，这让我觉得我离党更近了。

我们的党在战火中诞生，在撞击中成长，在风雨中壮大。在那些迷茫的日子里，是党指引了我们前进的方向，领导人民浴血奋战、百折不挠，造就了一个个历史转折点，照亮了新中国前行的道路，赢得了新民主主义革命的伟大胜利。“红军不怕远征难，万水千山只等闲！”眼前这红色的江山，是无数英烈鲜血的浸染，让我的心底生出一份坚定的信念，要永远捍卫五星红旗那夺目的光彩。我们要牢记一代又一代中国共产党人接续奋斗的光辉历程，永远葆有中国共产党人的初心与神圣使命，不断书写新时代坚持和发展中国特色社会主义、实现中华民族伟大复兴新的辉煌篇章！

我在“铁人先锋”平台上学习党的发展史，经常阅读到革命先辈们的光辉事迹，一字一句深深打动着我，那一段段往事感人肺腑，催人奋进。时光流转，岁月如梭，先辈们的英雄气概依然激荡着这千年古国的万里疆土，激荡着中华儿女奔腾的血脉。岁月有痕，奉献无言，百年间我们党经历了沧桑巨变，在中国共产党的领导下，中华民族自信自强、守正创新，迎来了从站起来、富起来到强起来的伟大飞跃。无数共产党员的无私奉献，绘就了今日这大好河山的美丽画卷。作为新时代的中国青年，我有责任有义务，为祖国的繁荣昌盛贡献力量。在平台上，我坚持每日签到，不断加强理论学习，增强自我党性修养。

在“铁人先锋”平台上我感觉自己是一片生机盎然的绿叶，党就是我的树根，是我心中的太阳，带我披荆斩棘，让我每天都信心满满、充满希望。

通过在平台上的学习，我不仅对党、团的发展历史有了更深入的了解，还提高了自己的思想站位，深刻地认识到了“铁人先锋”平台在党建活动中的重要作用。我庆幸在最好的年纪遇到了她，她已经是我离不开、放不下、舍不得的精神食粮，让我领略了党建信息化的大魅力。2022 年 10 月 16 日，我怀着崇敬之情，在线观看了习近平总书记在中国共产党第二十次全国代表大会开幕式上的讲话，并铭记“高举中国特色社会主义伟大旗帜，全面贯彻新时代中国特色社会主义思想，弘扬伟大建党精神，迈进了全面建设社会主义现代化国家、向第二个百年奋斗目标进军的新征程。”这一重要指示。青春孕育无限希望，青年创造美好明天，做新时代的有志青年，听党话、跟党走，不虚度光阴、碌碌无为，在最美好的青春年华去奋斗，绽放属于自己的夺目光彩，为公司高质量发展贡献智慧与力量。

（撰写人：赵砚秋）

亲子共学的美好时光

◎ 大港油田

在繁忙的现代生活中，我与孩子的相处时光总是显得弥足珍贵。幸运的是，我们遇到了“铁人先锋”平台，这个智慧党建云平台不仅丰富了我的精神世界，也成了我与孩子共同学习、探索的宝贵资源。

“铁人先锋”平台是一个集学习、交流、管理于一体的平台，就像一位智慧的导师，引领我走进了知识的海洋。通过学习平台上的学习资源，我得以系统地了解党的历史和理论，不断提升自己的思想政治素养。与此同时，我也将这份学习的热情传递给了孩子，让他明白学习是一件终身受益的事情。

每天晚上，我和孩子都会坐在一起，打开“铁人先锋”平台。我们一起观看平台上的教育视频，了解党的光辉历程和英雄事迹。孩子总是听得津津有味，不时发出惊叹和感慨。这些

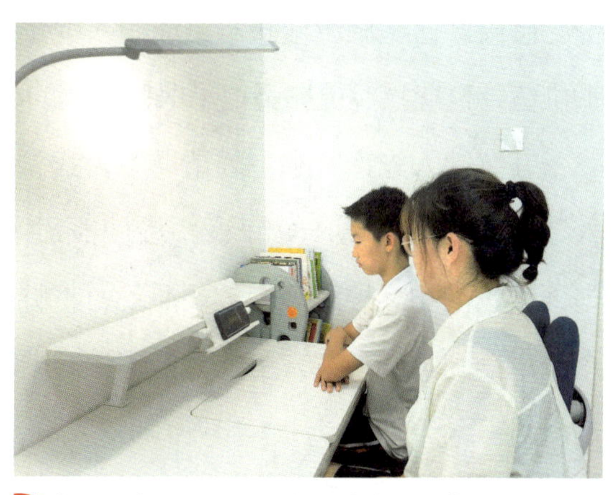

亲子时光，和孩子一起观看党史故事

生动的历史故事和英雄形象，不仅激发了孩子的爱国情感和民族自豪感，也为我们提供了更多共同话题，让我们的亲子关系更加紧密。

作为一名在石油行业工作的妈妈，总是希望能将这份行业的自豪与知识传递给孩子，我时常觉得自己的职业与孩子的生活有些距离，但“铁人先锋”平台却为我们搭建了一个沟通的桥梁。平台为我们提供了丰富的石油行业知识，孩子对石油的开采、加工、应用等方面产生了浓厚的兴趣，我们一起探索了石油的奥秘，感受到了石油对现代工业的巨大贡献。这些知识不仅增强了我的专业素养，更重要的是，我能够将这些知识与孩子分享，让他更加了解我的工作。

在“铁人先锋”平台引导下，孩子对碳中和和红树林产生了浓厚的兴趣，他主动查阅相关资料，学习了碳中和的原理与意义，了解了红树林在维护生态平衡中的重要作用。这些知识不仅增强了孩子的环保意识，也让我们更加珍惜身边的自然环境。

2023年春节，我们去海南红树湾湿地保护景区旅游。在那里，我们亲眼见到了红树林的壮观景象，感受到了大自然的神奇魅力。孩子兴奋地指着红树林，告诉我他学到的各种知识，我也被他的热情和好奇心感染。这次旅游让我们更加深入地了解了红树林的生态系统和保护价值，也让我们更加坚定了保护环境的决心。

在“铁人先锋”平台的帮助下，我和孩子不仅成为了“知识小达人”，还学会了将所学知识运用到实际生活中。在学校，孩子积极参与课堂讨论和学校组织的各项活动，将党史知识、石油知识、环保理念分享给同学们；在家里，我们也注重节约资源、保护环境，用实际行动践行绿色生活。

在“铁人先锋”平台的陪伴下，我和孩子度过了一段又一段美好

带孩子参加“助力碳中和 共植青年林”志愿植树活动

的亲子时光。“铁人先锋”平台不仅是我们学习知识的宝库，更是我们亲子共学的桥梁。在这个平台上，我和孩子一起成长、一起进步，共同探索着知识的奥秘和生活的美好。我们期待在未来的日子里，继续与“铁人先锋”平台相伴前行，开启更多精彩的学习之旅。

（撰写人：王翠娟）

“铁人先锋”伴我前行

◎ 大庆油田

“铁人先锋”为百万石油人润物细无声地输送着红色能量，我与她有着千丝万缕的关系和故事。

“全能平台”我想了解你

“‘铁人先锋’好像能读懂我在想什么，每当有什么工作或学习需求，平台很快就会实现。”这是我切身感受。

我是一名基层党支部书记，2024 年 4 月，我参加了数据平台培训，了解党组织线上开展“三会一课”、在线考试、在线答题等功能，同时取消线下纸质记录，有效提升工作效率。每月 1 日，96% 的党员在线完成党费交纳，提高了工作效率。现在，基层的党建工作责任考核、民主测评和结果统计都在线上完成，整体效率得到显著提升。同时，平台还建立“大屏展示”，用全景式展现组织、党员的工作动态和重点工作落实情况，总揽工作全局。目前，平台建立了基本组织、基本队伍、基本制度、网络地图、亮点工作等数据模型，完善了组织生活分析、发展党员、流动党员、党费缴纳分析、党组织信息等六大类信息推送和预警提醒功能；通过每月数据分析报告，以数据方式

组织学习如何利用“铁人先锋”开展工作

呈现各级党组织工作开展落实情况和排名情况，使党建工作“干与不干”“干好干坏”一目了然。

“智慧平台”我要追随你

“铁人先锋”平台是广大石油员工共同的“红色精神家园”，工作生活的“风向标”和“指南针”。

“互联网 +”正深刻地改变着我们的工作、生产、生活方式，从事党务工作十几年，都是传统工作模式，如今“铁人先锋”让我体会到了党建信息化带来的高效便捷。平台不断运用和完善云计算、大数据、5G 等技术，按照“三步走”，率先实现党建工作全过程、全维度、全覆盖。2020 年又将工会业务搬上平台，就此党建、工会业务实现在一个平台上办理。2023 年，红色网格数智大屏入驻平台，党建工作又进一步完善，各项工作在一个平台上汇聚，资源在一个平台上共享，

服务保障中心数智党建平台大屏

数据在一个平台上沉淀，形成“大党建”工作新格局。随着平台不断建设和完善，效果纷纷被大家点赞。互联网为基层党建插上了腾飞的翅膀，党务工作从以前的“不会干”“不愿干”变为“标准化”“抢着干”了。

“红色平台”我将依赖你

“党员学习教育是一项融入日常、抓在经常的工作，‘铁人先锋’通过创新形式，让党员学习更积极、更主动，参与性更强。”

平台下大力气抓建设，资讯内容更丰富、线上活动更多样、学习教育更创新，成为党员干部离不开、放不下、舍不得的红色精神家园。员工们反映，如今学习不见堆积的材料，而是在平台上点击相关按钮，即可享受视听学习盛宴，“三会一课”、党史资料等尽在“掌上”。自上线以来，平台每天推送习近平总书记重要活动及重要讲话，及时传递党组声音和党组领导关怀慰问，快速采访制作重大新闻，为百万石油人送上文化大餐。先后创建“党建网讯”“今日三分钟”“石

开展“牢记铁人精神 践行使命担当”主题党日活动

油微视”“三基工作”和“作风建设”公众号，落实党建工作相关要求，为公司高质量发展奠定基础，平台的传播力、引导力、影响力得到充分体现。

扬起“智慧党建”的风帆，石油人以自己独有的方式，搭乘“互联网”快车，构建“大党建”工作格局，石油人将以“党建智慧”深化“智慧党建”探索实践，筑牢全面从严治党根基，以高质量党建引领高质量发展，不断提高党建工作科学化水平。

（撰写人：李卫）

“铁人先锋”助力企业党建数智化

◎ 大庆油田

自“铁人先锋”APP在党员队伍中推广应用以来，从原有的党员管理、党费管理、组织生活等基础党建信息应用，发展至目前的红色网格治理模式应用和政治理论学习的无纸化，平台的内容不断丰富、功能不断强大，应用也更加数智化。

数字化应用，工作更加便捷。回首，我从事党务工作已十年有余，在“铁人先锋”平台出现之前，党务工作离不开大量的文件、记录等资料，平台的出现使数字化党建不再是空中楼阁，而是基于传统党建模式演化的升级版。组织结构、党员信息、党费管理，这些以往需要分类整理资料的工作，如今只需要轻轻一点，信息的集中性和完整性在顷刻间得到了充分体现。平台提供了大量与“三会一课”“主题党日”“组织生活会”等相关的模版，不但减轻了活动开展后填写记录的工作量，而且使记录内容更加规范、系统，也对活动的开展更加具有指导作用。

网格化管理，促进联动融合。平台新增版块红色网格和数智大屏，并已在全油田企业中广泛推广应用，以区域定界、任务定人、管理定责、行为定标为基本，实现了线上与线下替代、传统方法与数字手段转化、实践性与实时性融合、稳固性和机动性互补，志在让党建触角延伸至基层末梢，提升基层治理的效能，将党组织以外的员工群体以党组织为核心，凝聚于网格内。通过与安全、环保、综治等现有网络的整合，用好用活党建平台，更能实现红色网格的纵向畅通、横向集成、联动融合、共用共治，让党的建设工作不再是党务人员的独角戏。

时代感增强，更具有吸引力。平台的内容丰富多彩，比如在网讯中的“速览天下”，可以了解到最新时事报道；“影音”内可以观看到其他油田兄弟单位的风采纪录片；“员工服务”中的智选商城，从米面粮油、数码产品到家用电器，为油田职工提供了多样选择；更有心理和运动健康服务为职工保

对党支部党员信息进行维护

机关党支部委员通过红色网格政治理论学习版块制定党员录入平台学习计划

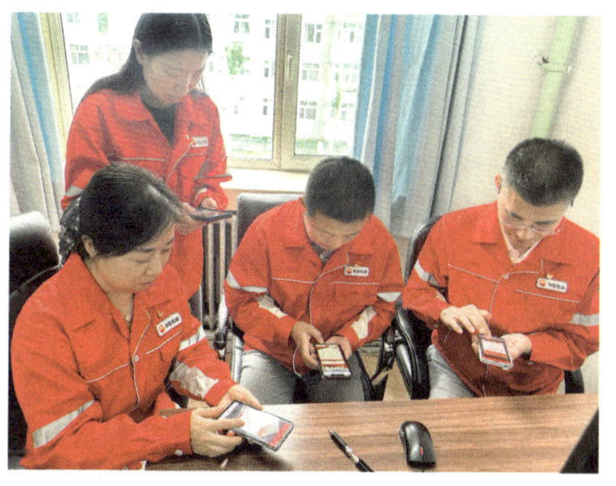

集中组织机关党支部党员和入党积极分子参与“每日答题”

驾护航；每日答题、学习交流等内容，在很大程度上促进了广大党员的学习热情；入党纪念日提醒、“七一”重温入党誓词等内容也在潜移默化中增强了党员意识。渐渐地，“铁人先锋”已融入党员的日常工作和学习中，让党建工作随身行。

如今，平台的应用已深深融入基层党建工作中，已成为党员们的精神家园。在这里，党建工作可以延伸到八小时以外，党员们在这里可以尽情地交流、学习。党务工作者们可以借鉴其他兄弟单位基层党建工作开展的好经验好做法，跳出传统思维模式，不断地转变观念，不断丰富充实党员的组织生活，使党建工作更具有时代性。

（撰写人：郭威）

成长的见证

◎ 大庆油田

时间如白驹过隙，不知不觉“铁人先锋”平台上线已有七年时间。作为基层党支部的党建管理员，我们见证了平台的不断完善升级，从最初的党组织、党员信息简单录入查询，党费收缴到如今依托红色网格实现事件上报、交办工作、党员学习线上操作、“三会一课”无纸化和党支部工作的信息共享，通过使用“铁人先锋”平台我见证了一名递交入党申请书的积极分子成长为一名合格党员的心路历程。

千呼万唤始出来 “小白”初相遇

党员王龙利用午休时间熟悉《“铁人先锋”平台党建业务用户手册》，以便快速高效解答党员在使用平台过程中的各种疑惑

2018 年 7 月，刚接手党建工作稚嫩的基层“小白”遇到了已经“落地”的“铁人先锋”会发生怎样的化学反应呢？期待与压力并存，在适应新系统的过程中，我四处拜师求学，遇到问题及时向有经验的党建干事请教，甚至把《“铁人先锋”平台党建业务用户手册》打印出来当成了枕边读物，花费了整整一周

的时间熟悉了平台各业务的操作流程，考虑到支部党员接触平台时间普遍较短、操作电脑手机不熟练等因素，我经常现场手把手教学、制作明白纸、录制操作视频让业务流程一目了然，易于党员学习掌握。不断重复地帮助党员解决问题，加深了我对平台使用的熟悉度，为下一步更好地开展工作奠定基础。

小荷才露尖尖角　“雏鹰”振翅飞

2023 年，文化集团党委开展“一支部一品牌”培育创建工作，我向党支部提出依托“铁人先锋”平台，充分利用学习教育模块，打造“线上党支部”的建议获得采纳，遵循“让数据多跑路，让人员少跑路”的原则，让党员足不出户就可以了解支部党建信息。为更好地发挥平台作用，我组织党员开展线上学习，通过发布学习任务、测试答题等活动实时收集平台有关党员学习频次、时长、积分等各类数据统计，实现党员学习教育全流程监管、全方位分析效果、全要素考核，提高党员学习能力的同时，增强党员凝聚力、向心力。

党员王龙组织支部党员利用“铁人先锋”平台进行线上答题活动

忽如一夜春风来 “少年”再出发

随着时间的推移，“铁人先锋”平台维护逐渐成为我们的常规工作，越发标准化、规范化。通过上级各类工作部署、每月固定日主题党日学习活动、管理员阶段性培训，该平台已经成为党员组织生活中必不可少的一部分，成为规范和管理党组织工作的有效平台，我们伴随着“铁人先锋”一起成长，不断学习新技能，熟悉新操作，推动工作迈向更高水平。坚持总结经验、做好传帮带，带着入党初心与更好开展工作的期许，为迎接更大挑战做好准备。

（撰写人：王龙）

流量都去哪了

◎ 大庆油田

我们生活在一个崇尚“流量为王”且充斥着无数碎片化信息的网络时代。刷朋友圈、刷短视频、刷微博填满了很多人的空闲时光。以前我总觉得，爱人作为一个有着二十多年党龄的老党员，每天早上一起床就坐在沙发上，捧着手机看个不停，多少显得有点“没正事”。直到一次偶然的机会，我在不经意间“窥探”到她浏览的内容，才彻底改变了这个看法。

原来爱人是在登录“铁人先锋”平台进行答题。

“你看，我的名次又进步了……”

“今天是月初，别忘了交党费哦！”

在她的带动下，我这个闲暇经常在抖音、视频号上“冲浪”的党务工作者，也开始对那个红黄相间的“宝石花”图标，产生了浓厚兴趣，将平日里被爱奇艺、短视频“偷走”的时间与流量，倾注到“铁人先锋”上。

——每天早上来一段“升国旗”，让雄壮激昂的国歌振奋自己的“小宇宙”；

——查询一下自己在党支部的排名，收获满满的成就感；

——认真参与“每日答题”，用知识武装头脑，用学习充实自己。

我和“铁人先锋”合张影

渐渐地，我的内心世界不再被网络上那些繁杂的信息所纠缠，精神内耗少了，精力变得更加充盈了。“铁人先锋”平台所蕴含的满满正能量，让我对自己所从事的宣传工作有了更加深刻的认识。“将流量赋予平台，让工作回归平台！”一个声音在心底一遍遍激励我，以学促干，以学增智，像铁人那样工作，为油田振兴发展贡献自己的力量。

念念不忘必有回响。2024年第一季度，我所负责的大队宣传工作，在厂检查评比中，获得第一名的好成绩。这让我进一步坚定了通过“铁人先锋”平台，抓好自身学习、干好本职工作的决心和信心。结合厂“七大专项行动”工作部署和大队党委对宣传思想政治工作的要求，我坚持跑基层收集素材、向同行学习经验，认真思考每一篇宣传报道的构架和主题，让自己的写作水平和文字掌控能力不断提升。在这个过程中，“铁人先锋”平台为我的“数字生活”赋予了丰富的内涵与滋养。

“铁人先锋”，先锋铁人。这个小小的图标，承载着无数石油先辈对后世的期盼；这个博大而又广阔的平台，亦将伴随着我们在建设世界一流现代化百年油田的征途上昂首阔步、不断向前！

（撰写人：刘宁）

携手平台发挥党建“生产力”

◎ 东方物探

“登录 9768 次，积分 53929，答题 7971 次……”这是我在“铁人先锋”平台留下的足迹，两千多个日夜的朝夕相处，亲耳听到了党员对平台的许多意见建议，看到了党员拿着手机在电梯旁、餐桌边低头学习、答题的场景。从最初对平台的不适，到后来的逐渐适应、每日登录、每日答题，积分榜形成你追我赶的氛围，我有幸见证了平台从 1.0 到 2.0 的成长过程，我和平台也有了不少同甘共苦的故事。

为什么要推行线上交党费？网络不畅怎么交？“交易失败，详情咨询发卡行”这是啥意思呀？刚开始线上交党费时，平台经常会收到各种各样的问题，如银行卡过期失效、银行卡绑定不成功等。咨询人数多了，造成平台人工客服电话长期占线，还好平台及时推出了在线客服，加上平台功能的迭代升级，让平台的满意度不断提升。如今，

解答党费缴纳政策、问题解决办法

“手指一点就能完成党费交纳”，这是“铁人先锋”平台给大家的最大福利。

交流积分秘籍，争当积分榜英雄。“组织排行”虽然只是反映党员登录平台有关活动的积分，但排名在前的党员个个都是每日签到、每日答题、在线学习等方面的典型，偶尔一天漏签了，那排名一下子就靠后了。作为平台党员，那需要一天两次提醒，最好一起床就签到答题学习，力争天天签到、天天答题、天天向上；作为责任党员，要积极组织开展党员责任区线上主题党日活动，既能加强党员群众的沟通交流，又能让大家签到加分；作为党支部书记，既要充分利用平台丰富资源开展好“三会一课”，又要利用“签到加分”强化教育管理。差点忘了，平台组织开展的重要活动，有不少是有积分奖励的哟……

线上参加组织生活，成为平台展现“智慧党建”一大亮点。长期以来，我的许多同事经常性出差在外，缺席“三会一课”、主题党日是大概率事件。自从有了平台，出差在外的党员参加党支部组织生活就相对容易，有效解决了支部换届选举、发展党员等议事决策中参会人数不够的问题，得到了广大党支部书记、党务工作者的好评；有了平台，许多党员从一个支部转到另外一个支部，不用纸质介绍信，只要鼠标操作几下就可以了；有了平台，来个调查问卷，党支部书记不用逐个谈心谈话就能很快掌握党员群众的心中答案了……我相信，平台还有很多功能等着大家去开发、去使用。

我和“铁人先锋”平台亦师亦友，我是她的忠实粉丝，为她每一点的进步欢呼！她是我工作上的帮手，成为我为数不多的人生好友。

（撰写人：吕哲健）

“积分赛”赛出党建新活力

◎ 辽河油田

“我的‘铁人先锋’平台当年积分达到4000分啦！”“我连续签到1460天啦！”日前，辽河工程技术分公司兴隆台作业一大队党总支“铁人先锋”平台“积分赛”第一阶段“达标赛”榜单揭晓。截至2024年6月，大队124名党员参与率达到100%，当年积分突破3000分以上的已达62人。

随着“积分赛”成为支部党建每日必备“功课”，激活了修井一线基层党建的一池春水。

自从“铁人先锋”平台实效运行以来，大队党总支掀起了建平台、学平台、用平台的热潮，2023年，大队党总支专门下发了包括“达标赛”“争先赛”“夺冠赛”三个赛段的“积分赛”活动方案，运用“指尖上的党建”这一新形式，采取“积分赛”等激励措施和提升手段，力推党员平台积分的循环上升、总体均衡，在不使一个党员落伍掉队的基础上，实现了基层党建形式创新、活动便捷、内容多样、工作有效，提升了党总支和党支部的党建工作新水平。

活动中，各党支部抓实提升党员“积分赛”平均分、争先恐后在支部间“排名赛”中创优秀。组织党员坚持“每日一签”“每日一答”“每日一练”，以“三个一”活动实现党员登录平台学习网络化、自觉化、常态化。107队党支部共有党员12名，在党支部书记的带动和鼓励下，各位党员互相监督提示，平台参与率达到100%，11名党员2024年积分达到3000分以上，党支部集体成绩也在全大队14个支部第一赛段“达标赛”中拔得头筹。

“倒班员工比较辛苦，有时候活多特别容易忘，能坚持每天签到答题很不容易！”107队党支部书记刘振宁说。“铁人先锋”APP是“一站式”服务平台，开启了新式党组织生活，已成为党员日常学习和工作的自觉习惯和常态化行为，形成了“我和党建平台有个约定”的高度自觉。有的党员每天起床第一件事，就是在平台上签到；有的党员在工余时间总会登录平台看一看，浏览党建要闻；利用“铁人先锋”APP，高效率召开“三会一课”；利用平台“党建课程”“党建图书”“党建百科”“网上课堂”等栏目开展学习教育；利用平台的“讨论组”“对话”零距离交流、群策群力，短时间联动支部全体党员团结干事，广大党员普遍感到“铁人先锋”平台十分好用、接地气。

如今，在大队党员之间，讨论“铁人先锋”平台早已成为了热门话题。108队党员刘宇波，平时最喜欢的事情就是打球和参与“铁人先锋”平台的系列活动。他说：“自从有了平台，交纳党费、每日签到真的是很方便，尤其是大伙儿一起上平台竞技答题时，看着自己的学习收获和平台积分天天飙升，那感觉特别爽！”如今通过努力，他真成了全支部党建积分第一名，心里感觉倍儿爽！

借力平台“积分赛”活动，大队党员上平台参与各项党建活动不断规范和完善，“铁人先锋”APP成为党内日常生活不可或缺的内容，做到了“三个一百”，即：党员登录率百分之百，“三会一课”录入率百分之百，主题党日录入率百分之百。“铁人先锋”平台的充分应用，彰显了“互联网＋党建”在修井一线的落地见效，实现了党建活动线上与线下有效融合，大队党员用“‘铁人先锋’天天见”来时时提醒自己“我是一名共产党员”，有效增强了基层党建的组织力、凝聚力和战斗力。

（撰写人：李丹凤）

来自平台最闪亮的“仔”

◎ 大庆油田

采油二厂第八作业区党委积极推广员工使用“铁人先锋”平台，这个平台不仅是一个学习政治理论、提升党性认识的平台，更是一个促进员工个人成长和增强团队协作的工具。其中涌现出一批好学、好用的好员工好党员，故事的主人公就是其中之一，用主人公自己的话说“旗帜鲜明讲政治，依托平台讲故事，我就要做那个平台最闪亮的‘仔’”，让我们来看看这个最闪亮的仔身上的故事。

采油二厂第八作业区技术管理室的黄岩，现年 35 岁，是一个标准的“油二代”，土生土长的油娃娃，铁人故事和石油精神的耳濡目染，让他对出生在这片土地上感到自豪。大学毕业后对油田的向往让他回到了大庆，一直在采油二厂工作，当过采油工、干过副班长，目前是技术管理室的抽油机井作业管理干事。多年的工作历练让他注重实干、深耕技术，在单位是独当一面的勤工大将。由于工作繁忙，黄岩经常需要加班，没有足够的时间进行户外运动，因此对手机产生了依赖性，打游戏、看小说、刷视频。起初对于“铁人先锋”平台的应用他并不在意，仅限于上去交个党费。随着时间流转，在一次线上答题的活动中，他成绩不及格，他问了周边同事：“你什么时候偷摸学的

黄岩在施工现场检查管体

没告诉我，在哪开的小灶？就你这水平我还不知道，还能考90分？”同事小周告诉他：“在‘铁人先锋’平台学的，每天上去看看挺有意思，就学到不少政治理论知识。”黄岩原来没注意到“铁人先锋”平台还有这么多模块和内容，在每日收藏、学习、网讯版块中，他边看边学、边学边练、边练边考。从此手机由原来的娱乐设备变成了学习设备，成为他随时可以掏出来的“习题册”。依托“铁人先锋”平台，他学懂、弄通、悟透了很多原来不懂的知识，他不仅自己受益于“铁人先锋”平台，还将这种积极的影响传播给了周围的党员同事。通过这个平台，员工们不仅学习到了丰富的政治理论知识，更在实践中锤炼了意志，提高了政治素质。

人人争着学、比着看，“在线答题”的成绩成为他们衡量学习成果的“试金石”，每次答题活动结束，高分者都尤为自豪，这成为二厂第八作业区的新风气新现象。“铁人先锋”APP的成功运用，不仅改变了黄岩的个人生活，也对整个作业区党员的政治理论知识提升产生了积极的变化。“铁人先锋”APP的成功应用展示了创新方式在推动党建工作中的广阔前景。黄岩和他的同事们，正在“铁人先锋”平台的引领下，不断前行，为大庆精神的传承和发扬、为采油二厂的稳产增产贡献自己的力量。

（撰写人：陆阳）

我的人生“三友”

◎ 辽河油田

“小铁”，是我对“铁人先锋”平台的简称，不知不觉间，她已陪我走过七年的时光。强大的功能、渊博的知识和贴心的服务是她的“个性标签”，也是让我信赖的地方。七年里，我们从相识、相知到相伴，早已处成了形影不离的好朋友。

工作时　她是靠谱给力的亲密战友

作为一款党建类数字平台，“小铁”在党务方面的功能非常强大。不论是“三会一课”还是主题党日，所有的党建业务，她都能手把手教你做什么、怎么做、做到什么程度，跟着她走准没错。

刚接手政工时，最令我头疼的就是发展党员。因为它涉及的时间跨度长、发展步骤多，一不小心就忘记该开什么会、准备什么材料，工作失误的同时还耽误了别人入党，非常棘手。无意间我看到“铁人先锋”平台上有一个“发展党员”功能，从此找到了解决问题的“金钥匙”。只需将申请入党人的信息录入平台，发展党员的五大阶段、25个具体步骤就立刻显示在你眼前，每一步的详细要求、注意事项都有提示，甚至还会提供一些资料的模版，真是细节满满。看到“上传成功”四个字在屏幕上弹出，就仿佛“小铁”一边调皮地眨着眼睛一边说：“看，问题解决了。”

“小铁”的“超能力”还不止于此，从政治理论学习到党费交纳，在条件允许的情况下，她可以将一切党务工作由线下搬到线上，让无纸化办公不再是空谈，也让我的工作效率事半功倍。

运用“铁人先锋”平台的“智能分析”功能查看党（总）支部的基本情况和组织生活开展情况

学习上　她是博闻强识的良师益友

在线上学习这块，“小铁”足以比肩其他各类学习 APP。作为一名政工组长，政治理论是必修课。“铁人先锋”平台的“网讯”页面上既有当前党的重要会议精神和国家时事快讯，也有集团公司重要工作部署和集团公司所属企业的典型经验材料，还有一些党史故事、石油科普类知识穿插其中，内容丰富多彩。在载体形式上，不单有文字，还能提供音频和视频，每天初次登录会弹出结合当前重点形势制作的三道试题，以考促学，方便快捷。在帮助我学习这方面，“小铁”真是煞费苦心啊。

不论是党史学习教育、主题教育，还是 2024 年开展的党纪学习教育，“小铁”都会精心给你准备一份最全的“学习套餐”，让你哪里不会补哪里。我还应用“铁人先锋”平台组织了几次线上答题活动，既巩固了学习效果，又能帮助增长积分，一举两得。

生活中　她是呵护有加的亲朋挚友

“铁人先锋”平台作为石油人自己的数字平台，在具有“党味”“油味”的同时，还充满着“人情味”，做到这点实属不易。她不仅关照着我们的工作和学习，还时刻关心我们的身心健康。平台每年都会结合一些党建、石油文化主题，组织开展健步走活动，如重走长征路、重走石油路等，让我们在锻炼身体的同时，还能重温党史、石油史。

“小铁”还紧跟潮流，经常在线上举办心脑血管疾病预防、心理疏导等健康干预方面的直播，替百万石油人问诊解惑、预防疾病。在“员工服务”的版块里提供“健康服务”“心理服务”“运动健康”等帮助，运用“大数据”帮助我们监控身体指标，充当“健康卫士”。

党支部组织健步走，响应平台“春风十里　‘绿’动‘油’你”活动

党支部组织健步走响应“铁人先锋”平台上的“春风十里 ‘绿’动‘油’你”健步走活动，营造以人为本、快乐工作的氛围。

每当到我政治生日那天，“小铁”都会第一个送来祝福，以这种暖心的方式提醒我要不忘初心、牢记使命。感谢“铁人先锋”平台七年来对百万石油人和广大党建工作者的默默付出。

谢谢你，“小铁”，真心祝你越来越好。

（撰写人：王晓宇）

何以解忧　桃源一游

◎ 辽河油田

打卡、签到、答题……只为了赚点积分？一个小青铜的晋级之路是真的难。为什么不停下来？因为，上瘾了！

这里有习近平新时代中国特色社会主义思想，这里有习近平总书记对石油行业的殷殷嘱托，这里是石油红的精神家园，我和你的故事也是从这里开始。

还记得石油人自己的春晚吗？还记得感动着我们的石油劳模吗？有纯纯的笑容，也有抑制不住的泪水。那一刻，你不仅仅是登高远眺的平台，更是丰富我精神之海的神针。

与你相遇幸也，“铁人先锋”是你的名字，每一次点击你的名字，都会看到不一样的精彩。

党史学习，不忘初心；主题教育，牢记使命；绿色转型，节能攻坚；“新质生产力”又一个热词，一篇篇充满能量的文章让阅读成为了习惯。

《中国石油 2023 年度企业社会责任报告解读》让我对央企的形象又有了深刻的认识。中国石油在习近平新时代中国特色社会主义思想的指引下，以更加强烈的担当精神持续提升公司全员社会责任认知和履责能力，致力于实现经济、环境和社会责任的有机统一，彰显了负责任的央企形象。作为一名普通的石油工人，我为此感到自豪，我也想出一份力，虽然绵薄，但也是责任。

“铁人先锋”激励我巡护能源“大动脉”

坚决当好能源保供“顶梁柱”，我愿用一腔热忱融入其中，扛起责任，当好基石。如今，我已成为一名超视距驾驶员，每天操控着无人机翱翔于天地之间，我们巡护的是能源的“大动脉”。每一次螺旋桨的转动，牵动的是我们的责任心，守护的是能源输送的生命通道。正是因为与你相识，让我坚定了自己的路，走下去，不负企业，不负韶华。

“你已累计登录 1406 天，等级青铜 35 级，答题数 848 道”，这是我在这里留下的足迹。三年多的时间里，是你让我看到了企业的未来，是你让我提振信心坚定不移，这里的精彩不足外人道也，因为你是我的世外桃源。只需动动手指就能到达任何地方，看新闻、观政治、学知识，每一次浏览，或有所获，或发人深省。看到“新能源车替代燃油车成定局？”内心充满担忧，看到“‘油娃’和爸妈的‘六一’独家记忆”倍感温馨，看到“习近平总书记对石油行业的重要指示批示精神”总能振奋我心，在高质量发展的进程中有你陪伴，定不孤单，一路前行，与你共舞。

别急，我与你的故事才刚刚开始，直到手指不再动弹的那天。

（撰写人：王洋）

向阳而生　我的小太阳

◎ 内蒙古销售

记得那是个阳光明媚的日子，我邂逅了“铁人先锋”平台，她的出现，像一束光照亮了我的前进之路。经历与她亲密接触的 5617 次，我的足迹踏遍她的每个角落，我的生活多了一份坚持和期待。

每天早上，起床后第一件事就是打开手机，找到那一抹亮丽的宝石花。在“铁人先锋”平台的陪伴下，阅读最新的新闻资讯，及时了解行业动态、国家政策，更让我感受到作为一名党员的责任和使命，所以我给她取名为“小铁”。在如今这个快节奏的时代，有了“小铁”，我仿佛拥有一双洞察时代的眼睛，能够更加敏锐地捕捉到时代的变化，与时代同步前行。平时在“小铁”的推送下，我读到了无数先进人物的故事，他们的事迹如同一盏盏明灯，照亮了我前行的道路。我也从中学会了如何更好地服务群众，如何在自己平凡的岗位上发光发热。

理论学习是党员的必修课，也是每个人的必修课。在“小铁”的引导下，我深入学习了党的理论知识，这些知识像一把把钥匙，为我打开了理解世界的大门，让我更加坚定了信仰。每天的固定学习、每日收藏的一习话、每月的“月月学”“专题学”，不仅可以用理论武装我的头脑，还可以为自己赢得积分，积分可用于兑换“铁人先锋”平台相关的文创产品。每日学习不但丰富了我的精神世界，还让我和女儿的距离越来越近。在我的带动下，女儿也习惯每天和“小铁”玩在一起，因为在“小铁”中看到过王进喜的事迹，在学校组织的“向英模学习”的活动中，她讲述了铁人王进喜的英模故事，了解了艰难困苦的历史，从而更加坚定了她好好学习、科教兴国的信念。“小铁”为我们母女都提供了很好的教育资源，我在日常岗位工作中遇到一些法律问题，我会首先想到“铁人先锋”平台里的法律讲堂，这里不仅有法律知识解读，还有案例分析讲解。除此之外，还有一些计算机实务相关教学，连女儿都对AI相关的影音教学很感兴趣，她学会了不少技能，作为副班长的她可以在学校为老师和同学多做一些辅助工作，她常感叹“足不出户即得名师相授，‘小铁’真是我们的好伙伴”。

“铁人先锋”平台不仅是一个学习的工具，更是一个交流的平台。在这里，我与祖国各地的党员同志分享学习心得，我们相互鼓励、共同进步，形成一个充满正能量的学习共同体。作为一名基层党务工作者，日常的党建事务管理、党费缴纳、“三会一课”学习记录，都使我感觉到在党组织的关爱下，我们一直在成长、在进步。主题党日活动让我们更加贴近英模、走近生活，“小铁”帮助我记录下我们走过的每一个坚实的脚印，记录下我们支部党员大家庭的每一次盛会，记录下我们批评与自我批评、互帮互助的严肃而又活泼的每一幕。除了工作、学习之外，“小铁”还会给我们提供一些健康服务、心理服务，比如“云上健步走”“心理大讲堂”“日常疾病早预防”等等，让我的身心都得到舒缓。

“铁人先锋”平台见证了我的成长，也陪伴我和家人度过了许多难忘的时光。她不是一个冰冷的 APP，而是一个小太阳，让我可以沐浴时代的阳光，向阳而生，逐光前行。

（撰写人：苏日娜）

数字脉动下的红色情怀

◎ 内蒙古销售

在数字化浪潮席卷全球的今天，每一个行业都在经历着前所未有的变革，而在这片波澜壮阔的数字海洋中，中国石油以其坚韧不拔的“铁人精神”，乘风破浪，开拓前行。作为这艘巨轮上的一名普通船员，我有幸与“铁人先锋”这一数字化平台结下了不解之缘，她不仅成为我工作与学习的得力助手，更成为我精神世界的一盏明灯，照亮了我作为一名新时代石油人的数字旅程。

“铁人先锋”，这个名字本身就承载着深厚的含义，她不仅仅是一个平台的代号，更是对石油先辈王进喜同志“铁人精神”的传承与致敬。在这个平台上，党建、工会、共青团的各项业务被巧妙地融入数字化框架之中，让传统的组织活动焕发出了新的活力。

记得第一次接触“铁人先锋”平台，是通过一次线上党课学习。那天大雨瓢泼，道路难行，原本计划的线下学习因天气原因取消，正当大家为错过学习机会感到遗憾时，党支部书记在即时通群里分享了一个链接——“铁人先锋”上的在线党课版块。点击进入，一个内容丰富、形式多样的学习天地展现在眼前：不仅有图文并茂的理论知识，还有生动的视频讲座，甚至可以通过互动问答来检验学习成果。

那一刻，我深刻感受到了数字化带来的便利与高效，也体会到了“铁人精神”在网络时代的延续。

工会版块，则是我感受到温暖与关怀的地方。无论是节假日的祝福，还是员工权益的维护信息，甚至是心理健康辅导资源，都能在这里找到。她像一位细心的朋友，时刻关注着我们的需求，让我们在繁忙的工作之余，也能感受到组织的温暖。

共青团版块，则是我们青年石油人展现活力与创新的舞台。从志愿服务活动的召集，到青年创新项目的申报，再到技能提升的在线课程，每一项都激励着我们不断学习，勇于担当，将青春的热血挥洒在祖国的能源事业中。

“铁人先锋”平台，不仅是一套业务应用系统，她更像是一座桥梁，连接着过去与未来，传统与现代，将“铁人精神”与数字化时代紧密结合。在这里，我看到了石油人不变的初心与使命，也见证了数字技术如何赋能党建工作，使其更加贴近实际，深入人心。

我的故事，只是百万石油人与“铁人先锋”故事中的一个小小片段。在这个数字时代，我们每个人都是故事的主角，用我们的行动，共同书写着石油行业的辉煌篇章。感谢“铁人先锋”，让我在数字化的浪潮中，找到了归属感与方向，也让我更加坚定地相信，无论时代如何变迁，“铁人精神”永存，石油人的步伐永远向前。

（撰写人：徐鹏）

平台领航　砥砺前行

◎ 青海油田

早晨 7:30 的闹钟响起，杨青霞惺忪拿过手机，随即打开“铁人先锋”APP，签到打卡，点开新闻，一套动作行云流水，好像已经形成了“肌肉记忆”。杨青霞是采油一厂尕斯第三运维组党支部的组织委员，2003 年 9 月入党，党龄 21 年，她与“铁人先锋”平台的故事，要从 2018 年 8 月讲起。

那时，“铁人先锋”平台的前身“石油党建”平台刚刚上线，杨青霞作为党支部骨干负责学习平台操作方法以及党支部后台信息维护工作，面对这样一个利用互联网、云计算、大数据等新技术构建而成的信息平台，杨青霞一时手足无措。老党员们更是对党费交纳流程、员工编号和密码核验、银行卡绑定等提出诸多问题，杨青霞下定决心，对照功能介绍，反复摸索和研究。“业务管理平台”“学习教育平台”“交流服务平台”等，她一个一个地试，一个一个地学，笔记本上记满了各项操作的路径，从开始的操作“小白”，到娴熟的平台“百事通”，杨青霞利用平台，大大提高了自己的学习能力和支委工作效率，也实实在在感受到了平台的便利和对基层党建工作智能化、高效化实现的助力。

2020年“石油党建”平台正式更名为“铁人先锋”平台，通过平台，杨青霞可以实时接收和发布工作通知、任务分配等信息，实现信息的快速传递和响应。可以利用平台进行线上会议和讨论，减少了线下会议的时间和成本，提高了沟通效率。“铁人先锋”平台还提供了丰富的党建知识和石油行业相关知识的学习资源，党员和员工可以随时随地在线学习，不断提升自己的业务能力和综合素质。不仅如此，还可以定期组织在线培训和考试，检验学习效果，确保了知识更新和技能提升。

“‘铁人先锋’平台通过提供便捷的学习工具和丰富的学习内容，极大地促进了党员和团员的学习积极性和学习效果。同时，平台上的打卡机制和积分系统也增加了用户黏性，激发了大家的学习热情。在‘铁人先锋’平台上，每个人都可以成为学习的主角，通过不断的学习和实践实现自我提升和成长。”在提到“铁人先锋”平台的时候，杨青霞绘声绘色地说道。

“今天答题了没？”“你积分多少了？”是尕斯第三运维组党支部党员每天热议的话题，打卡答题不仅可以记录个人的学习进度，还能在积分系统中累积积分，用于兑换各种奖励或提升个人在平台上的排名。与此同时，“铁人先锋”平台还提供了党员管理、党费交纳、活动记录等功能，使党建工作更加规范、高效。尕斯第三运维组党支部党员50名，平均年龄46岁，针对老党员学习慢不熟练的问题，杨青霞手把手从下载、操作、打卡、答题、软件更新等一一讲明白说清楚，把一个个“门外汉”领进门，带领全运维组党员共同进步，截至2024年5月全员积分均在3400分以上，平均每月增长680分。

2023年9月，学习贯彻习近平新时代中国特色社会主义思想主题教育工作开展如火如荼之际，杨青霞在平台上多次上传党支部主题教育测试题，检验运维组党员学习成果，确保大家真正做到“学深、悟透、明理”。平台的试题上传功能简单便利，还有着丰富的试题类型，方便了支委的日常工作，使支委对党支部学习成果有了清楚地了解。

当下正值党纪学习教育之时，杨青霞利用“铁人先锋”平台强化学习，根据平台推送，收集整理各类资料，为运维组党员们的学习开展寻找更详尽的信息，“我们要认真对照党的纪律要求，时刻反思自己的行为是否符合标准，是否存在偏差。同时，还要加强自我监督，及时纠正自己的行为偏差，确保自己的行为始终符合党的纪律要求。”杨青霞始终保持坚定的信念和积极的态度，作为支委，她率先做出表率，她说：“要深入学习、全面把握党纪的内涵和要求，明确界限、规范行为，强化意识、提升素质，严格遵守、坚决执行党的纪律。”与此同时，她鼓励大家一起在“铁人先锋”平台上查找相关资料和经验分享，共同探讨适合自己的学习方案。

“铁人先锋”平台通过提高工作效率、加强学习与培训、强化党建管理、实现智能化管理、优化服务与支持以及推进创新与实践等多个方面，为基层党建工作提供了强有力的支持和帮助。在与平台共同成长的日子里，杨青霞的党性修养如同茁壮成长的树苗，不断地向上攀升，变得愈发强大。她和支部全体党员将始终与“铁人先锋”平台紧密相伴，坚定地沿着党的指引方向走下去，继续书写更多属于基层采油工的精彩故事，让自己的生命在为党和人民的奉献中绽放出更加绚烂的光彩。

（撰写人：魏佳）

基层党务“小菜鸟”手握“尚方宝剑”

◎ 塔里木油田

作为一名基层党务“小菜鸟”，想要战胜“江湖”重重险恶、顺利通过关卡，就必须沉下心来练好十八般武艺。在这五年的“江湖”闯荡中，得益于集团公司为我们百万石油员工配备了“铁人先锋”平台这一把“尚方宝剑”，让我傲气执杖走天涯。

2020 年，在记者行当摸爬滚打十年的我，阴差阳错转战到“油气开发”这一新领域，并迈进了“基层党务工作”这一新盲区，对于我来说，这是个不小的挑战。在初涉“基层党务”这一江湖中，我一方面急于熟悉掌握繁杂而陌生的业务流程，另一方面急于与领导、同事及基层党员打成一片，同时更是急于收获认可与成绩，这“三急”着实令我饱受折磨。虽说人有“三急”，但融入基层却急不得，还好在这紧要关头，手中添置了一把“尚方宝剑”——“铁人先锋”平台，救我于水深火热之中。

所谓“工欲善其事，必先利其器”。“铁人先锋”平台是集团公司整合网络资源，推进“互联网 + 党建”的一项重要举措，党员只需动动手指，就可以随时随地参与支部生活。作为一名基层党务工作者，要当“政策通”，学习上级出台的相关政策，先人一步、学深一些，并做到融会贯通；要当“活字典”，要熟悉大局，对国情、党情、行业情况以及上级党组织各项决策部署等都要有所了解；要当“多面手”，既要及时提醒个别党员及时交纳党费，又要通过积分排名了解各支部学习条例制度情况，不仅要做好基层党员教育、管理、监督，也要做好基层党员支撑与服务。而这些，都离不开“铁人先锋”平台的全力辅助。

在紧张而忙碌的党务工作中，通过对“铁人先锋”平台熟练而高频率地使用，让我对各支部的工作进展情况“了如指掌”。如在主题教育期间开展的线上答题活动，经过后台实时监测统计，可以实现“一键式”导出“答题速度最快、答题分数最高、已参与答题活动人员”等大数据信息，迅速而便捷，给我的工作装上了“加速器”。除此之外，随着“铁人先锋”平台智能化升级，覆盖了民主生活会、换届选举（党委、党支部）、“三会一课”、组织生活会、民主评议党员、发展党员、关系转接七大党建业务、11 项功能，这些让我们基层党务工作更是如虎添翼。

在“铁人先锋”平台众多功能版块中，最令我心仪的是交流 / 塔里木油田公司党建公众号，该版块每天会发布 2 ~ 3 篇党建典型经验案例，涵盖了油田不同领域在推动基层党建“三基本”建设与“三基”工作有机融合、党员教育管理、联合党建等方面的优秀经验，以解剖麻雀的方式教思路、教方法，为基层党建工作高质量开展提供示范与指引。《主题教育“三突出”注入老区稳产“强心针”》《“党建项目化”跑出油气上产“加速度”》《“党员先锋队”引领春季上产“主战场”》……截至目前，我所在的东河采油气管理区已发表了 130 余篇公众号，在推广经验的同时也展现出了管理区切实以党建共建推动生产经营融合式一体化管理的鲜明实践。

（撰写人：耿荣荣）

四字真诀　学思践悟

◎ 长城钻探

“铁人先锋”平台已成为广大中国石油员工坚定理想信念、强化党性锻炼、增强素质本领、激励干事创业的重要载体。通过念好“学、思、践、悟”四字真诀，学好用活学习资源，掀起比学赶超热潮，引导广大干部群众立足岗位、履职尽责、积极投身新时代中国特色社会主义伟大实践。

“学”字当头。“铁人先锋”犹如党群工作者和广大党员的宝库，内容涵盖要闻、习近平新时代中国特色社会主义思想、党工团课程、精品图书等，最为闪光的当数习近平新时代中国特色社会主义思想，深刻理解其核心要义、精神实质、丰富内涵、实践要求是首要任务。要充分发挥党支部主体作用，打牢学习基础，号召党员干部自觉下载运用“铁人先锋”APP，并将之纳入日常党员教育管理体系，力求党员学习运用全覆盖。“铁人先锋”平台融理论性、知识性、趣味性为一体，着力打通中国石油党员群众理论学习“最后一公里”，创新学习方法，推进改革创新，将学习制度化转换为常态化，切实自觉用、自觉学，真正做到快乐学习、认真工作。

“思”字贯穿。习近平总书记强调学习与思考、勤学与善思是相互联系和相辅相成的，不可把二者割裂开来。“铁人先锋”平台聚合了海量阅读内容和学习资源，这些资料不可能自动吸收储存，关键在于思考，只有把学习和思考紧密结合起来，才能学到切实有用的知识。党员干部要在学习中学会思考、善于思考、勤于思考，结合世情国情、结合以往学习的积累和经验、结合自身的实际工作去思考，坚持以问题为导向，把学习和思考两者紧密结合起来，把思考贯穿于学习的全过程，激发党员群众主动学习的积极性，把“刷分”的热情变为“涨知识”的动力。

“践”字为本。“铁人先锋”平台热情讴歌了新时代中国特色社会主义取得的新成就，读完《习近平著作选读》《习近平新时代中国特色社会主义思想专题摘编》《论党的自我革命》，我更加明白习近平新时代中国特色社会主义思想是怎样经过“从实践到认识、从认识到实践”长期多次反复形成的。实践是知识之母，实践产生真知，没有经过实践的知识，只是空中楼阁。学以致用，用以促学，强读强记，常学常新，做到学思用贯通与知信行统一，把理论学习成果转化为做好本职工作、推动事业发展的实践成果。

“悟”字注脚。学习理论最有效的办法是读原著、学原文、悟原理，最终目的是参悟，是取经，是格物致知，是领略经典之中的思想、智慧和道理。通过“铁人先锋”生动活泼的平台，加强理论武装和思想教育，力戒形式主义、官僚主义，注重学有所悟、学有所获，努力接受新事物，始终保持思想的活跃与进步。学深悟透习近平新时代中国特色社会主义思想，这一当代中国共产党人的“真经”，必须直面百年未有之大变局，直面新时代各项复杂严峻使命任务，践行以人民为中心的发展思想，使新思想落地生根、开花结果。

牢固树立“学习是破解一切发展难题”的理念，应用好“铁人先锋”这一宝贵平台。“学、思、践、悟”四字真诀引导党员群众有针对性地重点学习，多学多看、多思多想、学用结合，知其然又知其所以然，真正做到真学真信真懂真用，推动党员群众实现事业全面发展和个人全面进步双赢，在新时代中国特色社会主义的伟大征程中建功立业。

（撰写人：贾微微）

"铁人先锋"里有个"大讲堂"

◎ 长城钻探

"书记，快来看啊，'铁人先锋'里还有一个大讲堂呢！"技术员何润拿着手机惊喜地向我说道。

2020 年 12 月 1 日"石油党建"平台更名为"铁人先锋"以来，她已经陪伴我走过了近四个春夏秋冬，成为我工作、生活和学习中密不可分的一部分。"铁人先锋"平台上有大量的党建知识，从党的历史到党的理论，从先进事迹到政策法规，应有尽有，成为我的"掌上党校"。平台上最前沿的石油行业资讯拓宽了我的专业知识领域，此外平台上丰富多彩的工会活动，也给自己提供了展示自我特长和风采的舞台。

我打开手机，看到平台上正在直播中国石油科普大讲堂《探秘古龙页岩油：揭开页岩油的神秘面纱》，主讲人是中国工程院院士、中国石油勘探开发研究院刘合老师，看到有院士开讲座，旁边的同事都围了过来，认真地听着。

刘院士围绕"什么是页岩油""古龙页岩油勘探开发的重要意义"以及"未来如何推动页岩油高效开采"三个方向进行了讲解，以大庆油田古龙陆相页岩油国家级示范区为例，通过图片、视频全方位展示了页岩油生油和产出过程。当讲到“精准定位页岩油纳米级赋存位置和规模，以水力压裂技术开采原油”时，大家都激动起来，不约而同地说道：“这真是咱们石油压裂行业的骄傲！”平台讲座直播结束后，大家都纷纷表示收获良多，有的同事还在线上留言点赞。

直播结束后，我回到自己的办公室，拿出手机打开“铁人先锋”平台，点击科普栏目，里边的内容让我目不暇接。《透视新科技》微讲座，详解了二氧化碳驱采石油的创新技术，该技术的应用不仅提高了原油的采收率，同时还能将二氧化碳封存在地底下；《超深井为什么难打？》科普论文，从国家战略出发讲解了为什么要打深井、超深井，从钻井工艺、井下工具、井筒工作液三个方面分析了打超深井的八大难点……

那一刻，我发现自己仿佛置身于一个知识的海洋，不断地探索出新的宝藏，惊喜不已，深深地感叹“铁人先锋”平台的功能之全面、内容之丰富，也下定决心要用好“铁人先锋”的“大讲堂”，不断提升自己的专业技术水平，同时由衷希望“铁人先锋”平台能够越做越好，成为陪伴全体石油人的“红色精神家园”。

（撰写人：李敏）

我的平台我的梦

◎ 长庆油田

我工作的区域是鄂尔多斯盆地，那里群山林立，也因为这群山，我与“铁人先锋”平台结下深厚情缘。

2020 年，我 24 岁，硕士毕业后成了一名石油人。第一次前往陕北高原，车子沿着蜿蜒的山径行走，七月的滚滚热浪和车后遮天蔽日的尘土紧追不舍，让人心头燥热。透过沾满扬尘的车窗，我望见前路蜿蜒，群山茫茫，晕车的感觉更让人心生绝望。

车子一顿“旋转”后停止，我生平第一次见到了井站，它孤独地坐落在一座山顶上，如同一叶扁舟漂浮在茫茫山海间。作为文科生的我始终在追求浪漫，不曾想，自己工作的环境竟是如此的一片苍黄。

我静静坐在山峁上，审视群山，也审视内心，我的内心褶皱不平、阴阳两分，有明亮处想要为国奉献的灿烂，也有阴沉处难耐寂寞的苦闷。身边的同事看出了我内心的矛盾，她安慰我说：“你文笔好，可以把自己看到的、想到的写成文章，发表到‘铁人先锋’平台。”

“铁人先锋”这个响亮的名字在我工作不到一个月便闯入我的世界。每日签到、每日答题、“三会一课”、党建要闻、专题活动、党费交纳等内容，如同空气一般成了我工作生活中不可分割的一部分。我也惊喜地发现，“平台·团青”“党建网讯”经常会发布一些通讯员的文章。这一发现，激发了我写作的欲望。

工作之余，我开始观察这山、观察这山里的石油人。春去夏至，秋降冬临，四季的风光，成了我思索的背景，也化为我笔下的美文。我的文章里有攻坚啃硬的人，她每天在实验室里跟石头较劲，发誓要为页岩油奋斗终身，她是油田青年科技工作者杨伟伟，有着生根于心的民族意识；我的文章里有无私奉献的人，他扎根乡村一线，在村民撂荒的土地上种满了金灿灿的万寿菊，他是石油驻村书记丁振倍，有着深沉的家国情怀；我的文章里还有忠诚坚守的人，他在海拔 1800 多米的山顶上坚守了 27 年，说起驻守大山让人害怕的事，他说出了“孤独”二字，他是平凡的驻井人杨虎平，有着内化于心的红色信仰。

记录山里的石油人，向“铁人先锋”投稿

随着一篇篇文章在“铁人先锋”平台上发布，我的身份也从“通讯员”变成了“特约记者”。我在“铁人先锋”平台答题、阅读、写作，写面对孤独的恐惧、对错过爱人之间特殊节日的遗憾，写那些嘶吼、叹息、眼泪。又在写作中、在她的怀抱中生出希望、梦想、热情。她是这所有石油人的朋友，她将所有人的秘密都转化为沉默的力量。

（撰写人：田海花）

我与“铁人先锋”同行的时光

◎ 长庆油田

在我党员生涯的漫漫征途中，“铁人先锋”平台犹如一座光芒万丈、永不熄灭的灯塔，始终坚定不移地照亮着我前行的道路，让我在追寻信仰的征程中从未迷失方向，也由此与她结下了深厚且独特的不解之缘。

起初，我只将“铁人先锋”视为完成工作任务的一个辅助工具罢了。然而，随着时间的推移，我惊喜地发现，她所蕴含的丰富内容与强大功能，远超我最初那浅显的认知。平台精心打造了党建百科、党建网讯、党建动态、党员风采、在线答题以及月月学等精彩栏目。不得不说，在“互联网 +”的时代大潮中，她为党建工作开辟了一条便捷高效的路径，实现了线上线下的完美融合，铸就了当今党建工作的崭新格局。

曾经热衷于浏览朋友圈点赞和刷抖音视频的我，如今每天醒来后的第一件事，便是打开“铁人先锋”签到答题，浏览最新的党建要闻。闲暇之时，我会潜心研读或观看各类专题栏目，在与“铁人先锋”紧密地“互动”中，我的积分持续攀升，稳稳地居于支部积分榜前列，这让我深感自豪。

“今天你打卡了吗？”“你的积分排第几？”已成为党员同志们茶余饭后热烈讨论的热门话题。大家时常聚在一起，积极探讨学习方法，热情分享学习经验，深入钻研多得分、得高分的技巧。同事之间你追我赶，营造出浓厚的学习氛围。

最让我难以忘怀的，还有那次意义非凡的党史学习之旅。依托平台，我对党的历史发展脉络展开了深入探索，众多线上培训课程和专家讲座，让我们能够足不出户就接受到最前沿、最权威的知识和指导。在与其他党员在平台上交流互动，我源源不断地汲取着新的养分，对党史有了更为深刻、真切的理解与认知，这次经历让我感受到平台给予的强大助力。

“铁人先锋”平台巧妙地将我与支部的各项工作紧密相连，支部通过开展优秀党员评比等各类活动，激励着全体党员在生产一线充分发挥模范带头作用。那一个个感人至深的瞬间画面，彰显着榜样的无穷力量；那一份份庄重承诺，见证着不懈奋斗的光辉历程。组织日常活动也会依托平台顺利开展，我们在此坦诚相见、深刻剖析，如同在心灵深处探寻珍贵宝藏，不断改进自我。每一次的深刻反思，都是成长的坚实阶梯；每一次的自我批评，都推动着我们不断奋勇前行。

如今，“铁人先锋”平台陪伴着我，见证了我的成长与蜕变，已成为我不可或缺的一部分。她犹如一位默默耕耘的无声导师，用丰富的知识滋养着我的心灵；又似一位贴心温暖的挚友，在我遭遇困惑时，及时给予我最有效的帮助，让我在人生道路上走得更加坚定、更加从容。

（撰写人：陈世举）

我与平台的酸甜苦辣

◎ 长庆油田

历史的航程波澜壮阔，时代的大潮奔腾不息。随着科技的迅速发展，短视频软件应运而生，海量声音萦绕耳边，淹没了人们的生活。但在这其中，“铁人先锋”平台的出现，让我跳出了时代禁锢，拥有了“独上高楼，望尽天涯路”的眼界，感受到了与平台的酸甜苦辣。

我与平台努力学习的“酸”。2023 年 7 月，刚步入社会的我正式加入了长庆油田这个大家庭，“铁人先锋”平台也正式出现在了我的生活里。初识“铁人先锋”：每日签到、在线答题对于刚刚接触平台的我来说是一件相对较为困难的事情，看到自身所属党支部组织排名在前面的同志，心中也难免感到酸涩，但奋斗并未停止，依旧要努力追赶，不留遗憾。

我与平台取得成绩的“甜”。再识“铁人先锋”：“你今天学习‘铁人先锋’了吗？”“你‘铁人先锋’积分多少了？”……渐渐地学习“热门课程”、参与“每日答题”等已成为我生活必不可少的一部分，相互提醒学习“铁人先锋”也已成为和同事交流的固定话题之一。某刻，我忽然发现在不知不觉中，我在党支部的排名正逐步向前进，那一刻，喜悦的甜味盈满心间。

平台带给我酸甜苦辣

我与平台遇到挫折的“苦”。深识“铁人先锋”：随着见习的结束，我正式被分配到了党群办公室，成为一名基层党务工作者，我也正式看到了“铁人先锋”的更多面。她不仅仅是每日学习、交纳党费的工具，更是支部生活、监测线上答题率的有利武器。而我也肩负起了更多的任务，与平台建立了更深的联系。为实现“铁人先锋”平台的最大利用率，我决心以更高的标准严格要求自己，每月四次的提醒、催促已成为我日常工作，繁重的统计、督促工作常化作苦涩的眼泪激励着我，因为我相信，阳光总在风雨后，所有的挫折都是为了更加美好的未来。

我与平台坚定信念的“辣”。“铁人先锋”平台以润物细无声的姿态浸入了我的生活，充斥在我生活、工作的方方面面，成为我了解世界、努力工作、认真生活的好伙伴，而我也在“铁人先锋”的陪伴下永葆青春最热烈的底色，这样的我是不是又酷又辣？！

日月不肯迟，四时相催迫。在这个属于奋斗者的新时代，我和“铁人先锋”的故事还在继续上演着。

（撰写人：梁甜甜）

团务工作的“得力助手”

◎ 长庆油田

自从事共青团工作以来，我就与“铁人先锋”平台结下了不解之缘。从最初懵懵懂懂、一知半解，到如今每天登录平台学习和办公，平台的应用俨然融入了我的工作和生活中。我一步一步切身经历着“铁人先锋”平台是如何从一个功能简单的 APP 逐步丰富优化并与生产生活实际深入结合的。作为一个载体、一个渠道、一个桥梁，“铁人先锋”用她巨大的影响力，教会了干部员工如何将党建工作与中心工作相融相嵌。

“铁人先锋”平台上线以来，功能日渐完善，目前已经集成包括业务管理、学习教育、智能分析、线上活动、交流服务、系统管理等不同模块，以及组织管理、团员管理、团费管理、发展团员和组织生活等子模块，这些功能都大大提高了平台工作的完整性、高效性和准确性。从前，团员交纳团费需要团组织收缴每名团员的纸币，再去银行存入团费账户，整个过程耗时耗力、效率低下，如今每月只需团员同志在手机平台上简单地操作两三步，就可以完成在线交纳，团费瞬时到达团费账户，简单准确效率极高，完全不受地域、时间的限制。

发展团员的过程是个复杂的系统工程，在整个过程中，负责发展团员工作的同志可能发生岗位变动，新接手的同志对前期工作不能马上熟悉，就可能造成团员管理的工作脱节和资料梳理不完整的风险，但“铁人先锋”平台上的团员版块很好地解决了这一问题，她将共青团工作流程规范化和痕迹化，前期已经完成过什么，后面的环节需要做什么，在平台上一目了然，此功能的开发和应用对于我们企业做好团员发展工作起到了助推作用。

如今，平台已成为传播习近平新时代中国特色社会主义思想的重要阵地、实现团组声音全覆盖的重要渠道，也是每个团员的精神家园。自从使用了这个 APP，“今天的‘铁人先锋’你打卡了吗？”“你的积分排第几？”这些都是身边团员同志们茶余饭后热议的话题。大家经常凑到一起探讨学习方法、介绍好的经验，探讨多得分、得高分的诀窍。同事之间比一比，营造了你追我赶的良好氛围。无论是在上班途中，还是周末休息做家务，我也时常会打开“铁人先锋”APP，看看每日收藏、打卡每日答题，既学到了最新的时事政治知识，又丰富了业余生活，做到了学习生活两不误。

“铁人先锋”平台应用的逐步深入，使我们团务工作者从以前的“不会干不愿干”，到现在的“标准化抢着干”，管理处的团务工作质量产生了质的提高。如今，“铁人先锋”平台已成为我们普通团务工作者的得力帮手，更是引领广大团员干部高效工作的思想灯塔。我们将更加深入地全面应用“铁人先锋”平台，为高质量发展贡献力量。

（撰写人：马喆）

“铁人先锋”照亮党员学习之路

◎ 长庆油田

在繁忙的工作之余，在长庆油田第二采油厂生产一线，党员们的生活节奏快而紧张。然而，在这片忙碌的采油人天地里，一位党支部书记以她的实际行动，点亮了党员们的学习之路，她就是我们的“铁人先锋”引领者——雷庆玲。

每当夜幕低垂，各生活基地的灯也都逐渐亮起，这位书记却依然忙碌于工作之中。当她结束了一天的工作，疲惫地回到宿舍，第一件事不是休息，而是打开手机，登录“铁人先锋”平台，查看支部党员的答题情况。这是她一天工作的收尾，也是她关心党员们学习进度的重要方式。她细致地查看着每位党员的答题情况，默默记下那些尚未参与答题的党员名单，准备一一提醒。

“东东，今天是不是忘了答题了？”她轻轻地对党员刘东东说。刘东东一拍脑门，连忙表示歉意，并承诺会立即完成答题。他感慨道：“这个月在书记的督促下，我的积分排名终于靠前了，可不能因小失大。”

紧接着，她拨通了党员谢玮的电话。谢玮有些尴尬地表示，自己因为迎检而错过了答题时间，她承诺会尽快补上，并感激地说：“雷书记，你真是细心，每次都提醒我，让我保住了前三名的好成绩。”

当联系到党员张萍时，她得知张萍的孩子生病了，整晚都在闹腾。她则温柔地告诉张萍："先照顾好孩子，答题的事情不用着急。"这份关怀，让张萍心里暖暖的。

提醒完所有党员后，她没有停下脚步，而是继续打开了"铁人先锋"平台上的党纪学习教育栏目，开始了一天的充电时间。她浏览最新的政治新闻，深入学习党的理论和政策，不断为自己充电。她深知，只有不断学习，才能跟上时代的步伐，才能更好地引领支部党员们前进。

在她的影响和带动下，支部党员们的学习热情空前高涨，积分也在作业区名列前茅。大家纷纷登录"铁人先锋"平台，参与答题、学习政治、交流心得。每当茶余饭后，聚在一起，谈论的不再是工作琐事，而是"铁人先锋"上的学习心得和积分排名。这种你追我赶的学习氛围，让学习变得更加有趣、意义非凡。

"铁人先锋"平台不仅提供了丰富的学习资源，还设置了多种学习模式和功能。党员们可以根据自己的喜好和需求，选择适合自己的学习方式。同时，平台还鼓励大家互相交流、分享学习成果，形成了一个良好的学习生态。

在"铁人先锋"的引领下，支部党员们的学习观念发生了巨大转变。大家从被动学习变为主动学习，从"要我学"变为"我要学"。这种学习风尚不仅提高了党员们的综合素质和能力水平，也为公司的高质量发展提供了坚实的理论基础和政治保障。

在这个信息爆炸的时代，"铁人先锋"平台以其独特的方式引领着党员们走向学习的新时代，让我们期待她在未来能够发挥更大的作用，为党建工作注入更多活力和动力。

（撰写人：徐娅丽　雷庆玲）

成长成才的重要法宝

◎ 大庆油田

“铁人先锋”作为服务百万石油人的数字党建平台，经过多年发展，形成了党、工、团业务在一个平台上办理、信息在一个平台上汇聚、资源在一个平台上共享、数据在一个平台上沉淀的“大党建”工作格局，实现了党建工作全过程、全维度、全覆盖。作为一名党支部书记，在与“铁人先锋”日日夜夜的相处中，我深切感受到，“铁人先锋”不仅是广大石油人的红色精神家园，更是广大石油人成长成才的重要法宝。

“铁人先锋”是淬炼“矢志不渝跟党走”忠诚信仰的理论课堂。理想指引人生方向，信念决定事业成败。我们党之所以能够历经艰难困苦而不断发展壮大，很重要的一个原因就是始终重视思想建设和理论学习。当前，世界百年未有之大变局加速演进，面对错综复杂的国际国内形势、艰巨繁重的改革发展稳定任务和各种不确定难预料的风险挑战，我们要自觉用好“铁人先锋”平台，始终把学习贯彻习近平新时代中国特色社会主义思想作为首要政治任务，原原本本读原著学原理，不断加强党性修养、加强政治历练，始终做到以党的旗帜为旗帜、以党的意志为意志、以党的使命为使命，筑牢信仰之基、补足精神之钙、把稳思想之舵。

“铁人先锋”是苦练“粉身碎骨浑不怕”实干担当的本领课堂。2024年是新中国成立75周年，是实现“十四五”规划目标任务的关键一年，只有敢于担当作为，才能把宏伟蓝图变为美好现实；只有敢于担当作为，才能推动石油产业高质量发展取得新成效。新征程是充满光荣和梦想的远征，没有捷径，唯有实干。我们要自觉用好“铁人先锋”平台，勤修内功，坚定信念，以“十年磨一剑”的韧劲，修炼“干成事”的本领，争当起而行之的奋斗者，争当攻坚克难的冲锋者，争当先行示范的领跑者，真正做到关键时候敢站出来、危急时刻敢豁出去，不断提升“兵来将挡水来土掩”的能力素质，练就不负时代使命的过硬本领。

“铁人先锋”是锤炼“要留清白在人间”底线原则的自省课堂。人不以规矩则废，守规矩才有正确的方向，有的党员干部觉得，权力才是硬的、票子才是实的、享受才是真的。对这些错误言行必须坚决反对。我们要自觉用好“铁人先锋”平台，学习党章党规党纪，增强纪律规矩意识，时刻自重、自省、自警、自励，做到勤掸“思想尘”、多思“贪欲害”、常破“心中贼”。在碰到挫折时，要不屈不挠、一往无前；在遇到困难时，要挺起脊梁、冲锋在前；在大是大非面前，要敢于亮剑，挺身而出；在歪风邪气面前，要做疾风劲草、当烈火真金，把党章党规和国家法律法规当作“戒尺”置于心间，做到干净用权、秉公用权，筑牢防线、守住底线。

一年春作首，万事行为先。在这昂扬奋发的新征程上，用好“铁人先锋”这一重要法宝，以奋斗铸就伟业、以团结凝聚力量，脚踏实地、勇毅前行，就一定能以高质量发展新成效为完成“十四五”规划目标任务添上浓墨重彩的一笔，为新中国成立75周年交上一份优异答卷!

（撰写人：刘文精）

一路相伴　向上向好

◎ 宝石钢管

初心不忘，乘风远航。每天打开“铁人先锋”，就像是进入了一个知识的海洋，让我畅游其中，乐此不疲。作为一名基层党务工作者，“铁人先锋”已陪我走过近七年的时光，平台里包罗万象的内容激发了我学习的兴趣，充实了我的精神生活，还为我在工作中博采众长提供了保障。现在，登录“铁人先锋”学习，是我每天的必修课，她已成为我的良师益友和生活的调味剂。

“铁人先锋”是我工作的良师。作为一名党务工作者，登录平台，看到与工作有关的内容我会立刻收藏起来，通过反复学习为我的工作提供参考和帮助。如“学习”模块的“资料库”“党务工作者学习”，以及平台推出的“深入学习贯彻党的二十大精神”“党纪学习教育”等学习专题、“党建百科”词条库等等，这些都是

利用“铁人先锋”平台开展业务学习、进行业务管理

我点击率最高的内容，党内法规解析、实用党务、支部建设等方面的课程充分满足了我便捷化、个性化的学习需求，让我随时都能查到系统、权威的学习资料，真正成了我的百科全书。同时，平台上实时更新的各企业党建动态、经验交流更是我工作中的思路源泉，《“廉洁套餐”筑牢党员干部思想防线》让我看到了党纪学习教育开展的新做法，《“五个强化”推动党建课题研究走深走实》让我学到了课题研究的新路径，《推动红色网格治理 让员工当“网红”让党旗更鲜艳》让我学到了党员管理的新举措……

“铁人先锋”是我学习的益友。作为一名党员，除了参加党支部“三会一课”接受思想政治教育以外，“铁人先锋”是我日常持续不断进行党的创新理论武装学习的又一重要方式。每天早晨到了办公室，离上班尚有半小时，打开“铁人先锋”，在首页中学习习近平总书记最新重要讲话和指示批示精神，了解集团公司最新工作动态，继而利用“每日答

与同事一起交流“铁人先锋”平台学习情况

题”“在线答题”检验自己的学习成果。学理论、答试题、晒积分，周围的同事都在你追我赶、暗自较劲，我也不敢有一丝的懈怠，生怕被比了下去。“铁人先锋”每时每刻都在提醒着我：学无止境，学习永远在路上。

与女儿一起观看“铁人先锋”平台科普栏目

“铁人先锋”还是生活的调味剂。作为一名母亲，平时空闲时间，我还喜欢和孩子一起浏览科普栏目，带领孩子一起认识地层构造，学习什么是碳中和，了解催化剂的前世今生。当读到《从深地塔科 1 井开钻看中国深地探索的前因后果》时，我们一起为中国石油高水平科技自立自强而感到自豪。上周末，当“学习用典”学习活动上线后，我和孩子一起观看了陕西师范大学国学研究院院长曹胜高老师对《大学》中“明德、亲民、至善”这三个关乎个人成长、事业成功的必备条件的解读，虽然孩子不一定能全部听懂，但至少在她心里埋下了一颗学习中华优秀传统文化的种子，希望她能越来越多地领略到中华优秀传统文化的无限魅力。

每天清晨，当晨光初照，我会点开“铁人先锋”平台，每当夜深人静，我也会翻开这本无尽的“书”，让她的知识滋养我的心灵。在与“铁人先锋”一路相伴中，我不断地提升着自我。今后，我也会带动自己周围更多的人参与到“铁人先锋”的学习中，让大家共学铁人精神、争当先锋模范。

（撰写人：周春兰）

从 1.0 到 2.3

◎ 宝石钢管

“铁人先锋”平台自 2017 年 9 月 15 日以“石油党建”V1.0.0 版本首发至今，历经五年 25 次版本更新，升级到目前在用的 V2.3.3。2020 年 12 月 1 日，“石油党建”正式更名为“铁人先锋”，而我和同事们，则是从 2018 年 7 月开始，与“石油党建”一起开启了“数字生活”。七年来，平台在不断成长和更新，也见证了党员们的成长历程。

故事一　升级

“党费钱不多，就是交起来实在不方便，我这经常出差的，这些年没少麻烦同事给帮忙，现在平台有了党费交纳功能，真是太方便了！”销售员小张觉得这个功能非常实用。可是高兴了没几天，平台的 bug 接踵而至，“闪退、交费失败、无法绑定银行卡、无交费记录……”无奈之下，在党费交纳功能上线后的第二个月，又恢复了线下交纳。从 2018 年 3 月的 V1.2.0 开始到 9 月的 V1.4.1，平台升级共计七次，占总升级次数的 30%，也是五年来版本升级最频繁的一年。也就是在这一年，平台的各种 bug 被修复，几大基础功能趋于稳定和完善，也就是在这一年，广大党员们完成了从“抵触”到“接受”、从“数字新手”到“平台玩家”的华丽转身。

我们广大党员何尝不是这样，通过查摆和谈心谈话找到我们自身的问题并且改正，才能不断提高党员的自身修养和素质，与时俱进地“升级”和提高，才能让我们在工作中不断实现“提质增效”，才能让我们更加贴近群众、融入群众，才能让党员的标杆作用得到充分的发挥。

故事二 创新

“现在我每天醒来第一件事儿，就是答题攒积分，而且有了这个习惯之后，我的京豆打卡也实现满勤啦……”“是呢，我这运动手表绑定了之后，每天答题的时候就把我所有的健康数据都汇总完了，这心里踏实啊……”这是来自一小一老两位党员的对话。创新让平台融入了他们的日常生活，而这样的创新，完美解决了纯学习型 APP 软件的“生冷”问题，多种生活功能的开发和完善，让党员们通过“铁人先锋”就能够安全可靠地实现多个手机软件的作用。

党员利用“铁人先锋”平台开展答题活动

平台在不断创新中融入了党员的生活，而我们党员也必须时刻保持创新思维，创新是高质量发展的强劲推动力、支撑力，也是推动新质生产力快速发展的重要着力点，我们党员把创新思维融入到我们日常的工作和学习当中，是实现公司高质量发展的必然要求。

故事三　效率

“小李，我这次出差，错过了5月份的主题党日活动，你的记录和会议资料能借我看一下吗？”“没问题，不过我的字太差了，您还不如直接打开‘铁人先锋’，在组织生活里面，咱们每次组织活动的会议资料都在里面，看着方便而且内容也全。”平台目前已经成为党员和党务工作者开展理论学习和党务工作的“数字法宝”。

我们党始终是一个学习型大党，理论学习不仅是党员提升个人理论修养和保持政治清醒的必然要求，也是党员坚定理想信念，提升在工作中攻坚克难动力的根本。过去，我们只能通过下发的资料和书籍进行学习，学习效率较低。虽然在网络上也能够间接进行搜索，但由于互联网站的安全性和可靠度不足，获取的资料难以确定其准确性，现在有了平台法宝的加持，不仅能够及时获取到最新的理论知识，而且大量的优秀课程资源，让党员的学习变得高效、高质，真正起到了正思想、强意识、提作风的作用。在历次主题党日、集中学习过程中，通过“铁人先锋”平台的投屏，我们完全抛弃了

平台成为党务工作法宝

过去人手一套学习资料的方式，完美实现了数字化多媒体学习方式，不仅实现“减负”，而且达到了“实时、高效”的目标。

结语

“铁人先锋”恰如其名，以新时代“铁人精神”的传承和创新，为党员提供了自我锤炼和提升的土壤，不断向全体石油战线上的党员输送着“营养”，这是一个“油味”十足的平台，也是一个温暖型、融入型的平台。我们期待着“铁人先锋”的不断成长，也期待着广大石油战线党员为企业实现高质量发展不断赋能提速。

（撰写人：李红）

“铁人先锋”助力组织生活线上化

◎ 宝石钢管

习近平总书记指出，“要善于运用互联网技术和信息化手段开展工作，做到网络发展到哪里，党的工作就覆盖到哪里。”回望2020年5月，初任党支部组织委员兼“铁人先锋”平台管理员的时光，我深感自己在党建工作领域的稚嫩与经验的匮乏。起初，怕工作做得不好，便经常向领导请教，与同事探讨。交流中我发现“铁人先锋”是承载着集团公司“互联网+党建”创新理念的先锋阵地，她不仅仅是简简单单的一个企业党建云平台，更是以“互联网+党建”为目标，以云计算、大数据、互联网为基础，巧妙融合党员管理、党务管理、党员沟通、党员学习、党建宣传以及组织活动于一体的综合信息化管理平台。实现了业务办理在线化、统计工作智能化、档案管理电子化，更通过动态追踪党员的学习、活动及职务变迁，自动生成全面翔实的个人纪实档案，为基层党建工作插上了信息化翅膀。

“铁人先锋”是优化党建业务的好助手。梦想从学习开始，党建从实践起步。随着对“铁人先锋”平台了解的加深，我通过在后续推广应用中不断摸索探究，一方面不仅落实完成每日答题、“三会一

党员线上参与支部活动

课”、在线学习等内容，而且还建立党支部内部互动讨论交流群，及时发送内部党建学习资料，让党员发表关于党建工作的好点子以及平时工作中的收获和感悟等。另一方面创新提出党员积分管理制度，党支部每季度依据党员在“铁人先锋”平台的积分排名，安排积分靠前的党员以边讲解、边操作的方式分享经验，党员之间实行“一对一帮扶”，从下载登录到在线学习，全程进行指导，通过排名竞争、经验分享、“一对一帮扶”以及奖励激励等多种方式，有效激发党员使用平台的积极性、参与度。特别是平台上的每日答题和党支部精心策划的线上活动，吸引了众多党员主动研究积分规则，积极投身到各类组织生活中，热情参与党建知识答题。实施党员积分管理制度以来，显著促进了党员思想观念的转变，由原先的“被动参与”跃升为“主动作为”，这一积极态势直接体现在党支部“铁人先锋”积分评比中，持续领跑公司总体排名，彰显了支部党员队伍的新风貌与强大活力。

“铁人先锋”是做好党建工作的助推器。随着数智时代的到来，我所在的党支部一直不忘追求创新与改变。作为一名党员，我见证了我们支部如何跳出传统思维模式，利用“铁人先锋”平台来丰富我们的党建活动。记得刚开始的时候，我们支部的理论学习还停留在传统的集中授课上，每次学习都是同样的模式、同样的内容，缺乏新鲜感，但是自从疫情时期引入“铁人先锋”平台后，一切都开始了不一样。党支部创新性地将“三会一课”、主题党日等党建活动深度融合，并充分利用“铁人先锋”平台，实现了每月的专题学习与月度学习的无缝对接。党员们纷纷表示，理论学习因此变得既简便又高效，仅需简单几步操作，即可轻松完成学习任务，极大地节省了时间和精力，提升了学习体验与效果。2023 年底，党支部为检验党员年度理论学习成效，依托“铁人先锋”平台，成功举办“喜迎二十大 永远跟党走”党建知识竞赛。此次竞赛不仅加深了党员对党的理论知识的理解，还让党员体验数字化多媒体答题方式，实现了纸张“减负”，真正打通党员理论学习“最后一公里”。截至目前，党支部通过该平台发布了多期内容，涵盖“两会”精神解读、安全生产月、党的二十大学习教育等，党员们积极响应。党费在线交纳率和“三会一课”线上

支部组织开展线上“三会一课”活动

党员之间互比积分

通知发布率均达到 100%，党员组织关系转接率实现 100%，标志着支部智慧党建迈上新台阶。

“铁人先锋”是搭建学习进步的大平台。在党支部的带领下，我们工会会员、团员 100% 下载了“铁人先锋”APP，并迅速掌握了“铁人先锋”平台的操作和使用方法，日常在线学习答题参与率始终保持在 95% 以上。通过这个平台，我们不再受岗位分散所限，可以随时随地进行学习和交流，大大提升了工会和团青工作的凝聚力。文体不分家，除了学习，“铁人先锋”倡导积极健康向上的生活方式，不定期举办各类“健步走”活动。我所在的分厂党支部也总是积极响应，通过摸底调查，发现有十名党员和三名职工特别喜欢跑步，于是我们的“红色小分队”成立了。在“春风十里‘绿’动‘油’你”活动中，我们不仅取得了优异的成绩，更展示了支部团结向上的精神风貌。活动的火热氛围让大家的互动变得更加有趣，大家开始比拼谁的积分更高，这种友好的竞争使得大家更愿意参与其中。因此，大家爱上了走路、跑步、健身操等体育运动，既武装了头脑，又强健了体魄。再说说学习模块——专题学、月月学、各种活动应有尽有，“铁人先锋”已经成为我们党支部政治理论学习的重要课堂，支委带头学习，主动“晒”学习、谈体会、话发展，处处彰显先锋模范作用。

“铁人先锋”平台的应用，彻底改变了党建工作相对简单、落后的宣传方式，使党建工作由单一走向多样，实现基层党建工作与信息化技术的融合共生。通过深度推进，为广大党员提供更加丰富多元、高效便捷的学习与服务体验。同时，也使党建工作标准化、规范化更加凸显。愿“铁人先锋”持续闪耀，成为我们共同奋斗、追求卓越道路上的坚实支撑和永恒灯塔。

（撰写人：柳丹）

我的“真”朋友

◎ 大庆油田

真正的朋友就像黑夜里的明灯，在你迷茫困惑之时，照亮你前方的道路；真正的朋友就像一棵擎天大树，在你疲倦劳累之时，成为你安心的依靠。我有一位特殊的朋友，她存在于我手机里最醒目的位置，她就是——“铁人先锋”。

为我引领方向的“真”朋友

2017 年，“铁人先锋”平台的前身“石油党建”出现在我的手机里，看着她一步步从单一走向多元、从青涩走向成熟，而我在她的帮助下，工作目标越来越明确，工作能力也有明显提高，我们在点点滴滴中互相见证着对方的成长。

作为铁人纪念馆项目部的党支部书记，我倍感无限光荣的同时也深深地感受到了“压力山大”，担心工作出现偏差、管理出现漏洞、员工出现不满等情况，每当这个时候，“铁人先锋”都会像黑暗中的一抹灯光，照亮我前方的路途，让我重拾信心，坚持做好自己的本职工作。

为我增强能力的“真”朋友

作为支部书记，我们需要不断提升自己的工作能力，不断优化工作方法，进而不断提高工作效率和质量。为此，我经常阅读“党建动态”“经验交流”“支部建设”“党员风采”等版块里的文章内容，并将这些好方法、好举措应用到自己的日常管理和工作中。

学习平台典型做法

平时我们总是围绕“如何做好服务”做文章，员工们的思想教育工作却有所忽视，尤其是在铁人王进喜纪念馆这个国家爱国主义教育基地，我们对铁人精神大庆精神的领悟有多深，却从未思考过。于是，我们在理念早课增加了铁人精神专项学习，带领员工以参观游客身份参观展厅、学习铁人故事，力争做到人人知晓铁人故事，人人能讲铁人故事。

为我凝聚力量的“真”朋友

如何带好队伍，真正实现打造“铁人式的工矿服务队伍”这个目标，是我始终思考的问题。而如何才能实现这个目标，不断提升队伍凝聚力呢？“铁人先锋”平台成为我的得力帮手。

我和党员们经常一起了解平台内的时事新闻、学习理论知识、观看廉政警示案例，参与“每日答题”“在线答题”等活动；在“我为碳中和种棵树”公益活动中，党支部51名员工共计捐款1000元；成立“红色志愿服务队”，为参观游客随时提供红色服务，指引游客有序参观，冬季为南方游客提供热水、保管行李、寻找失物等；投身岗位会战例如保洁会战、清雪会战等。

感谢“铁人先锋”这个总是默默付出的朋友，其实更是感谢支撑“铁人先锋”平台运行的幕后工作人员，没有他们的辛苦付出，我们的朋友也不会这么丰富多彩，使我们如此受益。谢谢你，我的“真”朋友！

员工志愿服务

（撰写人：崔晓蕾）

指尖上的“党建宝典”

◎ 大庆油田

静静的通勤车上，有的看手机，有的闭目养神，我划开手机，是未关闭的“铁人先锋”平台主页，便顺口问身边的同事：“王姐，你参加‘铁人先锋’的‘春风十里“绿”动“油”你’活动了吗？”没想到我的一句话，立刻引起全车人的注意，“是什么活动啊？”“在哪找啊？”我赶紧说明：“和以前的健步走活动一样，打开‘铁人先锋’APP会弹出窗口……”王姐着急地说：“今早我打开‘铁人先锋’没有弹出窗口，你快帮我看看！”“没事，还可以在主页中间的滚动屏幕上找……”在我的指导下，大家都在急切地翻看手机，正在开车的司机师傅也急忙掏出手机递给我，“快帮我整，我也要参加。”我接过手机，迅速操作着……一路上，大家兴致盎然地分享着以前参加活动的趣事，气氛非常热烈，我不禁感叹：这就是“铁人先锋”特有的魅力啊！

“铁人先锋”是2017年创建的党建信息化平台，如今已深深融入我们的生活，她是传递党中央声音的“留声机”，更是党务工作者的“百宝箱”，传播思想、交流文化、提振精神，为基层党建工作发挥了重要作用。

“铁人先锋”平台是党员学习的“充电宝”，随时加油续航。作为党员要与时俱进加强政治理论学习，“铁人先锋”就是一个可以随时自我充电的平台。每天浏览平台上更新的学习内容、答题，成为党员的生活常态。庆北公司将党员积分制管理量化考核与“铁人先锋”平台月度积分相结合，每年进行一次总结评比，成为党员们比学赶超的有力手段，进一步增强了党组织凝聚力。

“铁人先锋”平台是党务工作者的“掌中宝”，为基层党建工作领航助航。随着大庆油田数智党建平台的应用，无论学习还是党务工作，随时随地一个手机全部搞定。支部开展学习竞赛、党课培训、主题党日活动都离不开“铁人先锋”平台。红色网格治理模式通过数字技术赋能，用“一张网”串起“千条线”，实现了全过程、全覆盖、全方位的动态管理，全面提升基层治理效能。

“铁人先锋”平台是员工生活的“健力宝”，为石油人的健康保驾护航。平台不仅是学习园地、党建阵地，还通过开展“赓续精神学铁人 踔厉奋发新征程”健步走等活动、开设《送给石油人身心健康八堂课》等知识讲座，倡导健康理念、科普保健知识、宣传疾病预防、提供服务指导，为员工健康生活提供保障。

历经七年的积极探索实践，平台功能模块更加齐全、内容更加丰富，开启了数字党建新时代。我愿与平台相伴前行，共同为油田加速上扬成长“第二曲线”助力，为建设世界一流现代化百年油田再立新功！

（撰写人：黄丽华）

我和我的“铁子”

◎ 内蒙古销售

丁零零……

每天早上闹铃一响，睡眼蒙眬中的我，便拿起手机，开始与我的“铁子”亲密接触。

我的“铁子”是集党工团于一体的大党建平台，是一个工作学习的平台。从下载“铁子”的那天起，我们就有了不解的情缘，一天不见面像丢了魂儿一样，虽然平台下载到了我的手机上，但更像是安装在了我的心里。看新闻、观政治、学党史……打卡“铁人先锋”平台早已成为我的必修课。不知何时，我惊奇地发现，她已经变成了我生活中的一部分，润物无声地为我输送着各个领域的知识，为我指明方向，成为我学习和工作的好伙伴、好帮手。

我爱“铁子”，因为她是我学习的良师益友。我每天一有时间就会呼唤我的“铁子”，浏览网讯、学习答题、互动交流……我最喜欢看的栏目是每日金句、今日三分钟、石油史上的今天、月月学和专题学等，并且坚持看党建微视栏目的《今日读报》，可以了解到当日《中国石油报》的主要新闻。入职以来，有了“铁子”，就犹如有了一位良师益友，每天与我谈古论今，使我的知识不断丰富，才干不断增长。

我爱“铁子”，因为她是我工作的得力助手。通过平台开展“三会一课”、主题党日、交纳党费、发展党员……应有尽有，她让我的工作更加得心应手，教会了我如何正确开展组织生活、怎样加强党员教育管理、怎么关心关爱群众，教会了我如何做一名合格的党务工作者。

我爱“铁子”，因为她是我生活的一抹阳光。利用业余时间，我积极参与“铁人先锋”平台上发布的“云走长征”“我为碳中和种棵树”等活动，这些活动使我的生活更加丰富多彩。平台上定期发布的“中国石油职工云课堂”，也是我的最爱，每次收听，我都有不同的收获，平台里的“塑造阳光心态”使我受益匪浅，我从中感受到了知足、感恩、乐观开朗，为我点亮一盏心灯，塑造阳光心态，照亮别人、照亮自己、温暖别人、温暖自己。

自从使用了这个APP，“今天的‘铁人先锋’你打卡了吗？”“你‘铁人先锋’积分排第几？”这些都是我们身边党员同志们茶余饭后热议的话题。大家经常凑到一起探讨学习方法、介绍好的经验，探讨多得分、得高分的诀窍。同事之间比一比，营造了你追我赶比积分的良好氛围，让大家的观念从起初的“要我学”变成了“我要学”。在与“铁子”的“交往”中，我的积分也越来越高，这也是我一直引以为傲的事情。

我爱“铁子”，无论过去、现在还是将来。

（撰写人：梁嘉文）

我和平台有个约会

◎ 大庆油田

2024 年的春天来得格外的早，大风吹来，带来了鸥鹭优雅，带来了野鸭对对，带来了黄牛歌唱……小雨迷蒙，妖娆了青草芬芳，滋润了原野大地，朦胧了春日暖阳。上扬“第二曲线”也吹醒了为油奋战的号角，我们为油拼搏，我们为集体流汗，我们与“铁人先锋”平台有共同的约会。

我是一名普通员工，去年我有幸成为一名红色网格员，“铁人先锋”平台成为我“为人民服务”的平台，这让乐于发现问题的我得到了大家的肯定。2024 年 5 月 6 日早上刚来到单位，我就发现洗手池下水堵塞了。于是我拿出手机点开“铁人先锋”APP，进入网格工作，上报事件，写明具体问题及原因，确定管理部门，定好安全级别，指定接收人，提交。一会儿工夫，网格长接收信息后就及时回复我，并指派于长武和王传宝来维修。我负责监督，只见两人又是摇鞭又是冲水，反复多次后，下水道出水逐渐畅通起来，现场的两名同志手上虽然粘满污垢，但是脸上却洋溢出成功的喜悦。我及时向网格长回馈信息，“一楼洗手池下水道畅通啦！”这时，上班的职工也渐渐多了起来，大家看到辛苦一早上的两人，纷纷露出亲切的笑容，“辛苦了，兄弟！”

第四作业区测调班谢祖成（右）在维修仪器

小小的平台，让每个人都找到自己的位置，发挥出自己的潜能，队伍建设更加融洽了。

平台功能不止在生活上给我们帮助，在生产上更是集群众的力量，为群众办实事解难事。对于我们测调班来说，测试车辆是我们的伙伴，车库大门每天顶风冒雨守卫着我们的伙伴。2024 年 4 月 27 日，18、19 号车库大门，打不开了，我赶忙过去一看，原来是门板条横向串位，卡住门框导致。我通过平台及时上报，副班长谢陆收到信息后，立即到达现场，指挥班组人员，拆门板，重新组装调整后，两个车库门顺利开合。平台功能再次展现出来，保证日常工作得以正常运转。

平台还是热衷于创新创效的职工们互动的地方，在遇到生产难题时充分展示出他们解决问题的能力。比如，我们使用的仪器需要经常维护维修，发现问题及时解决，这样才能提高测试效率。于是在管理创优网格员的审核中，一件件影响测试进度的车辆仪器问题在崔连成、谢祖成、代文庆等技术骨干的手中解决，为企业生产节约了成本，为职工提供了便利。“铁人先锋”一个小小的功能，让企业和无数职工受益。让我们共同约会平台，协力推进数智化油田发展。我坚信，在未来数智化油田建设上，人机互动降本增效，将会让建设百年油田步伐更加坚实有力。

（撰写人：迟畅）

我与“铁子”的故事

◎ 昆仑银行

2021 年 7 月起，有幸成为乐山村行的一分子，作为一名十年的老党员，从下载“铁人先锋”的那一刻，我和“铁子”的故事就开始了。随着她一点点地进入我的世界，潜移默化地改变和影响着我的工作和生活。

依稀记得，第一次在自己笨拙地操作下完成党费交纳的时候，我的内心竟然有一些小小的激动。看到同事们每天都登录“铁人先锋”答题，获得签到积分的同时又可以学习到党建知识，我也积极参与到其中。这种学习方式对我们而言是很新鲜的，在一次次的浏览学习中，在一道道的习题中增长知识。

作为一名信贷条线的客户经理，工作性质决定了每天要在电脑前长坐几小时，一天下来经常腰酸背疼，长此以往，身体处于亚健康状态，工作的状态也欠佳。自从集团公司通过“铁人先锋”开展“‘云’动健身‘油’你精彩”竞走活动，我的生活悄悄地发生着改变，每天工作走一走，下班回家走一走，不知不觉身体状况也逐步好转。

2022 年 6 月我成为乐山村行支委会委员，从未接触过党建工作的我，在加入支委会的初期，内心是忐忑不安的，不知道该如何做好支部党建的宣传工作，正当我焦虑时，我又想起了我的“铁子”，“铁人先锋”里面的月月学、专题学、云课堂、党建百科、资料库等栏目，对于如何做好支部党建各方面的工作都有详细系统的讲解。在不断地学习中，支委会委员的工作逐步走向正轨，乐山村行的党建工作也在支部书记的带领下越做越好，

大家都积极参与到组织生活中，让党建贯穿我们的工作生活。

在业余时间里，平台定期发布的“中国石油职工云课堂”，也是我的最爱，每每收听我都会有不同的收获和感受。里面的心理健康专题使我受益匪浅，我从中感悟到做人要感恩知足、乐观开朗，塑造阳光的心态，结合自己高压的工作环境，及时地调整心态，积极地面对工作生活。

“铁人先锋”平台每天都有新内容，开阔了我的视野，提升了我的思想认识。平台的高效运用，有效促进了学习成果的快速转化，提升了党建工作的科学化、规范化、标准化整体管理水平，为推动高质量发展奠定了坚实的理论基础和政治保障。衷心希望平台越来越好！平台激励着我前进的步伐，我不仅要做一名合格的党员，更要做一名优秀的党员和党务工作者，和“铁子”一起共同成长。

（撰写人：高光霞）

一路相随　伴我成长

◎ 昆仑银行

我叫杜琼，是昆仑银行西安分行的一名客户经理。我的手机里面，有一个相伴多年的平台就是“铁人先锋”APP。不知不觉中，她已经成为我工作和生活中不可或缺的一部分。

“铁人先锋”重燃我内心的斗志

“铁人先锋”那宝石花标志的 APP 就像太阳时刻照耀着我，提醒着我，我是一名共产党员，也是一名新时代石油人。在我迷茫、困惑，在我疲惫想要放弃的时刻，给我力量，重燃我不断前行的斗志。

在昆仑银行的 12 年，让我对银行人这个职业有了更深的理解和敬畏，也对石油人的精神有了更多的感悟！

厅堂内，微笑服务，耐心讲解产品；厅堂外，和团队伙伴们一起进社区、进商户、进单位，外拓营销；业余时间，更是不断地学习充电，考取了各类证书。我也曾随流动服务车来到油田一线，行程上万里，服务上千人，无惧道路崎岖，天气恶劣。无论我身在何处，“铁人先锋”在线参加组织生活的便捷，让我能顺利参加每次支部活动，和同事们同步学习和成长。

2019 年我调到了新的支行，面对全新的环境，也遇到了前所未有的挑战。焦虑、脱发、写方案；多跑、多问、拓市场。那些哄睡孩子后在台灯下为客户做资产配置的日子，那些为了学习放弃周末休息的日子，那些每天在上下班三个小时路程中坚持读早报、研究经济热点的日子……在这个过程中，“铁人先锋”一直伴随着我，让我看到了一个更有能量的自己。

争做“铁人先锋”里的“积分达人”

“韩行，你的‘铁人先锋’排名又是第一，到底有什么秘诀？”关注“铁人先锋”平台的积分排名情况，成为我的习惯。你争我赶共同学习，也成为支部各位党员交流的常态。“铁人先锋”的积分，就是我们成长的记录。每日签到、每日答题是我每天的必修课。我会在每日日程里面，将这项工作设为循环事项，每晚检查清单是否清零，划去每一项日程，才能安心地带着今天的满足和成就感入睡。

每月 1 日我也养成了第一时刻交纳党费的习惯。在每月的最后一天晚上，我一边复盘回顾本月的工作和生活情况，一边反思收获和不足，等到 12 点刚过，马上交纳党费。大家看这是不是有点像除夕守岁的感觉！

在平台丰富的世界里徜徉成长

确立学习奋斗目标，持之以恒执行，简单的事情重复做，重复的事情认真做，时间也不会辜负努力的你，这就是“铁人先锋”陪伴我一路走来，启迪我的人生智慧。

“铁人先锋”平台搭建了党员共同的精神家园，即使处在不同的工作岗位、不同的地域都可以互相了解和学习各基层党组织好的经验和做法。身为一名党员，我也要将学到的知识、领会的精神与日常的各项工作相结合，引领指导我向正确的方向努力，时刻以优秀共产党员的标准要求自己，争做一名真正的铁人先锋。

（撰写人：杜琼）

1562 天没有间断的相守

◎ 西部钻探

高怀雄自豪地展示他的积分

“连续签到答题 1562 天，累计积分 60073，当年积分 4350。”这是一段充满挑战与收获的旅程，每一天都是对自我承诺的坚守，每一分都是对知识的热爱和追求。

“铁人先锋”，这是一个让人充满敬仰的名字，她代表了坚韧不拔、勇于挑战的精神。在“铁人先锋”平台中，我看到了无数个坚韧不拔的身影，他们用行动诠释着对知识的渴望，对党建工作的热忱。

每天，我都会在“铁人先锋”平台上签到答题，无论是在忙碌的工作中，还是在闲暇的休息时间。每一道题目都是对知识的考验，每一次签到都是对自我承诺的坚守。我看着积分一点一滴地积累，看着党建积分逐渐增长，心中充满了成就感。

1562 天，是一个漫长的旅程，也是一个充满坚持和挑战的旅程。

在这个过程中，我遇到了很多困难，但我也收获了知识，收获了成长，更收获了坚持。

“铁人先锋”平台，是一个让我不断学习、不断进步的空间。在这里，我感受到了党建工作的温度，感受到了知识的力量。“铁人先锋”，你让我明白了，只要有决心，没有什么是不能做到的。我会继续坚持下去，因为我知道，只有不断挑战自己，才能不断进步。

工作之余查看“铁人先锋”最新资讯

我与“铁人先锋”的故事是一段充满激情的旅程，是一个个充满挑战的积累，更是一场充满希望的交流。我相信，只要我们不忘初心，砥砺前行，我们就能走得更远，走得更稳。

“铁人先锋”，谢谢你，让我有了这段难忘的经历。我会继续坚持下去，因为我知道，只有坚持，才能见到曙光。

（撰写人：高怀雄）

跨越 500 公里的惦念

◎ 西南油气田

晚上 10 点，刚把小女儿哄睡着，我正准备洗她换下来的衣服，“丁零零……”手机铃声响起来。

“幺女儿睡着了没有？今天登录‘铁人先锋’平台答题了吗？不懂的问题问我哈！”电话那头传来丈夫温和的声音。

丈夫远在 500 公里以外的宣汉作业区，工作事务繁杂，但无论加班到多晚，他都会记得打个电话，一来聊聊家常，更重要的是提醒我登录平台答题，打卡“铁人先锋”已成为我俩每日的必修课。

记得 2017 年 9 月，按照党支部的要求我下载了“石油党建”APP，按部就班每月月初在平台交纳党费，每日完成签到和答题，但因为生病、家里的杂事导致答题中断过几次，积分一度落后，为此我十分懊恼。从那以后，丈夫就担任起“监督员”，开始每日督促我登录平台打卡学习，还鼓励我不要泄气，只要每日坚持，积分还会升起来。

2020 年 12 月，平台更名“铁人先锋”，随着平台建设内容不断丰富，我与“铁人先锋”越发亲密起来。开始在平台参与“三会一课”、主题党日活动、学习课程、浏览资讯，观看中国石油各单位党建工作的动态播报，参加习近平新时代中国特色社会主义思想、党纪教育学习，参与“守望‘由’我 志愿服务队”活动，学习各种先进人物的典型事迹和经验，这些为我提供了全面学习、详细了解党建知识的窗口，既丰富了党建知识又开阔了视野。

2024 年 4 月下旬，我来到输气处绵阳输气管道管理部从事党群工作，做好“铁人先锋”平台后台管理成为我的重点工作内容之一，易见书记为我讲解了操作流程和操作注意事项，我开始学着在平台创建“三会一课”、开展主题党日活动、发展党员，切实体会到“互联网 + 党建”带来的便捷。

每当丈夫休假回到家里，我俩时常一同打开“铁人先锋”APP 相互讨论学习，有时候在“在线答题”遇到模棱两可的选择题，丈夫会耐心细致地为我讲解，他时常对我说：“作为一个党务工作者，你要带头学习，不断提升党建知识水平，提高党性修养，争当讲政治有内涵的优秀共产党员，才能干好党务工作，更好地围绕中心服务大局。”

在过去的七年时间里，“铁人先锋”平台潜移默化地影响和改变着我的工作和生活，俨然成为我学习工作的好伙伴、好帮手。以后的每一天，我要坚持打卡学习，模范履行党建工作职责，推进党建工作方式方法创新，为党员群众服好务，为绵阳输气管道管理部高质量发展贡献力量。

（撰写人：陶英）

举星火　传大爱

◎ 长城钻探

2017 年的夏天，北京的一场大雨平息了城市涌动的浮躁，平添了几分凉意与舒爽。集团公司党建信息化平台恰似一场甘霖如约而至，作为“老党建”，我和五名同事很幸运地参加了集团公司党建信息化平台推广应用培训，成为长城钻探公司首批平台内训师。

带着“成师传道”的责任与使命走进教室，忐忑间正式与平台相识。很快，就被她的智慧与内涵深深吸引，灵活的 PC 端和移动端更加方便快捷；组织建设、宣传、纪检、工会、共青团等业务汇聚，整齐地排列成模块，时刻提醒着工作不能丢项落项；高标准的活动清单和即时记录痕迹让党内生活更加规范完整……几天的学习，让我们深深地感受到平台的魅力和集团领导的良苦用心，这分明是一份饱含“大爱”的厚礼。教室、食堂、校园里，我们利用一切时间学习交流、向老师请教，生怕错过这难得的机会。最终，六人小组都以满分的成绩顺利结业。

回到单位，第一时间向领导汇报了学习成果，并召开党建平台专题部署推进会，制订推广方案，细化落实流程，迫不及待地将“大爱”传递开来。作为内训师，我负责三个基层党委平台应用的培训和推广，从软件安装到教学互动，从 PC 端到移动端，一遍遍地讲，手把手地教，遇到难题就打电话请教后台老师，不断地摸索进步，有辛苦、有收获，也有理解与支持。一位快退休的老同志，为了安装平台，特意把自己用了多年的“老年机”换成了智能手机。最终，我负责的基层党委实现了下载安装和培训覆盖率 100%。

七年的时间如白驹过隙，但集团公司的关爱从未松懈，党建信息化平台经历了从“石油党建”到“铁人先锋”的升级，脚步更加坚实。每天清晨醒来，我第一件事就是打开平台答题、听书。从初识到依赖，平台成了党委工作的“风向标”，知识储备的“大宝藏”，破解难题的“工具箱”，精神文化的“记录本”。几年时间里，我的岗位几经变动，但传播“大爱”的初心根深蒂固。2018 年我到川渝地区工作以后，更是把平台的基因深入每项工作。受平台的启发，我组织开展了“健康西南活动”“西南建家活动”“联合党建活动”……深受广大干部员工的认可。学平台、建平台、靠平台，星火燎原的步伐从未停歇。再回首，我自豪我曾高举广传“大爱”的“星火”，我骄傲，我是新时代石油人。

（撰写人：袁海浩）

“铁人国际” 海外员工的良师益友

◎ 管道局

“铁人国际”是集团公司为海外员工单独开发的阅读平台，虽然平台功能没有“铁人先锋”的丰富，但是其更具海外特色。平台上的网讯、学习数据保持相互独立，其功能和页面上均不展示与“党”相关的内容，而且启动了敏感词过滤功能，兼顾身处不同区域员工的数据同步和内容安全的需求。2022年1月，集团公司《员工手册》在“铁人国际”平台上开展海外员工移动端的签收工作，“铁人国际”平台得到全面推广和使用。

不知何时，我惊奇地发现，“铁人国际”已成为我海外生活中重要的一部分。看网讯、观要闻、分享海外油人故事……签到“铁人国际”学习平台，已成为我每天的必修课。每天起床后的第一件事就是打开“铁人国际”，看看国家要闻、报刊评论，读读“一带一路”上的文化融合故事。通过“铁人国际”，我了解各行各业的知识，学习各个专题的重要内容，“铁人国际”是我海外工作和生活的好伙伴、好帮手，更是良师益友。

在“铁人国际”平台上，可以了解海外石油的现状和发展趋势，中国石油在“一带一路”上的合作，以及石油人在海外开疆拓土、保障国内能源安全的努力。同时在文化融合方面，可以了解中国石油向世界积极传播中国文化做出的贡献。“铁人国际”除了中文版，还有英文版，通过切换，我可以通过手机继续学英语，增加阅读量。

“今天的‘铁人国际’你签到了吗？”“网讯里的热帖你看了吗？”这些都是我们党员同志、海外员工经常热议的话题。通过这个平台，我只需在手机上动动手指，点击模块列表即可查看各类详细内容：“阅·海外”里的华人故事、“悦·书香”里的《中庸》与心性修为、“跃·技能”里的效率快速提升的神技能、“乐·健康”里的打破消极思维的五个步骤，以及危急时刻的救命用语、防恐技能等。一篇篇短小精悍的图文内容、一个个活泼精彩的小视频，让我利用碎片化时间学习，不但开阔视野，还能实现知识积累，达到不断提升自我的目标。

作为海外基层的一名党员，通过“铁人国际”每月按时交纳党费，提醒自己不忘身份，立足岗位，时刻发挥示范引领作用。使用平台两年多，我深刻体会到借助“互联网+”开展信息化建设工作的重要意义和作用。“铁人国际”就是我的良师益友。

（撰写人：郑朝明）

我与“铁人先锋”的成长之旅

◎ 青海油田

2023 年 7 月，我加入了青海油田，同时也将我的党组织关系从大学转移过来，由此便开启了我与“铁人先锋”的成长之旅。“铁人先锋”犹如一盏明灯，为我指引着作为一名已经工作的党员，尤其是在条件艰苦的高原上为国家奉献能源的党员该走的路、该坚定的信念。“铁人先锋”伴着茫茫戈壁的风沙见证着我的学习与成长，也书写着属于我和她的独特故事。

犹记得我初入单位，面对艰苦的工作环境和全新的任务，心中难免有些迷茫与彷徨。然而，“铁人先锋”如一位无声却坚定的导师，引领着我逐步适应，不断进步。刚开始我还没有养成每天学习的习惯，三天打鱼两天晒网地登录她，导致积分排名一直垫底。随着我对“铁人先锋”的熟悉和习惯的建立，每天我都会准时登录她，开启一天的学习之旅。我逐渐对答题游刃有余。答题积分是一场智慧的较量，每一道题都是对知识的检验与巩固，让我在思考中不断提升对党的理论和政策的理解。那些精心设计的题目，如同一个个知识的宝藏，等待我去挖掘和领悟。

“铁人先锋”中的学习模块像是打开了一扇通往知识殿堂的大门，

为我带来了最新的思想动态和理论成果，让我勿忘历史，也要紧跟时代步伐。从党的创建到改革开放的伟大征程，每一段历史都让我仿佛穿越时空长河，见证那些心潮澎湃的时刻；从党的廉洁教育到《中国共产党纪律处分条例》的解读，每一个警钟都在告诫我们党员要时刻保持清醒，严于律己；从党的二十大和新时代党的青年工作中了解到青年党员的责任和担当，更加坚定了我为实现中华民族伟大复兴的中国梦而努力奋斗的信念。在学习的过程中，我会认真思考，将其中的精华融入自己的思想。有时，一篇文章会让我反思自己的行为和观念；有时，一个观点会让我豁然开朗，找到解决问题的新思路。在这个过程中，我不仅学到了知识，更培养了自己的思维能力和分析问题的能力。

作为一名党员，“铁人先锋”让我在忙碌的工作之余，能够随时随地进行学习，充分利用碎片化的时间提升自己。无论是在上班的路上，还是午休的片刻，我都可以打开她，沉浸在知识的海洋中。“铁人先锋”就是我的随身知识库，让我无论身处何地，都能感受到党的关怀和指引。

我与“铁人先锋”的故事，是一段成长的历程，也是一份坚定的信念。今后，我也会继续利用“铁人先锋”平台努力学习，将其中的智慧运用到工作、学习和生活中，我也希望通过我的力量，将这些东西传递给身边的同事，与他们一起共同进步。

我与“铁人先锋”的成长之旅漫漫其修远兮，但吾必将上下而求索！

（撰写人：叶敏萱）

“铁人先锋”助推团建工作数字化转型

◎ 青海油田

一、邂逅与探索：数字时代的党建新篇章

在数字化浪潮汹涌而至的今天，我有幸成为“铁人先锋”平台的一名忠实用户。这个平台以其独特的魅力引领着共青团工作的数字化转型，成为我们数字生活的一部分。

青海油田采油五厂团员青年运用“铁人先锋”平台观看学习视频

我清晰地记得第一次登录平台时，那种新鲜感与好奇心交织的复杂情绪。平台界面简洁明了、功能齐全，无论是发布通知、组织活动，还是进行在线学习、交流互动，都显得那么得心应手，我很快就被这种全新的工作方式所吸引，开始深入探索平台的各项功能。随着对平台的深入了解，越发认识到"铁人先锋"不仅仅具备工具属性，更发挥着桥梁作用，将每一位团员青年紧密相连。在此平台上，我们得以实时掌握团组织的最新发展动态，积极投身于多样化的活动之中，共同分享经验、交流心得。

二、实践与应用：数字赋能的团建新实践

在"铁人先锋"平台的帮助下，我们团组织的工作逐渐焕发出新的活力。平台的功能应用亮点层出不穷，为我们的团建工作提供了强有力的支持。

首先，平台的信息发布功能极大地提高了我们的工作效率。以前需要通过层层传达、反复确认的方式，而现在只需要在平台上发布一条通知，所有成员就能立刻收到并查看。这种即时的信息传递方式，不仅节省了大量的人力物力，还确保了信息的准确性和时效性。其次，本平台所具备的在线学习功能，为我们的团员提供了极为宝贵的学习资源。平台上汇聚了丰富的学习资料，内容涵盖了党建知识、团务知识以及安全知识等多个重要领域。团员们可以随时随地利用平台进行自主学习，无须受时间和地点的限制。这种灵活便捷的学习方式，不仅有效提升了我们的学习效率，同时也使我们在轻松愉悦的氛围中掌握了更多的专业知识和技能。在平台的帮助下，团组织的工作逐渐取得了显著的成效。同时，每年利用平台的功能对团员进行考核

评价，确保团组织的健康发展。

三、感悟与收获：数字时代的党建新体验

在与“铁人先锋”平台相伴的日子里，深刻感受到了数字时代党建工作的新变化和新气象。平台的功能应用亮点不仅让我们的工作更加高效、便捷，还不断带动团建工作实现持续发展与显著进步。

青海油田采油五厂团员青年奋斗一线

“铁人先锋”平台让我们收获了成长和进步，使我们学会了如何更好地利用数字技术来推动工作、提高效率，如何更好地与他人进行交流和合作，共同推动团组织的健康发展。这些宝贵的经验和收获，将伴随我走过未来的每一段路程。

（撰写人：庞皓）

爱不释手的“伴侣”

◎ 塔里木油田

“铁人先锋”平台自正式运行以来，从 1.0.0 版本到今天的 2.3.1 版本，我们和平台共同成长，感受数字生活的便捷，智慧平台的魅力。

尴尬的初遇

从 2017 年 10 月开始，牙哈装车站党总支通知党员手机安装使用“石油党建”APP。

29 年党龄老党员、集油站 58 岁的努尔买买提 · 艾来木，说起和“铁人先锋”APP 的初遇，可谓是又烦又爱。

刚开始，他尽管将“铁人先锋”APP 安装上了，但无法将银行卡绑定到党费交纳栏，深感为难和恼火。时任运行党支部书记黄振利找到他：“努尔师傅，您不要着急哈！”黄书记为他逐个讲解 APP 里的常用功能：如何开会签到、线上交党费、学习讨论、使用员工通讯录……在黄书记的耐心讲解下，努尔师傅学会了大部分功能。“以后，再也不用揣着现金了，也不用一趟趟找组织委员，拿起手机就能交党费。从前的尴尬变成了今天的便利。”这个变化，让努尔买买提 · 艾来木的脸上露出了会心的微笑。

如今“铁人先锋”是努尔师傅爱不释手的“伴侣”

惊喜的相遇

“从安装使用‘铁人先锋’APP的生疏茫然，到如今的信手拈来，打开平台已成为我习以为常的‘规定动作’。”尝到甜头的管道队党员张照明感慨地说道。

2017年以前，管道党支部党建岗每次给他打电话：“你在哪里？要开党员大会呢！”多数时候他都无法赶回去开会，党建岗无奈地说：“这会怎么开呀，等了这个再等那个……”油气管道遍布在塔里木盆地戈壁和沙漠，两三人巡线，每天要奔波约200公里。天长地久的寂寞与枯燥，使人连交谈的欲望都没了。自从使用“铁人先锋”组织生活功能，管道支部的党员在巡线时也能参加党员大会了，在完成学习任务的同时还能感受到党支部的温暖和关怀。

埋头苦干实干是我们无言的行动。“我既是党员又是甲方人员，在高后果区我接触的大多数是少数民族，和我一起巡线的也是维吾尔族的员工。我深知我身上承担的责任，无论是经济责任还是政治责任，都需要我有丰富的理论知识。可是，遇到沙尘暴极端天气，别说拿着书籍，就连我们自己都无处藏身。”性格内向的管道队党员张照明，不善与人沟通，默默做着管道保护工作，但“铁人先锋”的出现，让他的工作、学习、生活都丰富起来，手机也成为他不离身的“至宝”。

开心的“伴侣”

管道队的运行班长李建国，对“铁人先锋”APP的钟情程度，不亚于对自己的爱人孩子。他说:“有了见字如面的开心‘伴侣’的不时念叨，可以按时参加党员大会、主题党日活动。即使不在现场，拿起手机和巡线的同事交流互动，也可以‘线上’参与集体学习。”

表达能力见长的李建国师傅，只要一接上话茬，滔滔不绝，如数家珍。大到时政新闻，小到生活和学习的琐事。利用“铁人先锋”平台的海量知识，他再也不是“睁眼瞎”，不是“昨日天气预报”，而是能做到事事“精通”，样样领先！

“‘铁人先锋’不断升级，我们的知识也不断丰富，各民族更加团结，村民更乐于保护管道。看到手机里的‘石油人’，感受着铁人精神，铁人先锋们的事迹激励我们勇于担当、争当先进。”管道保护工刘小强感言多多。“铁人先锋”让我们感受到，管道人并不寂寞，全体石油人都和我们在一起。

（撰写人：吕君梅　包安隽）

我与我的老铁“杠杠的”

◎ 塔里木油田

“看新闻、观政治、学党史……打卡‘铁人先锋’平台早已成为我的必修课。每天起床后第一件事就是打开‘铁人先锋’，看看国家要闻、时事政治。不知何时，我惊奇地发现，她已经变成了我生活中不可分割的一部分，润物无声地为我输送着各个领域的知识，为我指明方向，成为我学习和工作的好伙伴、好帮手。”有着35年党龄的老党员吐鲁洪·乌鲁克激动地说道。

自从使用了这个APP，“今天的‘铁人先锋’你打卡了吗？”“‘铁人先锋’积分排第几？”这些都是支部党员同志们茶余饭后热议的话题。大家经常凑到一起探讨学习方法、介绍好的经验，探讨多得分、得高分的诀窍。大家之间互相比一比，营造了你追我赶比积分的良好气氛，大家的观念也从“要我学”变成了“我要学”。在与“铁人先锋”的“交往”中，我的积分也越来越高，始终保持在我所在的支部积分榜的前三名，这也是我一直引以为傲的事情。

随着平台不断建设，我与“铁人先锋”也越发“亲密”，月月学、专题学、云课堂……有了这些创新形式的学习，在平台上点击相关链接，享受着视听学习盛宴。党史学习让我对党的历史了解得更加详

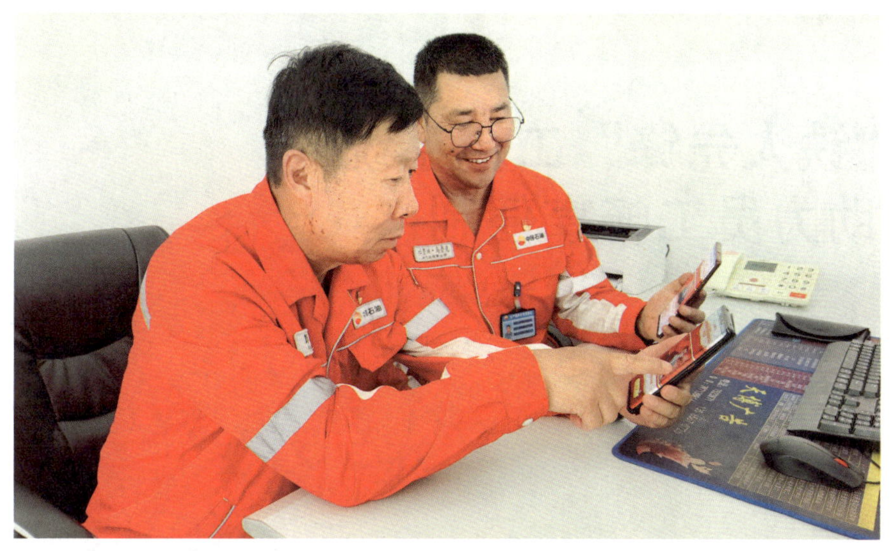

老党员彭进军向吐鲁洪·乌鲁克分享铁人要闻

细，对国家的发展前景更加坚定信心，平台每天推送习近平总书记重要活动及重要讲话，及时传递集团公司党组声音和党组关怀慰问，快速采访制作重大新闻，为百万石油人送上文化大餐，成了我离不开、放不下、舍不掉的红色精神家园。

她每天都有新内容，不停地吸引眼球，开阔了我的视野，提升了我的思想认识。平台的高效运用，有效促进了学习成果的快速转化，提升了党建工作科学化、规范化、标准化管理水平，为推动公司高质量发展奠定了坚实的理论基础和政治保障。

“铁人先锋”传承了石油人的红色基因，是石油人的精神家园。我一定要利用好这个“家”进行交流和学习，多学知识，提高思想觉悟，将学习成果转化为推动各项生产业务、提质增效的实际成效。

（撰写人：夏紫瑞）

“铁人先锋”工会系统助力员工畅享便利

◎ 西部钻探

自“铁人先锋”工会系统上线推广以来，国际工程公司的员工们迎来了前所未有的便利。公司海外员工张海忠深切体会到了这一变革带来的好处。他说：“以前，查询疗养时间对我们来说是件很烦琐的事情，只能通过公司工会档案或自行记录，不仅过程复杂，而且容易出错。现在，有了‘铁人先锋’工会系统，我们随时随地都能通过电子设备轻松查询，信息实时更新，一目了然。”

除了疗养时间查询功能外，“铁人先锋”工会系统还引入了劳动竞赛、合理化建议、创新创效等版块，进一步丰富了公司工会的服务内容。劳动竞赛版块为员工们提供了一个展示自我、提升技能的舞台，在这个舞台上与同事们切磋技艺、交流心得，不仅提升了个人技能水平，还增强了公司的凝聚力。

合理化建议版块为员工提供了一个表达意见和建议的渠道，通过这个平台可以看到每年职代会上员工给公司的提案和合理化建议，这样不仅能够增强员工的归属感和参与感，还能够促进公司的整体发展。这种双向沟通机制，让员工感受到自己的声音被重视，同时也帮助公司及时调整和优化管理策略。

创新创效版块则鼓励员工们发挥创新思维，提出具有实际意义的创新项目或方案，激发了员工的创造力和创新精神，通过实施这些创新项目或方案，一线作业现场得以提高工作效率、降低成本、增强竞争力，为公司带来了实实在在的效益。

“铁人先锋”工会系统的推出，不仅提高了管理效率，还加强了与员工的沟通和互动。员工们可以随时随地通过这个系统了解公司的最新动态、政策法规以及工会活动等信息，增强了员工对公司的认同感和归属感。

在这个信息化和数字化日益发展的时代，“铁人先锋”工会系统的上线应用有助于构建和谐企业文化，增强员工凝聚力和向心力，从而提升公司的整体竞争力。

（撰写人：赵婧）

初见与再见

◎ 内蒙古销售

初见“铁人先锋”是在好多年前，具体哪一年真是不记得了。相遇是因为交纳党费，以前交纳党费都是找到支部书记，然后拿出几张钞票，有零有整，再由支部书记在党费缴纳手册工整地记录某年某月某日某人党费已交，再由交费人签字。现在想来很有年代感，但是一直是这样。直到出现了“铁人先锋”，不过那时候她还不叫“铁人先锋”，叫“石油党建”。

那是第一次体验线上自助交纳党费，快速方便。从此党费缴纳手册就光荣“退休”了。后来接触就越来越多，答题、学习，随着分数积累慢慢从“才高八斗”到“学富五车”。我从党小组长成为了党群专业线的一员。

2020 年正是新冠疫情席卷的第一年，也是我加入党群专业线的第一年，从兼职到专职党务工作者。那一年现在想来，过得有些兵荒马乱，但是又很生机勃勃。第一件事便是党建系统党员信息准确梳理，为今后全国性的工作——退休党员转社区打下了坚实的基础。从此手上不但有了“铁人先锋”，还认识了国资委党员系统。

因为专职党务工作，我和“铁人先锋”平台打交道越来越多。党员的调整、“三会一课”录入、主题党日录入、支部梳理、发展党员的资料审核、各种材料的编写……“铁人先锋”平台就是一个大宝藏，在于挖掘。在使用平台时，我也和平台一步步地成长，从抱着党员发展手册一步步学习，到后来运用平台熟练检查各支部党员发展流程，一点一滴，日积月累，很多个夜晚加班，是她陪着我，这其中有很多辛苦，但结局是快乐的。

“铁人先锋”不仅有工作，还有温情，为了提升员工幸福感，每周五下午都会有一个员工讲座，讲养生、讲健康、讲心理……周五的下午一边工作，一边听老师讲课，阳光洒在身上，敲击着键盘。周五的心理讲座，偶尔会进行现场连线答疑，心理困扰的员工非常多。因为我一直担任着公司的心理咨询师职责，通过讲座学习了很多。

“铁人先锋”平台与时俱进，很多集团层级的会议全员可以通过直播观看。最让我热血沸腾的就是“中国石油冬奥会、冬残奥会服务工作表彰会议”直播，被中国石油平台的广度和深度震撼，冲击力极强。当时听着一个个冬奥会的故事，绿氢火炬、小普陀山建站……我都感动地哭了，但更多是骄傲，原来中国石油这么牛，那段时间逢人就说:“你知道吗？绿氢火炬是我们中国石油研发的……”

后来，我继续与平台成长，被评为优秀党务工作者、被选派参与党内巡察、与大家一起编写的课题成果获得中国石油党建政研三等奖，一直默默坚持的心理疏导工作，也为健康企业构建贡献了力量，我也有幸被“铁人先锋”公众号报道，照片里的我很快乐，这也是我与她体面的告别。

我开始转战别的工作。当然“铁人先锋”继续在用，继续在学，是又一种接触。初见欢喜，再见依然，很多工作经历回忆，都伴着这个平台，现在更多借助她学习，我也攒了好多的积分，可以换"小铁"的文创，但是有些不舍得，就留着吧，是个纪念。衷心希望她越来越好，因为她在我心中，不只是一个平台，也是我的战友，我的伙伴。

（撰写人：许鑫）

从那个不眠之夜开始

◎ 西部钻探

2020 年，一个《关于做好集团公司党建信息化平台 2.0 全面推广应用数据准备工作的通知》由办公室副主任李牧秋的“即时通”发给了我，令我没想到的是，这项工作会在将来涉及公司的所有员工。

虽然从 2017 年开始从事工会工作，但是完整的单位组织和人员信息还是要人事组织科提供，拿到信息，就像盖房子起了框架，一砖一瓦还需要再慢慢地往里填。

将信息采集表发给各单位的负责人和核算员，有的交得快，有的交得慢，等到收集差不多 70% 的时候，我开始统计未交单位的情况，再次打电话催促，经过十几天的工作，57 个基层单位，1600 余人的信息终于填完交了上去。

本以为完成工作的我，却在一天早上接到群里的信息，要求当晚 12 点前，必须完成系统内组织入库和人员信息初始化的工作，我错过了什么、漏掉了什么？匆忙之间赶快给各平级单位的同事打电话，发现有些人完成了，也不知道对不对，有些人没完成，也不知道从何下手。

几个相熟的人赶快组了一个群，由完成的人教会我们具体的几个步骤，没完成的几个赶快边学边做，中午吃过饭就回了办公室，晚饭不吃的我也就接着干了，直到后半夜近3点了，我才录完了所有的信息。那天的加班给我深深地上了一课，系统要想用得好，还是要从操作手册上去多学习。接下来的一段时间，一有空，我就打开文件和系统，为每个单位设置了工会主席和系统管理员，同时又设置了一个基层单位工会主席的账号密码，认真对比操作界面的不同，不同级别的权限，新建了Word文档，将未来工作中可能用到的各个功能进行了截图说明。

事实也证明了做好准备工作的重要性，当后期要求所有人都下载安装系统的时候，我也就多了100多个帮手，他们在自己可操作的范围内解决不能安装等问题，但是也时不时地会有人过来问各种问题。

"我的手机太老了，内存不够怎么办？"

"换手机！"

"我的是苹果手机，安装不成功怎么办？"

"扫描二维码！"

"我的手机号码当时留错了，现在登录不了怎么办？"

"打电话给客服沟通解决。"

各种各样的问题像雪片一样地飞过来，很多时候都是在帮一个人安装设置密码时，就又走进来一个问怎么办，我也想耐心地解答，但是奈何人实在是太多了。

在后面的操作中，我也遇到了很多不会的问题，很庆幸有同事的帮助，也让平台的应用推广到了公司的每一个人。从那个不眠之夜开始，我们与平台的联系更加紧密，我们更多地从平台去获取信息，沟通交流，紧跟公司步伐，与公司高质量发展共同成长，贡献力量。

（撰写人：马超）

试油公司党员的数字伙伴

◎ 西部钻探

在西部钻探试油公司，有这样一群党员，他们在工作与生活中，与“铁人先锋”平台紧密相连，演绎着一个个生动的故事。

张晓亮，试油公司的一位老党员，他对“铁人先锋”平台的应用可谓是得心应手。在日常工作中，他总是通过平台及时了解公司的最新政策和工作安排。2024 年 3 月正值开工之际，公司发布了一项紧急任务，张晓亮第一时间在平台上看到了相关信息，迅速组织同事们投入到工作中。凭借着平台提供的准确信息，他们高效地完成了任务，为公司生产节省了宝贵的时间和资源。张晓亮也充分利用“铁人先锋”平台积极参与各种学习活动，不断提升自己的理论水平和党性修养。他说：“这个平台就像一个知识宝库，让我随时随地都能学习进步。”

张晓亮通过“铁人先锋”学习

年轻党员吴泓波同样也是“铁人先锋”平台的忠实用户。胜北508H井是2023年试油公司在吐哈油田的第八口作业井，施工中遇到了一个技术难题，吴泓波灵机一动，想到了在“铁人先锋”平台上寻求帮助。他发布了问题后，很快就收到了来自其他同行的建议和解决方案。在大家的共同努力下，难题迎刃而解，试油工作得以顺利进行。

在平台的功能应用中，大家充分感受到了她的便捷与高效。通过平台的数字化管理，各项工作的流程更加清晰明确，信息传递更加及时准确。党员们可以随时记录工作中的点滴，分享经验和心得，形成了良好的互动和交流氛围。

对于试油人来说，“铁人先锋”平台已经成为他们工作和生活中不可或缺的一部分。她见证了他们的努力与付出，记录了他们的数字生活。他们在平台的助力下，不断提升自己，为试油公司的发展贡献着自己的力量。他们的故事，也激励着更多的人去了解和应用这个平台，共同为石油事业的发展添砖加瓦。

在未来的日子里，相信“铁人先锋”平台将继续发挥重要作用，伴随着这些试油人在工作和生活中创造更多的精彩与辉煌。

（撰写人：马勇）

我与“团青”初相识

◎ 西部钻探

“你什么情况，‘铁人先锋’怎么是0积分？”西部钻探吐哈钻井公司50605钻井队党支部书记郭忠孝一看见我就问道。

“那不是党员才行吗？”“铁人先锋”平台在我的手机里已经“趴”了半个多月，我还一次都没有打开过，听到书记这么问，我忍不住心虚地吐了吐舌头。

“团员也行呢，里面有团青版块！”郭书记念在我是“初犯”，就走了。

就这样，我与“铁人先锋”相遇了，她亦师亦友，引领我前行。

打开团青版块，里面的内容琳琅满目，目不暇接。我打开一篇又一篇的文章报道，就像是一棵久旱逢霖的小树苗，疯狂地吮吸着“养分”，充实自己，壮大自己。

“团青动态”，展现新时代石油青年的青春风采，激励引领广大青年冲锋在前，争创一流；“志愿青春”，广大青年们用实际行动践行着“请党放心，强国有我”的青春誓言，用志愿行动传递着关爱社会，奉献社会的精神；“奋斗者 正青春”一代青年人在用他们的青春讲述他们的青春故事，不同的岗位，不同的艰难险阻，但相同的是他们十

工团活动凝聚了大家的智慧和力量

年如一日的坚韧不拔、锲而不舍，相同的是他们都在用青春的热血与汗水书写着他们的传奇，他们是新一代青年人的领头羊，是建设美丽中国道路上的先驱者；“青读”“心灵有约”，精神信念的加油站，心灵的避风港。一直走在路上的青年们，累了，就停下来歇息会儿吧，人生不只有远方，享受一下当下吧，沿途的风景也很美呢！

因为“团青”，我才能读到这些故事，属于咱们“团青”的故事。从万米深处镌刻下坚实脚印的青年突击队，到为物探中国芯奋力奔跑17年的曹中林，再到为增油提产扎根一线11年的张贵鹏，他们的故事跃然纸上，活灵活现，这一代的石油青年正在用实际行动保障着国家能源安全，他们在用实际行动诠释着什么是“团青”。

“团青”，青年力量的重要组成部分，他们在担当中历练，在尽责中成长。而我，身为“团青”中的一员，我必当跟上前辈们的步伐，感受青春风采，感悟青春力量，继承他们的理想信念，担负起时代的

戈壁滩上钻井忙

使命，不断向前，直到胜利的彼岸。

谢谢你，“铁人先锋”；谢谢你，“团青”。你是朋友，会在我低落时陪着我，安慰我；你是老师，为我指明了前进的方向，教会我成为一名真正的青年人。青年人，是朝气蓬勃，奋力拼搏；是初生牛犊不怕虎，勇于探索未知；是积极向上，阳光纯真。

“恰同学少年，风华正茂；书生意气，挥斥方遒。”让青春在实现中华民族伟大复兴的中国梦中绽放异彩，在党和国家取得的历史成就中贡献青春力量。

（撰写人：董鑫成）

跃动“指尖” 温暖“心间”

◎ 西部钻探

这是一个有温度、有激情的平台——“铁人先锋”。一句誓言，一生作答，重温入党誓词，再一次接受心灵的净化和洗礼，坚定自己的信念。“铁人先锋”APP是集团公司整合网络资源，推进“互联网+党建”的一项重要举措，党员只需动动手指，就可以随时随地参与支部生活、在线学习、党费交纳等，极大地便利了党建工作。

自“铁人先锋”APP上线以来，我发现党建学习活动变得丰富多彩有趣了，党员有了自己的学习之家，轻轻松松就能在手机上学到知识。通过学习党的方针政策明确自己的方向，更加坚定自己的信仰。在“铁人先锋”APP里，我可以根据自己的不同需求摄入不同的“精神食粮”和党务知识“营养”，还可以吸收党务工作技能提升“能量”，通过APP学习党的历史丰富自己的知识。亦可拓宽视野、博闻强识，还可以通过“在线答题”随时随地“加餐”。

自从使用了这个APP，“今天的‘铁人先锋’你打卡了吗？”“你的积分排第几？”这些都是我们身边党员同志们热议的话题。大家经常凑到一起探讨学习方法、介绍好的经验，探讨多得分、得高分的诀窍。同事之间比一比，营造了比积分的良好氛围，让大家的观念从起初的“要我学”变成了“我要学”。

随着生活琐事的增加，作为一个成年人的负担也逐年地上涨，慢慢地，年轻时对各种浪漫的追求都淡出自己的视野。2024 年我生日那天，忙忙碌碌地上班、下班，一件件事情忙完，藏在心间的生日被自己抛到了脑后。

直到自己想去完成每日答题，在打开平台的瞬间，一个大大的祝福“祝你生日快乐”和鲜艳欲滴的生日蛋糕图片跃入眼帘，一下让我的心从平路蹦到了山尖，深受感动。这份祝福温暖着我的心，好像她一直在陪伴着我，让我深切感受到她的生命力，她一直与我互动，回应我的问题。

不知何时，“铁人先锋”已经变成了我生活中的一部分。每天起床第一件事，就是在平台上签到，进行每天的答题活动，浏览党建要闻，休息和空闲时总会登录平台看一看，武装头脑。“铁人先锋”平台润物无声地为我输送着各个领域的知识，为我指明方向，成为我学习和工作的好伙伴、好帮手。

她是灯塔，就像太阳一般散发着无限热量。灯塔不断优化，提供了优质的学习资源，党员可以便捷查询党组织信息，高效完成党务工作。有了灯塔的指引，我们能得心应手地开展工作，把组织关怀落到实处。我们常说：累了，就打开灯塔充充电；乏了，就打开灯塔解解乏。灯塔孜孜不倦地输送热量，推动每个党员怀着赤诚之心为人民服务。

“铁人先锋”，感谢您为我提灯，感谢一路伴我成长。您是一股温暖的清泉，滋润着我的心田，让我始终不渝地坚守精神家园。

（撰写人：王雪钰）

小王的“制胜法宝”

◎ 东北销售

“小王，从事党建工作，需要增强基础知识，相关书籍有空多看看。”

“纸质书籍固然重要，但想要快速撕掉‘小白’标签，我有‘制胜法宝’”。

“‘制胜法宝’？还挺神秘。”同事看着小王的背影不解地说。

深嚼细品　养深积厚

对于党建工作，小王是门外汉，公司机构优化整合，她有幸与党建工作结缘。刚干起工作那会儿，真是“焦头烂额”，究其原因，是对党建工作理解偏颇，以为就是简单地开开会，读读稿，干起来才发现并非如此。“如何快速补齐专业知识短板？如何让党建工作注入新活力？”一连串的疑问让深感本领恐慌的小王，急切地寻找着突破口，直到遇到“制胜法宝”。

“铁人先锋”平台全面上线以来，就将中国石油基层党组织和百万石油人紧密联系在一起，从“石油党建”到“铁人先锋”，在石油人的耕耘之下，实现“把支部建在网上，把党员连在线上”的目标，这个利用云计算、大数据等技术构建的党建平台，以石油人独有的方式，展现“石油智慧”，赋予新时代国有企业党建工作的新内涵，如黑夜里的“灯塔”，照亮了她的“航程”。至今她还记得，刚接触平台时，像是在“拆盲盒”，这小小方寸天地，究竟会有怎样的“乾坤”？党建要闻一键了解，党建知识即点即学，发展党员动态管理，党费交纳一目了然，党员学习一步到位，支部建设一目了然，党务工作从哪里下手，怎么抓，抓出什么样都变得清晰明了，“铁人先锋”犹如一位导师，助力党务工作效率提升，为新征程上党建工作的探索和实践增添了浓墨重彩的一笔。

知学善用　融会贯通

平台以信息推送快，覆盖面广，文章内容短等优势，让党支部天天在线，党员时时连线，让集中学习、主题党日的开展方式活起来，线上投票“寻找身边的榜样”，以“某某主题我来说”讨论模式，由“灌输式”变为“互动式”的变化，党员们参与其中，分享所思、所悟、所想，在思想的碰撞中，实现将学习和交流从“点”延伸到“面”的效果，让从前的“要我学”变成如今的“我要学”；以线上互动方式，打破地域局限，与上下游炼化企业党支部互联共建，推动党建与

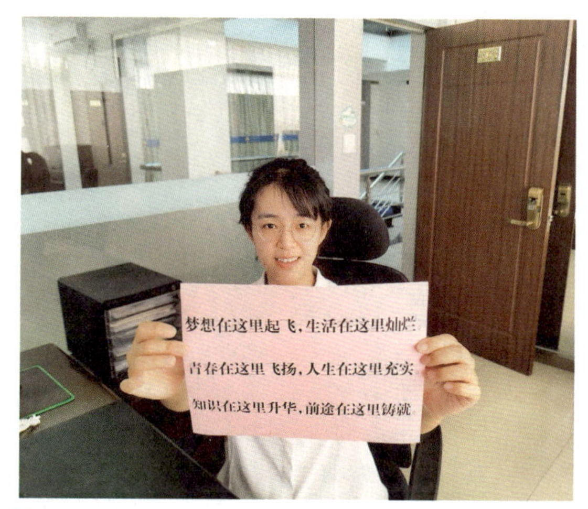

石油人对“铁人先锋”的美好祝愿

生产经营互融互促。让石油精神从手指汇入心间，共同谱写党建工作新篇章。

“铁人先锋”不仅是小王的“制胜法宝”，更是百万石油人的“制胜法宝”，我们与平台的故事还将不断续写，相信平台的持续创新也将永远在路上。

（撰写人：王雪萌）

“铁人先锋”照亮前行之路

◎ 中油测井

在信息化时代背景下，“铁人先锋”平台凭借其独特的定位和强大的功能，构建出符合时代发展的党建模式。于我而言，“铁人先锋”如同一座坚固的桥梁，连接着我和党组织，使我可以在任何时间、任何地点接受党的教育和培养，每每踏入这片数字化的沃土，都能感受到那股扑面而来的铁人精神，激励着我不断前行。

“铁人先锋”平台上的内容丰富而全面，既有党的理论知识，也有实践案例分享。我通过平台学习了党的历史、党的宗旨、党的纪律等重要内容，这些知识让我对党有了更加深入的了解和认识。同时，平台还提供了许多互动学习的机会，我可以和其他党员一起交流心得、分享经验，这种学习方式让我感到既新鲜又有趣。在平台的学习过程中，我发现了许多宝贵的资源。从专业书籍到行业资讯，从线上课程到线下活动，“铁人先锋”平台都为我提供了一个全方位、多角度的学习空间，通过学习不断提升自己的能力和素质，也为自己的职业发展打下了坚实的基础。

“铁人先锋”，不仅是一个学习的平台，更是一个传承和弘扬铁人精神的平台。关于铁人王进喜的故事、关于奋斗与拼搏的篇章，如同涓涓细流，缓缓流进我的心田。铁人那坚毅的眼神，那挥舞铁锤的雄姿，那“有条件上，没有条件创造条件也要上”的干劲，那“北风是电扇，大雪当炒面”的豪情……仿佛在告诉我：只要有信念，有毅力，没有什么是做不到的。他的故事，如同一部壮丽的史诗、一篇激昂的乐章，激励着我去攻克更大的难题，去追求更高的目标，去创造更美好的未来。在这里，有值得我学习和怀念的英雄们，他们的精神将永远激励着我前行。

“铁人先锋”平台，还是一座灯塔，指引我前行。除了传播知识和弘扬铁人精神，平台上丰富的内容还教会了我如何去面对生活中的困难和挑战。一堂堂生动的课程，一件件真实的案例，都像是一座座灯塔，指引我在黑暗中前行，让我学会了如何去面对挫折，如何去克服困难，如何去提升自我。在“铁人先锋”的帮助下，我的政治觉悟和党性修养得到了显著提升，更加明白了作为一名党员的责任和使命。

回顾与“铁人先锋”平台的故事，我深感幸运和感激。这个平台不仅为我提供了学习的阵地，更为我搭建了一个成长的舞台。我相信，在未来的日子里，我会继续借助这个平台的力量，不断提升自己，为党和人民的事业贡献自己的力量。

（撰写人：赵敏）

我是“铁人先锋”平台的“积分控”

◎ 渤海钻探

不知不觉，“铁人先锋”平台已经伴随我走过了七个年头，无论是最初的“石油党建”，还是现在的“铁人先锋”，每天早上打开平台“赚积分”成了我的习惯。

我是一名基层党务工作者，最初，我也只是在被动工作。随着使用平台的深入，渐渐地，平台成了我不可或缺的一部分，也给我的工作提供了很多的资源，不仅有组织理论学习、党员教育的第一手资源，更有换届选举、党员发展等业务工作规范化的指导，还给自己的日常工作提供了很多的方便，随时在手机上查看支部党员入党信息、支部工作记录。

从最初的被动，到现在的主动，我成了妥妥的“积分控”，通过在线答题、每日答题、月月学、专题学等学习答题，在不知不觉中积累了理论知识。党史上的今天、石油史上的今天、每日一习话，简短明了收藏后随时查阅，方便又实用。各种直播课程及平台交流，不仅拓宽了知识面，也学习到各单位管理等各方面的优秀做法。积分兑换得到自己喜欢的玩偶、挂件，也会开心地像个孩子到处炫耀。还有健步走等各种活动，督促我们养成良好的健身习惯……

只要平台推出活动，我基本是无一遗漏，平台的使用增添了我的工作和生活乐趣，也给自己带来了很多的惊喜。2023 年 12 月，我收到平台运营工作人员寄来的一份特殊的礼品。因参加了“学铁人做传人 我的奋斗宣言”评选活动，我的宣言被评为优秀奋斗宣言，看到平台给我的奖品，我爱不释手，第一时间发朋友圈，炫出自己的这份荣誉。

使用平台、爱上平台，我有很多话要说！曾经，我撰写的新闻稿件《积分炫富》发表于《中国石油报》，这是我第一次在媒体上发表文章，紧接着，2023 年 4 月，我撰写的图文作品《柔肩扛起半边天》刊登在平台的工会版块。自己写的文章能够见报上平台，这大大激发了我对平台的热爱，促使我更加关注平台动态，积累想学的知识。

如今，我已经连续 1117 天答对每日答题，这不仅是一种形式，更是体现了自己的一种坚持，而无形之中积累的知识才是我获得的最宝贵的财富。

（撰写人：韩刚琴）

借平台“东风” 展党建新蓝图

◎ 抚顺石化

每天早上坐在通勤车上，第一件事就是打开“铁人先锋”APP，完成当天的“每日答题”，这已经成为我日常生活中习以为常的事情。当今互联网已是人们学习、工作、生活的新空间，是获取公共服务的新平台，我们石油工人借着“铁人先锋”APP推广应用的东风，积极行动，通过不断尝试和努力，切实推进基层党建工作走上信息化道路。

在新时期新形势下，推进基层党建信息化已成为加强基层党建工作的创新举措。平台推广初期对于基层党员来说是新生事物。刚开始，绝大部分党员对这新生事物持“排斥”的态度，特别是年龄偏大的党员，抵触情绪很大，推广实施起来更加困难。面对这个问题，我们采取了“集中营”和“互助组”相结合的方法，在全体党员中开展平台相关知识的学习和实践。“集中营”就是支部书记以专题党课的形式，给党员集中讲解“石油党建”平台的相关业务功能，进行集中学习，现场解答问题；“互助组”就是由年轻党员通过“开小灶”，手把手地帮助年龄大的党员学习相关知识和操作，在此基础上，自觉形成交流学习组，互相帮助，营造浓厚的学习氛围。

党员教育管理工作是党建工作的重中之重，创新党员教育管理模式是进入党建信息化的第一步。大胆使用年轻党员干部，将年轻党员干部视为党建信息化平台培训的重点人群，并以支部党建管理员的身份，配合支部书记共同促进党建信息化平台使用和推广。自平台推广和使用以来，基层党支部不断摸索将党建信息化工作和创新党员教育管理相融合，从初期的完善党员信息和基础资料入手，再到在平台线上开展“三会一课”、交纳党费、思想政治学习、党员签到答题活动、完善“支部堡垒”光荣榜、第一时间获取集团公司的党务动态等。我们坚持以“学用相济，内外兼修”为根本，应用“铁人先锋”这一党建新媒介，创新党员教育管理模式，调动党员的积极性，切实提高党员的学习兴趣和自身素质，逐步让石油党建信息化工作在基层单位落地生根。

第六党小组党员探讨“铁人先锋”平台应用中遇到的问题

抚顺石化烯烃厂乙烯车间党员利用平台掀起学习热潮

作为一名基层党务工作者，一名党建信息化平台初期的推广工作人员，我见证了平台从最初的稚嫩到现在多项业务齐发的综合性功能平台的演变过程。时至今日，她已成为党委工作的“风向标”、支部工作的“工具箱”和党员发挥作用的“记录本”，能及时传递党建信息，宣传党的路线、方针、政策，及时向基层党员宣传党的知识、公开党务工作、传递组织关怀，为党员解答各种疑难问题，接受党员提出的工作意见、建议，畅通了上下交流的沟通渠道，真正意义上提升了基层党建信息化工作的水平和质量。

（撰写人：霍萌萌）

我的“良师益友”

◎ 大庆油田

我把“铁人先锋”平台比作我的“良师益友”，因为她像一位知识渊博的老师教会我成长、引导我前行，又像一位莫逆之交用论坛和分享抚慰我心灵、激励我奋进。“铁人先锋”平台值得每一位石油人学习。下面，我把我和“铁人先锋”平台的故事讲给大家听，希望与大家一同成长，一起进步。

启迪心灵　给思想打开天窗

通过在平台上学习，我的思想境界有了质的飞跃。我深刻地领会到，“铁人先锋”平台是桥梁，我们想要学习理解习近平新时代中国特色社会主义思想，可以在平台中找到相关的课程、图书等资源。平台设有“党建百科”“党员学习”专栏，在学习优秀党员、先进模范中，我的思想境界得到不断升华。

“铁人先锋”是经验汇聚平台，从平台上我们可以学习到各兄弟单位开展日常工作的好经验好做法、党建工作的好点子、安全生产新技能。“铁人先锋”平台一直用最深度的视角、最前沿的时事、最及时的速度、最先进的方法为每一位石油人蓄势、助力和提供源源不断的正能量。渐渐地，我们养成了一种习惯，学党建找“铁人先锋”、看国家大事找“铁人先锋”。是的，她让学习变得有组织、有指导、有督促、更快捷。可以说，她为我们的进步插上了腾飞的翅膀。

寓教于乐 给生活排忧解闷

通过在平台上学习，我的工作和生活变得更加丰富和充实。在平台上，我可以按时参加党建学习、随时随地参与支部生活、党费交纳……她就像“朋友圈”“菜市场”“便利店”“学校”，给我的生活带来无尽的便利和乐趣。当我郁闷的时候，可以看看平台上的各种先进人物典型事迹，我的能量就又爆发了；当在工作中找不到方法，到平台上进行经验交流，我的努力就又有了支点；当学习学累的时候玩一个“在线答题”小游戏，我就又找到了胜者的荣耀。八小时内外，我都可以尽享“铁人先锋”平台带给我的无限乐趣。

我和“铁人先锋”平台的故事，是一个党员追求进步的心路历程，这里有最具价值的学习内容，有最具影响的力量，我和“铁人先锋”的故事也需要你的加入，让我们一起续写更加美丽的未来。

（撰写人：翟玉弟）

“铁人先锋”成就“监督先锋”

◎ 大庆油田

在数字化的浪潮中，我们的工作和生活正悄然发生着日新月异的变化。作为中国石油的一员，同时也是一个铁人精神的践行者和传承者，我有幸见证了“铁人先锋”平台从无到有，从初露锋芒到深入人心的全过程。如今，“铁人先锋”作为一个集理论、资讯、文化、交流为一体的平台，已俨然成为新时代石油党建意识形态的主阵地，她不仅是一个传播知识的载体，更是一个凝聚红色精神、激发创新活力的家园。她以其独特的魅力，融入了我们的“数字生活”，成为了我们共同成长的良师益友。作为平台的管理者，我和“铁人先锋”更是有着一段关于信仰、奋斗与梦想的特别故事。

平台上线以来，监督站的党员们逐渐养成了每日签到答题获取积分的习惯，而我的职责之一就是定期更新平台在线答题的题库。基于井筒质量监督工作专业性强、业务范围广、涉及学科多、现场施工井控风险高等特点，我一直在思考和探索如何将党建工作和业务提升结合起来。有一天我在线上答题的时候突发灵感，何不借助平台的“在线考试”版块来实现专业技术知识的补充学习呢？于是我打破常规，在更新党政知识题库的同时，逐步引进一些专业技术题目，策划了专业知识“日日学、周周测、月月评”活动。

在广泛收集党员意见后，我精心制定了活动方案，构建了涵盖党建、钻井、测井、录井、井下作业及施工管理等多方面专业知识和标准的题库，总计572题，并配备了详细的答案解析。活动的每个环节都经过精心设计，激发了大家的学习热情，形成了积极向上、比学赶超的学习氛围。短短三个月，“铁人先锋”成为大家的“掌上党员之家”和“袖珍技术手册”，关注度和使用率持续攀升。党员们纷纷点赞：“自从有了‘日日学’，每天登录平台到‘在线答题’界面看一看，随机选几道题答一答已经成为一个习惯，别小看平时这一点一滴的积累，既好用管用，又方便实用，既拓展了党建宣传教育的广度、维度和深度，又促进了我们业务技能的提升和思维创新……”

“日日学”活动打破了时空的物理局限，把同志们的碎片时间变成了充电瞬间，推动了专业知识学习的常态化，大家在增长积分的同时，增加了专业知识储备，提高了业务素养，让“指尖上的党建”焕发出了奇光异彩，使得党建与业务融合看得见、摸得着、玩得转，可谓触手可及、随身而行，深受党员们的好评。作为策划者、组织者，同时也是参与者和受益者，我深感自豪。我和同事们将继续努力，充分利用“铁人先锋”平台，通过学习推动实践，不断巩固基础，向着成为本专业精、跨专业通的“监督先锋”目标砥砺前行！

（撰写人：贲亮）

“铁人先锋” 亦师亦兄亦友

◎ 大庆油田

“铁人先锋”文创产品

在我书柜的橱窗里，有一个夜光小铁的坐像，这是我们单位著名的网红打卡地，可爱的小铁得到了全室人的喜爱，争相合影和拍照，也让大家印象中的“铁人先锋”平台更加鲜活可爱。

“铁人先锋”平台，是我传承红色基因滋养的精神家园，更是我工作和事业的良师。日常的网上学习浏览，是每天工作生活中必不可少的习惯。网上课堂月月学、专题学，党建云课堂等，让我第一时间了解国家大事，石油战线系统的新闻、先进人物和令人振奋的行业消息，也让我积蓄了科研动力。在开发基础技术规划和2024年的顶层设计中，我对新能源业务攻关提速发展的建议，来源于“铁人先锋”平台网讯中每日更新的习近平总书记的重要讲话、指示批示和集团公司重要会议精神，得益于专题中“第七届碳捕集利用与封存国际论坛”，受到大家的一致认可。2024 年，我们将进一步加强攻关页岩油 CCUS-EOR 技术以及减氧空气驱提高采收率技术，支撑气驱矿场试验与 CCUS 示范区建设。

健身荣誉证书

“铁人先锋”平台，有前辈传道授业，亦有兄长般悉心呵护。我车祸腿伤后，右小腿神经没有知觉。在2023 年的一次培训中，教室椅子边的铁钉刮伤了小腿，而我却浑然不觉，直到别人看到一地的血迹，我才意识到受伤了。腿伤愈合后，我一直情绪低落，胸口像堵了一块大石头。正逢平台健步走活动开始了，还有本单位参加的排名。一直在榜首的我，在同事们的关心和激励下，又充满了斗志和力量。“石油健身达人”的称号，让我走出了情绪的低谷。每次活动的积分奖励更是鼓舞人心，也能让每名员工记得我们有这么一个关爱大家工作、学习和生活的平台，感受到“铁人先锋”平台全体工作人员的深情和厚意。

“铁人先锋”平台，每日的陪伴如挚友在侧，朗然照人。学习自古以来就是一项艰苦而长期的劳动，年近退休的我也有懈怠的心理。一到单位，左邻右舍都充满着答题的热情和执着，“林哥你答题了吗，怎么排名到第二了？”这种紧迫的氛围一致督促着我，坚持、坚持再坚持。到 2024 年 5 月底，作为党员坚持学习答题，我已累计签到2171 次，答题 8423 次。我也看着“石油党建”到“铁人先锋”，平台成为一个集信息资讯、学习教育、线上活动等于一体的丰富多彩的掌上世界。

平台处处有惊喜，答题积分已经不再是一个枯燥的数字，每月平台推出的积分换购也是我喜爱的版块之一。兑换的礼品既是对大家刻苦学习的肯定，也是大家努力学习结果的证明体现。我爱“铁人先锋”平台，她是我工作、学习生活中不可缺少的小伙伴。

（撰写人：林玉保）

“小端口”发挥大功能
新模式带来新变化

◎ 大庆油田

“这个内容不错，可以组织大家一起学习。”

“这个功能要尝试用一下，组织在线答题更加方便了。”

“资料库里有好多视频学习内容，还做好了分类，用起来一定‘很香’。”

在公司二楼会议室里，支委们凑在一起正激动地研究“铁人先锋”APP。

从事党建工作的五年里，我有幸见证了工作流程的更加规范、学习渠道的更加多样、开展方式的更加灵活，特别是“铁人先锋”APP上线后，丰富的资源让工作更有抓手，“三会一课”+“铁人先锋”的有效搭配，就如同“大轮”带“小轮”，双轮驱动，真正实现了党建引领高质量发展。

“小端口”促业务提升见成效

“铁人先锋”平台搭载了丰富的教育资源，学习借鉴、资源共享、方便快捷，这是近几年使用下来给我的最为直观的感受。近年来，为有效提升支委履职能力，利用平台，通过“学＋测”的方式，公司党总支组织开展支委专项学习和支委能力测试，通过组织支委一起观看《主题党日方式方法六讲》《标准化基层党组织建设》《看标杆党支部书记如何抓党建》等视频内容，不断提升大支部党建工作基础，确保支部重点工作开展有标准、有章法；通过“在线答题”功能，开展了多期党务干部测试，检验学习效果、实现查缺补漏，明确技能提升点、业务落脚点，支委履职能力进一步增强。

“小端口”让教育管理更灵活

随着平台功能的不断充实、完善，“铁人先锋”平台的使用率在党员中显著提升，特别是实现了党费交纳在线、党员学习在线、党务管理在线后，支部业务工作开展更加高质高效。2022 年，我们开展了“党建＋数字化平台应用”项目，积极运用平台媒介抓党建、促党建，探索“党建＋数字化”的有效模式，两年来，各级党组织利用“铁人先锋”组织开展了线上承诺、线上学习、线上答题、线上培训等 20 余次，实现荣誉公开、党务公开，持续提高基层党组织的凝聚力、战斗力和组织力。

“小端口”使基层治理更便捷

“铁人先锋”平台搭载红色网格模块后，实现了以点带面、点面结合的党建引领新模式。各层级网格员以及网格内员工发挥“穿针引线”的作用，利用手机端口，实现了基层治理人人都是“责任人”的大格局，在前期做好建网、用网宣传推广，基层员工利用红色网格上报事件 14 条，解决问题十余个，实现“小事化解在网格”，激活红色网格管理优势。

（撰写人：唐媛媛）

“老铁”陪我品“三味”

◎ 大庆油田

与“老铁”结识已经1158天了，这位“老铁”本名“铁人先锋”，是集团公司探索“互联网 + 党建”创立的工作平台，是新时代发扬铁人老队长“篝火学两论”传统的重要法宝，更是我学习中的良师益友、工作中的得力助手、联系员工的桥梁纽带。

有了“老铁”陪伴，学习的“趣味”更强。任职党支部副书记后，我与“老铁”从陌生走向了熟络，在这个过程中莫名有种一见如故、相见恨晚的感觉。党建百科、资料库、党务工作者等栏目的内容设计，将枯燥的文字转化为生动的影像，便于及时学习掌握习近平总书记的重要讲话精神、党的创新理论以及集团公司的发展战略，帮助我迅速成长为党支部书记的得力助手。为深入学习贯彻党的二十大精神，支部运用平台定期发布线上答题任务，组织党员在学习中筑牢理想信念，坚定了“要把红旗一直扛下去”的信心决心。

有了“老铁”陪伴，党建的“油味”更浓。作为标杆队的党支部副书记，如何创新活动载体、增强支部活力，成为困扰我的难题，此时又是“老铁”让我增加了底气。坚持每天跟着“老铁”认真学、用心悟，博采众长，创新提出了党建带产建“五带”工作法，通过带

注重加强党员思想教育

创新理论武装，筑牢绝对忠诚的钢铁信念；带形势任务教育，强化兴油报国的钢铁担当；带红色基因传承，常铸敢于斗争的钢铁品格；带标杆示范引领，磨砺斗硬争先的钢铁意志；带工团作用发挥，凝聚勇毅前行的钢铁力量。工作之余，党支部组织党员在“老铁”上分享岗位工作体会、交流积分夺旗经验，先锋作用发挥更加充分，教育引导党员牢记嘱托、感恩奋进，坚定站在保障国家能源安全第一方阵。

有了“老铁”陪伴，队伍的“情味”更重。2023年大庆油田运用“老铁”平台，开启了“红色网格”治理新模式，我们支部也将建立在“地面上”的党组织复制到“云”上，探索出“四看四听四跟踪”工作法，充分利用“老铁”的新功能，为员工打开了“话匣子”。学习后的体会、岗位中的隐患、个人的心里话，都能通过“老铁”第一时间表达并得到反馈，真正实现了“人在网中走、事在格中办”，进一步激发了员工履职尽责的积极性主动性，“老铁”再次成为提升党组织凝聚力战斗力的强大法宝。

三年的陪伴，“老铁”让我把碎片化的时间聚集起来，将学习变成了一种习惯。未来的日子，我将身在铁人队伍学铁人，继续学习理论以武装头脑、学习先优以提升能力、学习案例以指导工作，勤学慎思，明辨笃行，为走好新时代强国路贡献钢铁力量。

（撰写人：谷宏达）

新时代教科书

◎ 华北油田

“陈姐，今天‘铁人先锋’平台你签到了吗？”“签了，每天早晨睁开眼的第一件事就是签到和答题……”我与“铁人先锋”APP 相遇、相约到相知已有数年。在这个平台上，由最初为了完成任务一般地走马观花，到沉下心来认真地去欣赏，去阅读，去感知，收获多多。春去秋来，立夏冬至，“铁人先锋”一直陪伴在我身边，既是我的良师，更是我无声的朋友。

逐“锋”前进　行动助力健康行

现今随着科技发展和生活节奏的加快，我总是因为工作繁忙而忽视运动，导致身体素质和健康状况下降。最近，利用业余时间，我积极参与了“铁人先锋”平台上发布的“春风十里‘绿’动‘油’你”健步走活动。在行走过程中，我能够感受到身体的力量和活力，尤其是在运动后，心情变得更加愉悦和轻松。就连我家孩子都说：“妈妈，我发现你最近气色不错，变得年轻喽！”运动让我的身体有了明显的变化，精神状态也有了很大的改变，能以更积极的心态去应对工作和生活中的压力，真是应了那句“我运动！我健康！我快乐！”

指尖悦动　掌上学习成常态

如果说“春风十里‘绿’动‘油’你”健步走给我带来了身体上的愉悦，“铁人先锋”平台里的今日三分钟、每日一习话、石油人等小版块更是我的精神食粮。她不是建立在堆积如山的书本当中，学起来枯燥又乏味，平台活动多样，学习内容新颖，你可以任意点击喜欢的版块，浏览感兴趣的内容，党建云课堂，一线故事，石油文艺……就这样随时翻一翻、看一看，时间久了，突然发现，平台已经变成了我工作、生活中的一部分。通过不断的使用，到今天为止，我已经在平台上累计签到 2133 天，答题 5501 次，互动交流 211 次，累计登录 5452 次，组织排名已由十几名上升到第二名。

小小平台　凝聚智慧大作用

自 2020 年 12 月 1 日以来，升级后的“铁人先锋”APP 全面覆盖中国石油党建、工会、共青团，打破了传统工作模式，开辟了一条便捷的工作通道。作为处机关党支部第二党小组组长，我带动小组成员利用闲暇时间上平台学习，将党组织生活从线下搬到线上，实现学习教育与日常工作有机融合、互促并进，更贴近基层，打造“随时上课、永不下线”党建课堂。自从使用了“铁人先锋”APP，大家经常一起讨论答题，比积分，看排名，分享当天的新发现，这些都是我们身边党员同志们常常在一起少不了的话题，营造了“要我学”变成了“我要学”的良好学习氛围。

“铁人先锋”APP 见证了我的成长与变化，也记录了我与平台间的不解情缘，已成为我的精神家园、思想导师、工作指南、力量源泉。在未来的日子里，我将继续利用这个平台，坚持每天与平台约会，不断提升自己的能力和素质。

（撰写人：陈腊梅）

我和孩子的故事栖息地

◎ 大庆油田

“铁人先锋”平台，虽然只是我们中国石油内部的一个APP，但她却是一个有深度、有内涵的学习平台。这个平台不仅是党员们学习党建的圣地，更是提高个人思想意识、深化党性教育的良好渠道。特别是其中的学习频道，不仅内容丰富、形式多样，更是为像我这样的群众提供了一个难得的学习空间。其中我学习了习近平新时代中国特色社会主义思想，党的二十大精神，油田发展历史以及爱国、创业、求实、奉献的企业精神。

在众多的课程中，我特别喜欢的就是——党的青年运动史“小辞典”这门课程。它不仅深入浅出地介绍了党的青年运动的历史，还通过“小辞典”的形式，让知识更加系统化、条理化。每当学习这门课程，我都能感受到那振奋人心的力量，仿佛回到了那个热血沸腾的年代，与先辈们并肩作战，亦仿佛回到了童年，回想起第一次佩戴上红领巾的骄傲与自豪，鲜衣怒马少年时，不负韶华行且知。更值得一提的是，这门课程不仅受到了我的喜爱，还深深吸引了我的孩子。让本就想成为优秀少先队员的他更加跃跃欲试，主动地想要了解什么是少先队员、团员、党员。每当我在电脑前学习时，他总会好奇地凑过来

利用平台和孩子一同观看《中国少年先锋队的光辉岁月》

看。渐渐地，他也对这门课产生了浓厚的兴趣，甚至主动要求和我一起学习。看到孩子如此热衷于学习党史，我感到非常欣慰。这件小事也让我深刻体会到，家庭教育的重要性不仅在于言传身教，更在于引导孩子发现、追求探索新知识和实现自我学习价值。

通过在“铁人先锋”平台的学习，不仅提高了自己的思想境界，还带动了家人的参与互动。通过我与家人的共同学习交流，家庭氛围也变得更加积极向上，这也调动了孩子自主学习的积极性，争做优秀少先队员更是成了他现阶段的学习目标。

在“铁人先锋”上，我和孩子日积月累地共读、学习和了解我们党的先进事迹和感人故事，越发感受到党的伟大，感受到新中国成立以来取得的伟大成就，感受到大庆精神铁人精神已经成为中华民族伟

和孩子一起阅读《梁家河》，感受习近平总书记走过的岁月

大精神的重要组成部分，可以说星辰大海才是我们的目标，这样的民族自豪感带动了我和孩子，激发了强烈的阅读《毛泽东选集》《习近平谈治国理政》《梁家河》等优秀经典书籍的欲望。

日后我会继续坚持在“铁人先锋”平台上学习，不断提高自己的党性修养和思想境界。同时，我也会积极推荐这个平台给更多的人，让更多的人受益于其中。因为我深信，只有不断学习、不断进步，我们才能够更好地应对未来的挑战和风险。

（撰写人：付言语）

我和工作“伙伴”的故事

◎ 大庆油田

2018年“石油党建”平台正式开通，“石油党建”APP诞生了，那个时候我们还未曾相识，殊不知命运的齿轮已经开始转动，也许是莫名的缘分，让我与“铁人先锋”平台结缘。

五年后的相遇，我们的故事也从这里开始。2023年我成为一名党建干事，那一刻，感觉压力陡然增大，如此重要的工作我能胜任吗?道阻且长，当时的感受真可谓是战战兢兢、如履薄冰。

面对眼前文件柜装得满满当当的档案盒，一时间我有些无从下手。“三会一课”、红色网格、党员学习教育、党员队伍建设……“数字化”党建工作，如同本就不十分谙熟的同学，十几年后重逢，脑海里只留一个模糊的影子，只好从头开始学起。我不好意思次次都向别人请教，只得偷偷观察别人都是怎么利用“铁人先锋”开展党建工作的，刚刚理出一点儿头绪，“小王，快帮我看看怎么获得积分?”“小王，我们组刘哥不知道怎么完成线上政治理论学习。”面临一系列的“怎么办”，我只有硬着头皮，边学边解决。功夫不负有心人，随着所有问题一一解答，让我加深了对她的了解，我也在摸索中成长起来。

日复一日的坚持，总会有不错的收获，更能感受到自己进步，这

在平台上完成党建工作

是“铁人先锋”给我的人生启迪。在“铁人先锋”的帮助下，不仅使党建工作干起来更加高效便捷，我也学会了怎么协助领导有效地开展好组织生活、加强党员教育管理、关心关爱群众，渐渐地向一名合格的党建干事方向前进。

并肩同行，光阴见证了我的成长。“铁人先锋”是我工作上能力强劲的好助手，是学习上知识渊博的好老师，是生活中春风化雨的好榜样。无论时光如何变迁，角色如何变化，不变的是你带领我前进的脚步。乘风破浪的“伙伴”，陪伴我走过四百多个白昼与黑夜，一年前提笔忐忑，现如今落笔生花，你的披荆斩棘，终将带着铁人的荣光前行，先锋的足迹留痕，红色的繁花开满油城！无论我们在何时相遇，都会陪伴着你我共同成长，我和“铁人先锋”平台的“不解情缘”，还在继续上演……

（撰写人：王一童）

党务老兵不惧“新问题”

◎ 大庆油田

记得，初次接触党建信息化平台维护这项工作是在2015年，那时已兼职从事党务工作11年的我，对线下的党建工作和工会管理了如指掌，但在线上工作让我这党务老兵遇到了“新问题”，但是，面对“新问题”要不惧不怕、迎难而上！

在第一次上报党建工作信息时，我建议增加党务工作者的登录权限，让具体负责维护信息的操作人员方便登录。随后不久，我的建议被采纳，拥有了党建信息化平台管理员的“角色”。

“铁人先锋”平台，主要用于党务工作者处理党务管理和工会管理等工作。身为管理员的我，没有被“新问题”难倒。由于我所在的党建门户是内网门户，第一次登录中国石油党建内网门户进入“后台管理”后，看到顶部导航栏上那么多项目，着实是有些不知所措了。为了尽快上手维护支部党建信息，我一边阅读《集团公司党建信息化平台培训讲义》，一边在平台上认真实践，通过理论结合实践，我渐渐地熟悉了“系统管理”和“业务管理”模块下的各个项目内容，于2018年年底较好地完成了党建平台上用户管理和组织管理、党员管理、党费管理、组织生活等党建信息的维护。

有了前期的党务工作经验，在2021年推进工会管理工作中，我对各个项目的操作已是驾轻就熟，于当年元月就高效完成了组织管理、会员管理、员工疗养管理等信息的维护。为了坚持在学习中增强本领，我充分运用移动端“铁人先锋”开展活动，一边在工作之余指导员工在手机上完成签到和答题任务，一边帮助员工在“学习”模块开展学习，通过让员工参加“学习”模块的学习，进一步增强了员工学习能力、统一了凝心聚力促发展的思想，营造了重视学习、善于学习的浓厚氛围。

此外，为调动员工登录“铁人先锋”APP的积极性，“铁人先锋”APP每次开展健步走活动时，我都会及时提醒大家踊跃参加，每次遇到这样的活动，我都是那个最开心的人，因为一方面可以让员工通过参与活动赢积分，一方面还能让员工在活动关卡中对油田发展史进行再学习，进而达到了寓教于乐的目的。

“铁人先锋”平台是党务工作者的好帮手，我将继续学习业务知识，为支部工会管理提档升级贡献力量。

（撰写人：徐世丽）

平台在手　换届轻松完成

◎ 大庆油田

“2024 年 3 月 25 日你党支部委员会任期届满，第三采油厂第五作业区党委向你发出换届选举工作提醒函……”

时间过得飞快，区属党支部又要开展换届选举工作了。我一边翻阅着《中国共产党基层组织选举工作条例》，一边思考着该如何指导党支部书记顺利完成此次换届选举工作，不知不觉思绪回到了 2018 年。

2018 年，随着我国互联网技术的快速发展，数字化党建这个概念脱颖而出，“石油党建”平台走入党务工作者的视线。作为数字化党建的推广应用，平台让我第一次尝试到“线上办公”的方便与快捷。平台“初出茅庐”，亟须广大党务工作者的实践应用体验。“三会一课”、关系转接、换届选举、党员管理、党费收缴、发展党员……，我组织所属基层党支部书记一道，摸索平台在日常工作中的应用方法，征集平台功能进一步开发的意见建议。

平台上线不久，接到了厂党委下发的《关于所属有关单位和基层党支部换届选举工作的通知》，面对严谨又复杂的换届程序，我丝毫不敢怠慢。如何让所属 17 个党支部同时达到 18 个工作节点、22 项换

获奖证书

届资料严谨规范，我陷入了沉思。我利用平台七个模块，实现培训、传达、记录、监督线上完成，一气呵成，不仅高效高质高标完成换届选举工作，总结提炼的平台应用案例还获得了集团公司“互联网＋国企党建”优秀案例一等奖。

荣誉犹如一剂强心针，在平台应用探索上，为我注入新的动力。六年间，我主动适应新时代党建工作发展趋势，探索党建创新与生产经营深度融合新模式。面对数字化油田转型升级，“红色网格”治理模式推广应用，我看到平台不断打破技术壁垒，开发新功能、扩大应用范围，并升级更名为“铁人先锋”，完成了自己的“换届”。

翻看着《中国共产党基层组织选举工作条例》，不知不觉登录了“铁人先锋”，进入到“通知公告”。六年的磨合，“铁人先锋”已成为我的得力助手。换届选举，流程是固定的，要求是相同的，本是按部就班的一项工作，在智能“助手”的帮助下出现了新的方向——发布通知、宣传政策、查阅记录、统计结果，在这个数据为王的时代，通过大量数据反馈的共性问题，成为开启基层党建“红色引擎”的金钥匙，带领我在数智赋能的道路上，一路奔跑向前！

（撰写人：李薇）

“铁人先锋”伴我一路成长

◎ 大庆油田

“哎，快登录‘铁人先锋’平台，有咱中心关于红色网格的特色管理文章！”

“是吗？啥时候啊？‘铁人先锋’平台的浏览量可不一般，不得老多人看了！”

“是呗，我爱人单位同事都看到了，还问是不是咱们单位的呢？”

2024 年 3 月 26 日，“铁人先锋”平台发表了我们第三采油厂监督管理中心党委关于红色网格治理创新的经验文章《动态网格激活工程项目管理“神经末梢”》。作为撰写人的我，听到同事们“悄声议论”，心里也有点“小骄傲”。

我和“铁人先锋”平台是老朋友，初次相见还是从 2018 年“石油党建”APP 调查问卷开始，那时的我还是一名基层党支部书记，有幸作为支部试点接触到这个平台，我感到既新奇又有些担心。当时在支部试点推进时部分党员参与感低，对在平台上党员参加会议、党费交纳等基础工作都不了解。我有些着急但也力不从心。经过一段时间试运行，平台开始向基层征集意见，我很快根据实际使用情况提出了在内容建设、功能拓展上更加适合基层操作的建议，那时的我期待

“互联网＋党建”的运行，又担心变化多端的网络操作难以驾驭，就这样我和平台都“小心翼翼”地向前走着。

时间很快转到2023年，“石油党建”早已更名为“铁人先锋”。这几年平台风尘仆仆也日渐丰盈，我也从一名党支部书记转为一名组织干事，操作权限从“支部平台”扩大到“党委平台”。2023年8月，大庆油田数智化党建平台开始运行，学习资讯、组织生活、红色网格等主要功能模块陆续上线使用，“三会一课”、主题党日等正式取消线下纸质记录，我和支部书记、党员们在平台上驻足的时间越来越多了，“飙分”成了党员之间一个特色“赛道”，学习、交流模块让大家第一时间了解各家兄弟油田的好经验、好做法，我们也能将自己的特色工作展示出来，数智化的“云学习”可以让党员随时随地参与组织开展支部工作，红色网格“一键功能”让我们的管理更加快速、便捷。

“铁人先锋”平台还在完善，我也在不断成长，跟随平台的脚步稳健且坚定地一路向前。

（撰写人：刘宏丽）

数字课堂里的铁血丹心

◎ 大庆油田

在“铁人先锋”平台的党员学习单元，我有幸踏入了一段特殊的学习旅程，通过系列课程《创业篇：艰苦奋斗“献石油”——讲述铁人王进喜的故事》，七节生动的视频课程，不仅让我重温了那段波澜壮阔的历史，更深刻理解了铁人精神的时代价值，激发了我作为新时代石油人接续奋斗的无限动力。

第一课：铁人初印象与精神内涵

开篇的介绍，如一幅历史画卷缓缓展开，铁人王进喜的形象在我心中逐渐鲜活起来。他的坚韧不拔，与大庆精神铁人精神的深刻内涵相交织，让我明白了“爱国、创业、求实、奉献”不仅是口号，更是每一位石油人心中不灭的火焰。

第二课：爱国情怀，矢志不渝

“感恩党，跟党走，为国分忧”的精神，让我深受触动。铁人对党的忠诚，对国家的深情，化作了一腔热血，浇灌在了荒原之上。这节课让我反思，作为新时代的党员，如何在日常工作中更好地体现这

大庆油田党建网站主页学习

用“铁人先锋”APP 观看系列课程视频

种深沉的爱国之情，为国家的发展贡献自己的一份力量。

第三课：条件论的挑战与突破

“有条件要上，没有条件创造条件也要上。”这句话不仅仅是铁人的豪言壮语，更是对现实困境的无畏挑战。这节课程让我意识到，面对困难，我们不能有丝毫退缩，而应积极寻找解决方案，用创新和智慧克服一切障碍。

第四课：牺牲小我，成就大我

“宁肯少活二十年，拼命也要拿下大油田。”铁人这种忘我奉献的精神，是对我灵魂的震撼。它让我思考，个人利益与集体利益、国家利益之间的天平应该如何倾斜，又该如何在平凡的岗位上实现自己的价值和使命。

第五课：识字搬山——知识的力量

“识字搬山”体现了铁人对知识的渴望和尊重。这节课提醒我，无论是技术革新还是理论学习，知识都是推动进步的重要武器。在数字化、智能化的今天，我们更应该不断学习，用知识武装自己，为石油事业贡献力量。

第六课：廉洁自律，公私分明

“公家的东西一分不沾”，铁人的这句话掷地有声，是对廉洁自律的最好诠释。这节课程让我深刻认识到，作为一名党员，必须严守纪律，树立正确的世界观、人生观、价值观，始终保持清正廉洁的本色。

第七课：新时代的号角

“给新时代石油人建议”这一课，仿佛是铁人穿越时空的寄语，激励着我们要有全球视野，紧跟时代步伐，不断创新，同时不忘初心，继承和发扬铁人精神，为石油工业的持续发展贡献力量。

通过这七节课程的学习，我仿佛与铁人王进喜进行了一场跨时空的对话，他的故事不仅让我深受教育，更点燃了我内心的火种。在“铁人先锋”平台的陪伴下，我将这份精神财富转化为行动的力量，以实际行动践行党员的责任与担当，为新时代的“献石油”事业贡献自己的力量。

（撰写人：饶何隆）

我心中的指明灯

◎ 大庆油田

学习之于信仰和才干，犹如运动之于健康体魄，持之以恒、行之愈远愈受益。不知不觉我与“铁人先锋”共同走过了七年的时光，每日通过平台看新闻、阅文章、学理论、答试题……已经成了我生活中必不可少的一部分，在不知不觉中指引着激励着我不断成长！

初识“铁人先锋”，仅仅知道这是中国石油广大党员共同学习的一个平台，心中既有兴奋，也有些许的疑惑。学习的内容有些单调，对于学习方法也没有技巧，只有自己慢慢地摸索着去学。

随着学习的不断深入，大家一起交流学习的经验，慢慢发现了许多学习的窍门，找到了许多自己想学的内容，了解到了更多的功能。轻滑指尖，登录细览“铁人先锋”，在“网讯”栏目可以学习“习近平新时代中国特色社会主义思想”“党的二十大精神”等内容，还可以在“学习园地”栏目时时学习到中国石油党建专题提供的原创优质内容。思想田野里的每一寸躬耕，总能在实践中寻得收获。在“铁人先锋”每天学习、每天进步、每天提升，如沐春风，心旷神怡，我在学习中不断解锁可看、可听、可写、可答题、可收藏、可分享、可线上交纳党费等技能，还可以通过平台信息的互动模式，与大家一起学习进步，一起努力奔跑、共同奋斗追梦。特别在2024年，平台开通了专属于大庆油田的数智党建栏目，这是我们大庆油田的骄傲，更是我们新一代大庆石油人的自豪，真正诠释了大庆油田“当好标杆旗帜、建设百年油田”的行动所在。

随着时间的推移，我有幸成为基层党支部书记，学习的热情不断地提升，“铁人先锋”也在不断更新，不断完善，功能更加强大，海量、免费的图文和音视频学习资源，逐渐把“铁人先锋”打造成为中国石油党建学习的理论宝库和最权威、最全面的信息平台，而我也在学习中不断成长，逐渐形成了“醒来翻一翻”“饭后看一看”的习惯。碎片时间被充分利用起来，早晨起来第一时间打开“每日一习话”成为我学习习近平新时代中国特色社会主义思想的必学频道，中午吃饭之余看“媒体眼”了解查阅国家时政要闻和企业最新热点，特别是在晚上闲暇时间参与“在线答题”，既不断学习掌握党建理论知识，又看着每天逐步递增的积分，让自己爱好学习的心灵也得到了安慰。

现在，每天的学习已经成为习惯，在这个平台里，我能够零距离聆听党的声音，接受与时俱进的新思想，随时随地就能感受到祖国的日趋强大。借助“铁人先锋”平台，感悟新思想，感怀新时代，感恩新生活。我与“铁人先锋”成了好朋友，每天相伴，共同成长。“铁人先锋”为我的生活和工作打开了一扇窗，是我成长道路上的指明灯，给我带来了满满的正能量，激励我以更高的标准、更新的理念、更大的热情投入到工作中，为实现人生理想而奋斗。

（撰写人：李雪）

我的党建“云管家”

◎ 大庆油田

“签到、答题、查资料、学习”，伴随着清晨升起的第一缕阳光，我按时打开了“铁人先锋”平台，也正是当我打开平台的那一刻起，标志着我一天的工作和学习开始了……

从第一次接触“铁人先锋”平台到现在，她已经陪伴我整整五年，她见证了我从一名党群工作的“小白”逐渐成长的心路历程，在我心中，她如同一盏明灯，照亮了我前行的道路。

起初，我对“铁人先锋”平台并不了解，只是按照公司的要求进行交党费、签到、打卡等操作。但随着时间的推移，我逐渐发现了她的魅力。“铁人先锋”平台是一个充满知识和智慧的宝库。在这里，我仿佛置身于一个庞大的“云图书馆”，各种专业的党建知识、中国石油整体的行业动态应有尽有。通过平台上的学习资料，我不断提升自己的专业素养，丰富自己的知识储备。

还记得我刚开始从事党群工作的时候，需要写一篇个人事迹材料，由于自己才疏学浅，反复采访好几次，苦思冥想好几天，依然没有想到好的切入点。看到我一直没有头绪，我们党政办主任建议我到“铁人先锋”上查阅资料，那里都是中国石油内部的个人典型与党委、支部的典型做法，会对我有很大帮助。于是我抱着试一试的态度点了进去，这一看不要紧，平台上大量的材料立刻吸引了我的注意力。为了方便大家寻找，平台还进行了分块处理，大大提升了便捷性。于是，我点进典型版块挨个看，在专业的材料中很快就找到了灵感。随后，我开始模仿典型经验的写法，结合自己单位典型的特点，高效地完成了一篇典型事迹材料。此后，每当我需要撰写材料时，我都会登录平台找找灵感，吸取一下好的经验，学习一下好的做法。

通过在平台不断的学习，我增长了见识，开拓了视野，更重要的是自己的写作能力得到了进一步提升。现在，我已经完成了在平台上从学习到投稿的初步过渡，虽然只有两篇，但我相信只要用好平台，就一定会有第三、第四篇……

如今，“铁人先锋”平台已经成为我工作和生活中不可或缺的一部分。她让我变得更加自信、更加优秀。在未来的日子里，我将继续与“铁人先锋”携手前行，不断探索她的奥秘，挖掘她的价值。我相信，在“铁人先锋”的陪伴下，我一定能够实现自己的梦想，成为一名更加出色的职场人。

（撰写人：鲁哲新）

我与“铁人先锋”的故事

◎ 大庆油田

“书记，二楼周围的草已经清理完成了，你给办结一下。”

“班长，污水站2号外输泵出口阀门更换已经完成，你给办结一下。”

“今天我看的好书推荐《自卑与超越》那本书，真的很不错，值得一读。”

“你的党费交了吗？”

这些都是杏六集输班党支部党员同志们热议的话题。

为了不断提高党员整体素质，有效凝聚党支部的战斗力和向心力，杏六集输班党支部多渠道运用“铁人先锋”平台，广泛开展线上线下工作联动，通过大庆油田数智党建，充分利用网格工作平台进行工作情况反馈；通过党建网讯、党建微视等窗口，进行形势任务学习，随时掌握油公司领导的指示精神。在支部内形成“学铁人精神，用‘铁人先锋’”的工作氛围，党员学习、工作热情持续高涨，理论素质日益提高。

作为一名基层党支部书记，对于我来说，看新闻、观时政、学党史，学习心理学等，每天都能从“铁人先锋”平台中学习到能用上的知识。同时，也能把学到的知识应用到实际工作中。我曾经遇到过身边的某个员工有明显的抑郁症，导致周围人都不敢跟她接触，生怕哪一句话刺激到她，严重影响了队伍内的工作氛围。我通过“铁人先锋”的心理服务，学习心理咨询方面的知识和方法，主动与她聊天，主动带她一起进行体力工作，通过潜移默化地接触，慢慢疏导其心理状况，取得了很好的效果。她在我的帮助下，不但慢慢走出了心理阴影，还在我的指导下努力学习操作技能知识，考取了集输工技师，增强了自信心，与同事的接触更加融洽。

“铁人先锋”，她是我的良师益友。我最喜欢看的栏目是每日金句、今日三分钟、石油史上的今天、月月学和专题学等，并且坚持看党建微视栏目的《今日读报》，可以了解到当日《中国石油报》的主要新闻，这些年来，我的知识不断丰富，才干不断增长。

“铁人先锋”，她是我工作的得力助手。通过平台开展“三会一课”、主题党日、交纳党费会费、发展党员、工作记录……应有尽有，她让我的工作更加得心应手，她教会了我如何正确开展组织生活、怎样加强党员教育管理、怎么关心关爱群众，教会了我如何做一名合格的党支部书记……几年来党支部工作顺利开展，离不开“铁人先锋”的有力帮助。

“随时翻一翻”“主动看一看”“互相学一学”“每月比一比”……从起初对“铁人先锋”的“要我用”变成了如今的“我要用”，这些都是杏六集输班党员“铁人先锋”学习应用的一个个真实写照，也是我对“铁人先锋”慢慢接受和应用的一个过程。“铁人先锋”平台的高效运用，有效促进了学习成果的快速转化，提升了党建工作科学化、规范化、标准化整体管理水平，为推动基层党建高质量发展提供了坚实的理论支撑和政治保障。

（撰写人：高冬生）

携手“铁人先锋” 共塑青春梦想

◎ 大庆油田

在这波数字化的潮流中，“铁人先锋”平台不仅是我们日常工作的得力助手，更是在党建、工会、共青团等业务中扮演着不可或缺的角色。作为一名积极向上的青年党员，我深刻体会到了参与这一平台在党建工作中带来的创新实践。

数字启幕，技术光芒——初探“铁人先锋”的智能世界

七年前，“铁人先锋”平台在我们公司的推广如同一场科技革命。作为一名青年党员，我首次接触到这一平台，便被其综合的功能所震撼：从活动发布到在线学习，从员工服务到党费交纳，每一项功能都像是精心设计的齿轮，精确无误地嵌入我们的工作生活中，让信息的流通和资源的共享变得瞬息万变，高效迅速。

手机显微，青春梦大——智能平台塑造年轻的梦想

在这个数字化迅速发展的时代，我们的学习方式也在不断创新。作为“铁人先锋”平台的积极参与者，我体验了一种全新的学习模式——网上课堂“月月学”。这一模式彻底改变了我们的学习环境和学习方式，尤其是在业余学习成为新常态的背景下。

通过“铁人先锋”平台，我们可以接触到最新的学习内容，涉及国家政策、科技前沿、文化历史等多个领域。我只需要打开平台，就可以开始我的学习之旅。这种方式不仅方便快捷，更重要的是，她让学习变得更加灵活自由。这种新型学习方式极大地提升了我的学习效率和质量，也让我在忙碌的工作和生活中找到了学习的平衡点。

除了“月月学”，我还热衷于参与大庆油田工会组织的岗位云讲述活动。在这一平台上，我不仅分享了自己的工作经验，还传授了许多实用的技术知识。我的云讲述视频因其丰富的内容和生动的表达，赢得了同事的广泛好评，累计收获了三百余次的点赞。这不仅极大地提升了我的个人能力，更为团队构建了一个知识共享和交流的良好环境，加深了同事之间的相互理解和支持，共同推动了组织文化的积极发展。

未来展望，智慧融情——期待技术与情感的完美融合

展望未来，我期待“铁人先锋”平台能够提供更为精准的个性化服务。通过深度分析用户的行为模式和需求，更好地定制党建教育内容和活动，从而提高党员的学习和参与度。这不仅可以为党员提供更符合其发展需求的资源，还能通过数据洞察推动党建工作的精准化和科学化，有效地促进用户能力的全面提升。

随着每一次技术的更新迭代，我们在“铁人先锋”上的体验更加深刻。这不仅仅是数字生活的一次革新，更是党建工作深入人心的新起点。作为一名青年党员，能够参与到这场数字化革命中，用实际行动续写属于我们的时代篇章，我深感自豪。

（撰写人：朱楠楠）

一路同行　相伴芬芳

◎ 渤海装备

云闲花落，风轻雨润，在无数次的牵念相伴与默默期许中，倚着“铁人先锋”平台一路同行成长，浅喜深爱，温婉了岁月的沧桑，妩媚了人生的旖旎。七年多的亲密相伴，不忘初心，守候这片静谧且生机勃勃的土地。“铁人先锋”平台，给我带来了知识的滋养，更激发了我内心深处对学习和进步的渴望。

每天，在繁忙而充满挑战的工作生活中，携手“铁人先锋”平台，迎来崭新的一天。打开手机，指尖轻点，心中荡漾着温暖，如烟花般在荒芜中绚烂，连着5G快捷的网络，翻阅文字，仿佛能嗅到淡淡的文墨清香；观看视频，恰似身临其境。习近平总书记的讲话，高屋建瓴、思想深邃、内涵丰富，闪耀着马克思主义的真理光芒。党的重要会议精神，如辰星映空，令人耳目一新，让我在学思践悟中汲取矢志不渝的理想信念、增强担当作为的使命责任。

喜欢把“铁人先锋”平台叫作“老铁”，这种油然而生、没有距离的亲密感，让我如沐春风，倍感温馨。“铁人先锋”平台，其方方面面丰富的内容、深刻的内涵及深厚的理论文献，让我如饥似渴，入脑存心，在感受身心变化和知识储备提升的同时，还激发了我对工作的热情和创造力。置身于主题教育、党史学习、专题学习、直播课堂等各种版块之中，浮躁的心马上就会安静下来，当看着持续增长的积分和遥遥领先的排名，内心深处就会涌现出情不自禁的欢喜和难以言表的成就感。

历经多次系统的全面升级，到党工团业务的全面覆盖，“老铁”早已成为党员干部线上学习的重要阵地。而看新闻、观政治、学党史……打卡“老铁”，已成为我每天的必修课。“老铁”温暖了我最美的期盼，在充满烟火气息的生活当中，在忙忙碌碌的工作岗位上，在陌上流年的风景中，学习且交流，经历并成长，一路走来，相伴芬芳。在这里，我收获了知识汲取了养分，变得强大和自信；在这里，我褪去了青涩和稚嫩，变得更加成熟和理性；在这里，我放下了犹疑和不安，变得更加坚毅和果敢，无论工作还是生活，画出一个又一个既圆满又美丽的圆。

现如今，便捷畅通的网络，把百万石油员工紧密地团聚在“铁人先锋”平台，我也结识了一群志同道合的同志，一起交流学习心得、分享工作经验。这些互动不仅拓宽了我的视野，还让我感受到了团队的力量和合作的重要性。

我经常通过网络和自媒体撰写一些文章，也向“铁人先锋”平台投稿。有一篇与过年相关的文章在“石油人”栏目发表，收获了很多点赞；另一篇文章被《铁人先锋 伴我前行》征文集收录，荣获三等奖，这给了我莫大的鼓励。其实，每次的写作投稿，何尝不是对自我的一次挑战和超越！

“铁人先锋”平台，已经成为我工作生活中不可或缺的一部分，更是一个激励我不断前进、追求卓越的精神家园。往后，我将一如既往将石油精神和大庆精神铁人精神注入我的精神世界，将先锋意识融入我的血液循环，以忠诚执着、朴实担当之心，不断挑战和突破自己，让宝石花绽放更加耀眼的光芒，让高质量发展续写新的篇章。

（撰写人：乔金铭）

“铁人先锋”伴我成长

◎ 大庆油田

每个人的生活都是一部丰富多彩的故事集。故事里有欢笑，有泪水，有成功，有挫折。我接下来要讲述的是我与“铁人先锋”平台的故事，这段故事就像一部精彩的成长史，充满了挑战，也收获了果实，伴随我成长，也引领我进步。

“铁人先锋”平台是一款专为中国石油制作的党建服务平台。该平台拥有交流、学习、网讯、工作等功能服务。其中，学习教育功能为党员提供了一个专门学习党知识的专栏，包括党的章程、党规党纪等，帮助党员丰富理论知识。此外，平台还能实时发送最新的通知公告，我们能第一时间了解重要通知。该平台致力于加强基层组织建设，宣传党中央精神，全力支持从严治党政策，是互联网上的“红色精神家园”。

我与“铁人先锋”平台相识在一个平平凡凡的工作日，这个平台以其独特的魅力和丰富的资源，深深地吸引了我。一开始，我只是在平台上浏览一些文章，慢慢地，我发现这个平台上有许多有价值的课程和学习资源。我开始参加线上课程，每期的月月学、专题学从未落下，每当我完成一个课程的学习，都会有一种成就感涌上心头，仿佛自己又向前迈进了一步。通过学习不仅让我拓宽了视野，也让我在实践中不断成长。

随着时间的推移，我越来越喜欢“铁人先锋”这个平台。我开始积极参与平台上的各种活动。在线答题、每日答题、阅读每日一习话已是我生活中不可或缺的环节。平台的积分设置赋予了我坚持不懈的动力，每当看到摆放在桌上积分换购的奖励时，都会给自己带来生活的一丝惬意。更重要的是“铁人先锋”平台不仅提供了丰富的学习资源、全面的党建管理服务、及时的信息资讯发布，还为我们搭建了互相交流的平台。我们可以和其他学习者交流心得，分享经验，结交到更多志同道合的朋友。

我与“铁人先锋”平台相识的这段日子里，收获了成长，收获了进步。她已经成为我的朋友，我的老师，她不断鼓舞着我，不断激励着我，让我更加坚定了自己坚持学习和进步的决心。在今后的生活中，我依然会继续在“铁人先锋”平台上学习、成长，为实现自己的梦想而不断提升自己。

（撰写人：陈苗苗）

“铁人先锋”构筑学习智慧殿堂

◎ 宝石钢管

作为一名党员，我深知在这个日新月异的时代里，个人的成长与党的事业发展紧密相连，而如何高效地汲取新知，如何在思想的田野上深耕细作，成为我不断探索的课题。就在这时，“铁人先锋”平台如同一盏明灯，照亮了我前行的道路。她不仅仅是一个简单的应用程序，更是中国石油智慧与创新的结晶，是我们每一名党员干部学习成长的“数字绿洲”。初次接触这个平台时，我被她丰富的资源库深深吸引，从党的理论知识到业务技能提升，从经典案例分享到最新政策解读，应有尽有，为我打开了一扇通往知识宝库的大门。

开展积分竞赛，激励党员用好“铁人先锋”平台。在追求党员教育创新的道路上，我们支部始终怀揣着让每一名党员都能紧跟时代步伐、活力满满的信念。支部书记带头提议并着手策划了一项别开生面的“铁人先锋”积分竞赛活动，让学习不再只是书本上的文字，而是转化为实实在在的行动与成果。支委班子成员每月细心统计积分，将它作为党员积分考核的一部分，将这份努力与成果转化为实实在在的分数，既是对优秀者的肯定，也是对后进者的鞭策。对于那些积分持续靠后的党员，支委班子成员与其一同开展“谈心谈话”，深入了解

手把手教统战成员如何在“铁人先锋”上答题

他们的心声和需求，给予他们鼓励与指导，帮助他们找到提升积分、积极参与平台活动的途径。这些温暖的交流，如同春风化雨，滋润着每一位党员的心田。2024 年以来，全体党员在“铁人先锋”APP 的平均日签到率达到了 100%，党员平均积分在公司名列前茅，热处理二分厂分会每月“铁人先锋”登录率为 100%，实现了党工业务在一个平台上办理、信息在一个平台上汇聚、资源在一个平台上共享、数据在一个平台上沉淀。

“铁人先锋”健步走，踏着铁人脚步走。在接到《“赓续精神学铁人 踔厉奋发新征程”全国石油职工第七届健步走网络公开赛》的通知后，我积极响应，主动参与，立即报名。自开赛以来，我每天都关注自己当天的行走步数，不甘落后于其他人。不仅要求完成每天 6000 步达标这个下限，还不断地突破自我，向着每日 15000 步上限的目标努力。本次健步走比赛为期两个月，行走线路以赓续铁人精神为脉络，共分 23 个关卡节点。每一个节点的突破，都是每天行走达标的累积。我在健步走的汗水里感受运动的快乐，在行走的路途中感受健身的魅力，在不断累积的步数里感受自我突破的力量。

拼脑力、拼速度，点燃新颖赛道。在 2024 年的初冬时节，我满怀激动地投身于一场前所未有的分厂员工年终知识答题活动中。这不仅仅是一场简单的测试，这次，支部采用“铁人先锋”学习模块这一新颖形式，来检验大家一年来的学习成果。这对我来说，既是一个挑战，也是一次展示自己学习成果的宝贵机会。活动当天，当“铁人先锋”APP的图标在手机屏幕上亮起时，我知道，这场别开生面的知识盛宴即将拉开序幕。我紧握着手机，仿佛握住了通往知识殿堂的钥匙。随着答题的开始，我迅速进入状态，每一道题目都像是老朋友一般熟悉而又亲切。我认真审题，仔细思考，用自己的所学所感去回答每一个问题。在这场活动中，我们分厂全体员工认识到，只有不断学习、不断进步，才能更好地为党和人民的事业、为公司的发展贡献自己的力量。而“铁人先锋”学习模块的出现，无疑为我们提供了一个更加便捷、高效的学习平台，让我们在学习的道路上不断前行。

“铁人先锋”平台就像一位无形的导师，引领着我在党建工作的数字化转型之路上稳步前行。她让我更加深刻地认识到，信息化、科

分厂员工参加年终知识答题活动

学化的管理手段是提升党建工作水平的重要途径。而我，将继续与广大党员们一起，共同探索党建工作的新路径，为企业的可持续健康发展贡献出智慧和力量。

（撰写人：范婕）

一线石油人的数智“红宝书”

◎ 西部钻探

“从五湖四海来，到天南地北去”真实地反映了西部钻探人远离家人、扎根荒漠的工作性质。“做人做事做企业，为党为油为员工”诠释出西部钻探勇担使命的精神气质和价值追求。西部钻探作为党领导下“国字号”队伍西部最强的钻探企业,“学党史、强信念、跟党走”是西部钻探不断前进的必修课。

中国石油人的呼唤、西部钻探人的呼唤、时代需求的呼唤——“铁人先锋”平台，一个百万石油人的红色精神家园诞生了。

“铁人先锋” 石油人的“红宝书”

“铁人先锋”，为深处天南地北、野外戈壁的石油人打通了党史学习的“最后一公里”。

“随着网络强国战略的推进，让荒无人烟的‘死亡之海’有了网络信号，现在每一天我都在‘铁人先锋’平台学习党史故事，还能刷到公司动态，看到石油微视频，解决了我们在沙漠中的孤独与寂寞……”58 岁的压裂三队老员工温芝新为“铁人先锋”点赞!

“大家安静一下，告诉你们一个好消息，咱们中国石油独石化足球队夺得新疆职工五人制足球联赛冠军，将代表石油人参加全国大赛。”热爱足球运动的大修三队员工牟志强将在“铁人先锋”了解到的第一手信息与大家分享。

“呵呵……这个太有意思了。”压裂四队青年员工邓超在前往玛湖的乘车途中开心刷着“铁人先锋”，不禁地大笑出来。

“小邓你在看啥？这么好笑？”

“你看平台·团青栏目上《喵喵喵喵喵之石油青年的动物小伙伴——猫咪篇》。”

这里的小猫咪一个个搞笑的囧态，引得大家哈哈大笑！

如今的“铁人先锋”已经走进了石油人的生活中，覆盖了老中青三代人关注的兴趣热点，成为每一名员工学习党史、了解时事政治、娱乐生活的一部分，大家从中汲取营养和智慧，提升自身能力和党性修养。

“每日答题” 激发“比拼意识”

“铁人先锋”每日答题、每日签到，养成持之以恒的好习惯，激发出员工的“比拼意识、竞争意识、争先意识”。

“王冠寅厉害呀！昨天我的积分排名还一直遥遥领先呢，今天却排名第二啦？”

西部钻探井下作业公司机关第二党支部王俊翔盯着积分排名榜，脸上写满大大的问号和疑惑。

“每日答题一开始大家比较排斥，毕竟要每天雷打不动地坚持，落后还要通报。但是长时间下来，党员们通过参与专题学习、每日签到、在线答题、交纳党费、‘三会一课’等活动，积分多了形成习惯反而受到党员们的喜爱。”井下作业公司“铁人先锋”平台管理员姜鑫淼说。

党员们在平台总分、基础、业务、活动等积分排名榜上也暗暗较劲争抢，排名争夺每天都会有新的“霸主”变化。

在“铁人先锋”平台上，党员们表面上相互追的是积分，比的是排名，赛的是坚持，而实际上相互追的是思想觉悟，比的是学习劲头，赛的是党员意识。

“健步走” 争当“巡检步数王”

压裂四队党支部书记习俊能在“巴掌大”的井场内一天行走上36000多步，在“铁人先锋”平台“春风十里‘绿’动‘油’你”健步走活动上稳居榜首。这不单单记录着行走的步伐，更记录着石油人巡检道路上的职责守护。

“哎，刘志军，你昨天走的步数够多啊，20000多步，真厉害！”2024年4月16日，压裂四队在前往保障吉木萨尔国家示范区建设值班车上，员工们相互打听。

“哈哈，我明天一定要超过你。”

员工们积极通过“铁人先锋”平台参加活动，以线下健步走的方式参与线上虚拟路线。

一些基层党支部还开展了“健步走、勤巡检、查隐患”的竞赛活动，鼓舞了士气，激发了员工巡查积极性，大家由“被动”到“主动”转变，自发地加密生产运行中的巡检频次来增加步数，不仅提高员工的健身意识和健康水平，还提高了对生产设备设施的巡检质量。

该活动充分激发了广大员工对健步走健身活动的热情，人人都要争当“巡检步数王”。

（撰写人：张平）

我与“铁人先锋”相识相知相伴

◎ 锦州石化

七年，时光匆匆，步履匆匆。七年，学习路上并肩，实践路上同行。在与“铁人先锋”相识相知相伴的七年里，在数字经济蓬勃发展的七年里，作为石油党务工作者，“铁人先锋”成为我探索数字化、信息化党建工作的新路径，成为构建“大党建”格局的坚实推动者。

与“铁人先锋”相识，创新党建管理。与“铁人先锋”初相识是在 2017 年，当时我被抽调参加集团公司首批党建信息化平台内训师培训。初相识，我就被这个综合性党建平台丰富的功能和便捷的操作所吸引。我欣喜地发现，原来公司各级党组织设置、换届可以实现“一键管理”，3000 余党员详细信息可以“一键查询”，党费额定、交纳、查询可以“一键完成”，就连困扰我多年的倒班党员同时进行学习、考试的难题，都可以通过“铁人先锋”轻松解决。我乐此不疲地挖掘党建信息化平台各个模块的功能作用，在党费管理中，实现党费交纳“无时差”，自党费线上交纳以来，党员政治站位显著提高，每月 1 日交纳党费人数达到 70% 以上。同时，通力合作使用学习教育、“三会一课”、活动大厅、交流等模块，创新开启“讲谈结合、看听结合、考赛结合”的“三结合”学习新模式，把支部建在网上，将党员连在线上，打破时间和空间的壁垒，高效率开展学习教育工作。至此，我已经离不开这个网络时代诞生的新宠，我深知通过她的不断完善，这将是一个让党建工作焕发新活力的重要工具，与她相识我欣喜不已。

与“铁人先锋”相知，提升党建智慧。2020 年 12 月，“铁人先锋”平台 2.0 全面推广上线应用，平台实现了由“互联网 + 党建”时代向“智慧党建”时代的跨越，平台变得更智能，更“贴心”。随着“智慧党建”时代的到来，我深知自己肩上的担子重了，对党建管理的探索更要深耕不辍。我坚持把党建工作与中心工作深度融合理念作为探索党建管理路径的根本依据，充分利用“铁人先锋”平台开展了一系列“互联网 + 三会一课”“互联网 + 主题党日”等具有锦州石化公司特色的“铁人先锋”应用“增值化”的党建管理，更使党建管理充满了“智慧”。利用“铁人先锋”数字化优势，我带领基层党组织利用平台的数据分析功能，对党建情况、党员培训、活动成效等进行监控和分析，加强党建管理的时效性，为党组织决策管理提供有力的数据支撑，推进党建从“有形”向“有效”深层次转化，与她相知我胸有成竹。

与“铁人先锋”相伴，树立党建标杆。与“铁人先锋”相伴的七年里，我深刻感受到了数字化对党建工作的深刻影响。平台不仅提高了我们工作的效率和质量，更为党建管理提供了更加广阔的平台、更加宽阔的路径、更加全面的价值。多年来，我与“铁人先锋”为伴，不断开发其使用功能与实际工作的结合，不断利用智慧党建的应用场景与实际工作结合，2023 年被聘为中国石油“互联网 + 国企党建”研究中心特约研究员，推动了锦州石化公司党建水平不断迈上新的台阶，与她相伴我精益求精。

在数字时代的浪潮中，我与“铁人先锋”平台的故事只是冰山一角。但正是这些生动的实践，构成了锦州石化公司党建工作与“数字革命”相结合的生动写照，激励我们不断书写党建工作的新篇章。

（撰写人：王楠）

感悟平台之美　照亮前行之路

◎ 大庆油田

学习是人类进步的阶梯，是心灵与智慧碰撞的磨砺石。从 2018 年初相识至今，我和平台开启了跨越时空的六年不解“情缘”，她不忘初心、牢记使命、砥砺奋进、开拓创新，见证了我的成长和进步，指引着我一直奋勇向前。

“要我学”——“我要学”。让终身学习成为个人进步的“源动力”。高尔基讲过：“经常不断地学习，你就什么都知道。你知道得越多，你就越有力量。”刚使用平台时，部分党员积极性不高，我激活学习动力，每天比武晒积分排名，让“要我学”变成“我要学”，“三人行，必有我师”，年轻党员积极给老党员当师傅，青、老党员携手并进。润物细无声，我惊奇地发现，“铁人先锋”这个“掌上宝典”，已成为我和党员们形影不离的良师益友，如智慧长者，倾囊相授。每天穿梭于学海中遨游，沉浸在知识的光芒韵味中，探索现代智慧的奥秘，拓宽视野，博闻强识，汲取营养，提升能量。

“要我说”——“我要说”。让技能支撑成为平台建设的“压舱石”。契诃夫有句名言“书是音符，谈话才是歌”。平台传播正能量的智慧课堂打破空间、时间、地域限制，用丰富优质的课程资源赋予精神食粮，实现“人人皆学、时时可学、处处能学”理念，高效便捷了党建工作，助推我开展“线上+线下、集中学习+自学”的学习模式，把平台与“三会一课”、我们读书吧朗诵会等深度融合，让“要我说”变成“我要说”，大家互动从“吃了吗？”变为“今天在线答题了吗？别忘了‘加餐’！”“平台越来越亲民，线上交党费太方便。”“智选商城等版块真是智慧、贴心的体验，让人欲罢不能。”是呀！“铁人先锋”深深烙印在人们的脑海里，大家养成每天打卡自主学习的好习惯，人人自觉做到：学平台、悟思想、强党性、办实事。

“要我干”——“我要干”。让为民服务成为干事创业的“定盘星”。邓小平曾说：“少说空话，多做工作，扎扎实实，埋头苦干。”深耕平台这片滋养教育创新的沃土，倾听党吹响的奋斗号角，堡垒先锋犹如灯塔照亮我们前行的方向，让“要我干”变成“我要干”，随着“红色网格”走进党员、群众的心里，我发挥网格员和党员的先锋模范作用，大家向榜样看齐，甩开膀子加油干，打造有“温度”集体，组织“夏日送清

和党员互动交流

凉”“一起动手包饺子”等团建活动，让员工有“家”的归属感，进一步提升团队协助意识，以更加昂扬的姿态和求真务实的作风履职尽责、真抓实干，为甲方单位提供优质服务再上新台阶积极努力！

和员工一起包饺子

（撰写人：王芳）

指尖上的良师益友

◎ 大庆油田

在数字化的浪潮中，我有幸与“铁人先锋”平台相遇，这场相遇不仅为我打开了新世界的大门，更在我的成长道路上留下了深刻的烙印。“铁人先锋”平台，以其独特的魅力和无尽的智慧，成为我前行道路上的一盏明灯，照亮了我探索未知的旅程。

初识“铁人先锋”平台，我就被她丰富的内容和独特的设计所吸引。平台上，无论是文字、图片、视频还是音频，都充满了活力和创意。这些丰富多样的内容不仅满足了我对知识的渴求，更激发了我对生活的热爱和对未来的向往。在这里，我找到了与自己志同道合的人，我们一起分享着彼此的见解和感悟，共同成长。随着时间的推移，我越来越感受到“铁人先锋”平台的魅力所在。她不仅仅是一个信息传播的平台，更是一个连接人与人、心与心的桥梁。随着学习的深入，我学会了倾听他人的声音，理解不同的观点，尊重多元的文化。这种开放和包容的氛围让我更加自信和坚定，也让我更加珍惜与他人的交流和合作。

“铁人先锋”平台还为我提供了一个展示自我的舞台。在这里，我可以自由地表达自己的观点和想法，分享自己的作品和创意。这种被认可和鼓励的感觉让我更加坚定了自己的信念和追求。

“铁人先锋”平台之美，不仅在于其华丽的外表和丰富的内容，更在于其内在的精神和力量。她像一位智者，默默地引导着我前行，让我在迷失中找到方向，在困境中找到出路。她像一位朋友，陪伴着我成长，共同经历风雨，分享喜怒哀乐。在“铁人先锋”平台的陪伴下，我学会了如何独立思考，如何面对挑战，如何不断超越自我。这些宝贵的品质将成为我未来道路上的有力武器，助我战胜一切困难，实现自己的梦想。同时，“铁人先锋”平台也让我更加关注社会、关注时代。通过平台学习，我了解到了国内外的新闻动态和社会热点，更深入地思考了这些事件背后的深层原因和影响。这种关注和思考让我更加成熟和睿智，也让我更加明白自己的责任和使命。

在未来的日子里，我将继续与“铁人先锋”平台共同成长、共同进步。我相信在平台的引领和帮助下我能够走得更远、飞得更高，实现自己的人生价值和梦想。同时我也希望能够在平台上结识更多志同道合的朋友，一起为社会的进步和发展贡献自己的力量。

（撰写人：韩亚光）

先锋小平台　成就大舞台

◎ 昆仑银行

“铁人先锋”平台利用互联网技术，润物细无声地将石油精神与大庆精神铁人精神相传承，通过文化共鸣、价值认同、情感联结，持续展现石油战线上许许多多“小”人物的“大”作为。平台是石油人心灵的家园，记录着每一位石油人的汗水与成长经历。

我与平台的“工作缘”

2017 年 3 月集团公司召开党建信息化平台启动会，同年我也恰巧作为一名党务新兵，走上了党建管理岗。第一次从事党务工作的我就遇到了“三难”：学习资料少而旧，工作程序琐或碎，党费收缴难而粗。当经历过“跟师学技，照搬照抄”的阶段后，发现工作中还是存在很多的“不明白、为什么、怎么做”，于是就开始线下查实体工具书，线上查网络资料，但结果却不尽如意，书本资料的老旧与网络解答的不正规，往往搞得我不知“标准”在哪里，就这样我的党务工作“首年”就在“守住”传统、寻找“新标”中度过了。而这一年，石油党建信息化平台首个工程师团队于 7 月开启“996”工作模式，用 160 天的时间高效完成平台项目首次专题汇报，实现 13 家试点单位试运行。那时，我与平台并未“相识”，但是我已感受到党建信息化平台项目组坚定的步伐，蹄疾步稳，以“中国石油速度”全力奔跑前进。

我与平台的“红色缘”

2018 年 5 月 2 日，当平台迎来她的全面推广之日，我有幸成为昆仑银行党建信息化平台筹备组的一员。我们完成了 12 个基层党支部、120 余名党员的信息化平台数据采集与导入，完善了党费账户与电子归集账户的设立，开展了对中国石油产业链单位党费归集账户的设立指导与广泛宣传，并全面推广使用“石油党建”党费线上核对、党员关系线上转移、党务知识线上考试、发展党员线上管理等管理模块。从组织推进“石油党建”系统操作培训，规范“三会一课”系统录入，到试点使用支部党群文化、星火工程等特色模块，我的党务工作在线上“智能”老师的指导下，标新立异，曾经的党建管理“三难”走向了易学、易懂、易操作的“三易”新局面。集团公司颁发的“党建信息化平台 1.0 项目先进个人证书”记录的是我与平台共同的学习收获，共同的成长记忆，我将永远记住这份红色的喜悦，这是对基层平台工作者最高的赞许。

我与平台的“战疫缘”

2022 年 8 月 10 日，突如其来的“疫情封控”给整个乌鲁木齐市按下了暂停键，114 天的值守中，平台，再次展现出强大的魅力，用思想凝聚力量，用温暖传递石油大爱。疫情值守时，分行党委书记的第一堂党课“我是党员我先上”，让党员们闻令而上，风雨无阻保运行、星夜驰援共作战；疫情工作期间，正是中国共产党二十大召开之际，尽管疫情肆虐，但分行全体党员干部学习的热情未减，利用平台组织专项学习、开展知识竞赛、组织线上交流互动，平台再次扬起“智慧党建”的风帆，助力我们学习党的二十大精神，汲取前进力量。

从“一”到“众”，平台用石油人的专注与敬业，实现了党员教育的“一键牵引”、党务管理的“博采众长”；从“听”到“讲”，聆听别人的故事，再讲述身边的榜样，平台成为展现石油风采的“专栏主讲人”；从“点”到“线”，日学月练季活动，平台的每一个“金点子”都将汇聚成未来智慧党建的无“线”新未来。

（撰写人：宫炜）

传承伟大石油精神　汇聚红色数字平台

◎ 昆仑银行

我是一名生于石油、长于石油、工于石油的石油子女，从小接触、耳濡目染、谨记在心的是“三老四严”“四个一样”这样的伟大石油精神。当我逐步走上工作岗位，服务于石油金融版块，我发现虽然奋斗从未停止，但总是感觉缺少点什么，在暴风雨前偶尔会沮丧泄气、在艰难险阻面前会就差“临门一脚”、在失败过后也会步履蹒跚。痛定思痛，原来是人生道路缺乏指引、理想信念未能坚定，这个时候我毅然向党组织提交了入党申请书，经过多年的磨炼和考验，光荣地成为了一名共产党员，道路更加坚定，从此也和“铁人先锋”结下了不解情缘，平台润物细无声地将石油精神与大庆精神铁人精神相传承，通过文化共鸣、价值认同、数字赋能、红色指引，为我打开了通往新时代的大门。

文化共鸣、价值认同。漂泊于家乡以外求学和工作的十余年，是我远离浓浓的“石油味儿”的十余年，看不到家长奔波于油田和车间、挥洒汗水于生产与检修的忙碌背影，听不到“宁肯少活二十年，拼命也要拿下大油田”“石油工人一声吼，地球也要抖三抖”的铿锵有力的话语。但是当我进入了“铁人先锋”这个充满红色精神的数字家园，让我随时随地都能重温石油人的多彩生活和坚定信念，石油战线上一个个"小"人物的"大"作为，就像我的长辈指引我前行，一段段历史影像和文字资料，像时光机般带我穿越回了那个印刻在脑海中的故乡。平台打破了时间和空间的限制，让我即使身处异地，也能够时刻感受到组织的温暖和力量。

数字赋能、红色指引。慢慢地，我也从一名普通的共产党员逐步走上了党支部书记的岗位，肩上的担子更重了，实际工作中党建知识"恶补"却远比不上"恐慌"，这个时候是"铁人先锋"平台赠予我一份重礼。在这里，我仿佛置身于一个知识的海洋，从党的基本理论到时事政治，从历史回顾到未来展望，全方位的学习资源不仅更新迅速，而且形式多样，既有深入浅出的文字解析，也有生动形象的视频讲解，我的理论素养得到了大幅提升。借助平台我组织了第一次支部会议、第一次支部改选、第一次讲授党课、第一次党员学习、第一次党日活动。在"铁人先锋"的陪伴下，我深刻感受到了数字时代党建工作的魅力，她不仅提高了全体党员的理论素养，更是大幅提高了党建工作的效率，增强了党员之间的凝聚力。

在数字时代的浪潮中，平台为我筑牢了与石油文化的共鸣渠道、为我找到了与石油精神的交互模式、为我架起了与党紧密联系的钢铁桥梁，照亮了我前进的道路、指引了我奔跑的方向、温暖了我成长的旅程。我会紧紧抓住"铁人"坚定有力的双手，牢牢把握探索路上成为"先锋"的可能，不忘初心，勇毅前行，为昆仑银行建设能源领域最具竞争力的一流特色化商业银行不懈攀登。

（撰写人：纪喆）

缘起“铁人先锋”

◎ 辽河油田

我与“铁人先锋”平台的缘分，来自一次“长征”。历经两个多月的磨炼，让我从内而外发生了蜕变，焕发了新生。

那是 2021 年 3 月，为庆祝中国共产党成立 100 周年，“铁人先锋”平台以“百年庆 石油红”为主题，举办了“长征路 石油魂”云走长征活动。这是平台首次举办的大型线上线下相结合的活动，模拟长征路线，用户线下健步走，线上同步运动数据，到达规定步数可解锁对应长征关卡，让党员真实体验漫漫长征路，传承长征精神。

作为党支部书记，我带领党员干部共同参赛。起初几天，大家热情很高，天天晒图、打卡。渐渐地，有几名同志开始打“退堂鼓”，有的说身体不好，走不动；有的说，工作太忙，没有时间。

面对这些“突发状况”，我深刻地认识到，“云走长征”活动不仅是一次健步走活动，更是一次思想意志的磨炼。只有把大家的认识统一起来，真正从内心深处理解长征精神，才能克服重重困难，走向胜利的终点。于是，我将红军长征历史事件、红歌、长征知识答题等发到群里，组织党员干部共同学习、共同参与。并通过定期评选“长征之星”，鼓励大家攻坚克难、坚持到底的决心和勇气。渐渐地，党员干部参与的积极性越来越高，在党支部掀起了徒步健身的热潮，从最初的每人每天不足 5000 步提高到 1 万步以上。工作间隙，谈论最多的话题也是，“今天你走了多少步？”“你走到哪一关了？”……公司上下营造了一种全员云走长征的良好氛围，党员干部的归属感和使命感进一步增强了。

转眼间，两个月过去了。大家终于历尽艰难险阻，走到了终点，每个人的脸上都洋溢着喜悦、兴奋和自豪。“真没想到，我这一把年纪了，还能走下来……”就要退休的老张拍着我的肩头，感慨良多。“回家给我女儿看看，她妈妈也走了一次长征……”办公室的小李，又是截屏，又是晒图，爱不释手。

看着大家喜气洋洋的场景，我想到了“铁人先锋”平台，想到了自己身为党务工作者的责任和使命。新时期，如何开展党建思想政治工作，如何让党员教育入脑入心、入班入站，是我们需要深入思考的问题。面对新时代，要根据党员干部的需求，遵循以人为本的理念，充分运用互联网技术和信息化手段，从传统的单向灌输式教育向双向互动式教育发展，探索“融合 + 互动”的党员教育新路子，才能推动党建思想政治工作走深、走实、走细，不折不扣地落到实处。

（撰写人：宫新斌）

“家”的归宿

◎ 辽河油田

辽工公司海上作业项目部施工区域“点多面广”、员工结构复杂、党员在基层队中分布不均衡，面对这些工作中的实际问题，项目部党总支曾试过联合支部、基层党小组等多种组织模式。2023 年 9 月，项目部党总支开始实行基层队党支部与“家”文化建设相结合的模式，用“家”的理念凝聚努力奋进的激情、汇聚甘愿奉献的热情。在这一模式中，“铁人先锋”是海修“家”文化具体有型的归宿。

党的基层组织是党在社会基层组织中的战斗堡垒，是党的全部工作和战斗力的基础。“铁人先锋”平台为基层党建工作提供了新的工作方式和工作方法，为畅通贯彻落实党中央决策部署的“最后一公里”提供了便利条件。在项目部各基层队党支部成立之初，充分利用“铁人先锋”平台开展各项党内活动，辅助开展党员日常管理工作，做到了党组织健全率和党员受教育率“两个 100%”。每名党员只要打开自己手机上的“铁人先锋”APP 就能清楚自己所在的党组织、支委情况、党建方面的近期工作，还可以参与在线投票、在线答题等活动。有些同志戏称：“总算是找到组织了。”

2023 年 9 月，在各基层队党支部成立后不久，项目部党总支就利用“铁人先锋”平台组织开展了党员“应知应会”答题竞赛活动。项目部党总支利用《新时代辽河油田党员应知应会每日学习 365》内容，结合日常工作需要选取题目形成题库，导入平台“学习教育”题库管理模块，以供党员学习练习。特别是在月东岛上平台和在奈曼区块的党员，可以利用“铁人先锋”APP 参与学习和答题，通过参与学习答题活动，他们感受到和大家在一起，备感温暖。通过这次线上学习答题活动，激发了项目部党员修党性、悟体会、强实践的积极性，切实做到学有所想、学有所获，在这一过程中“铁人先锋”平台充分发挥了凝心聚力、共建“家”的作用。

强基固本、思想建党是我们党的优良传统和政治优势，基层是党的执政之基、力量之源。“铁人先锋”平台在推进项目部党建工作开展、打造“修井铁军”、积极推进“家”文化建设中发挥了不可替代的作用，达到了让党员在政治上强起来、思路上活起来、工作上实起来、作风上硬起来的目的。我们要充分利用“铁人先锋”平台，把基层党建工作带上一个新的台阶。

（撰写人：苏雪丽）

“铁人先锋”伴我同行

◎ 辽河油田

在日常工作中，我是一名普通的地质科研工作人员。“铁人先锋”平台作为服务百万石油人的数字党建平台，自全面推广以来，已成为广大员工共同的“红色精神家园”。作为一名扎根一线的石油人，我与这个平台有着深厚的情感和许多生动的故事。

作为科研工作者，如何有效地宣传我们的科研成果一直是个难题。传统的方式不仅耗时耗力，还难以达到广泛的宣传效果。而“铁人先锋”平台的出现，彻底改变了这一局面。

“雷 72 大平台青年突击队”团队完成了一项重要的地质勘探研究，取得了突破性的进展。作为团队的一员，我将研究成果通过平台的“科研成果展示”模块进行了发布。平台简洁明了的界面和强大的传播功能，让我们的成果迅速传达给了更多的同事和相关部门。不仅如此，平台的“点赞”和“评论”功能还让我们及时收到了来自各方的反馈和建议。这些宝贵的意见，帮助我们进一步完善了研究内容，也增强了团队的自信心和荣誉感。

“铁人先锋”平台已经成为我工作中不可或缺的一部分。我最喜欢看的栏目是每日金句、今日三分钟、石油史上的今天、月月学和专题学等，并且坚持看党建微视栏目的《今日读报》，可以了解到当日《中国石油报》的主要新闻。这些年来，有了“铁人先锋”，就犹如有了一位良师益友，每天与我谈古论今，使我的知识不断丰富，才干不断增长。“铁人先锋”不仅让我提升了自己的科研能力，也加深了与同事和团队的联系。在平台的支持下，我们的科研工作变得更加高效和有序，每一个进步和收获都凝结着团队的智慧和努力。

“铁人先锋”是我生活的一抹阳光。业余时间，我积极参与平台上发布的“云走长征”“我为碳中和种棵树”等活动，这些活动使我的生活更加丰富多彩；平台上定期发布的“中国石油职工云课堂”节目，也是我的最爱，每每收听，我都有不同的收获，荣玲莉主任讲授的“塑造阳光心态”课程使我受益匪浅，我从中感受到了知足、感恩、乐观开朗，让我点亮一盏心灯，塑造阳光心态，照亮别人、照亮自己、温暖别人、温暖自己。

在未来的工作中，我将继续依托“铁人先锋”平台，不断追求卓越，勇攀高峰。相信在这个平台的帮助下，我们的科研工作将取得更加辉煌的成绩，书写新时代石油人的奋斗篇章。

（撰写人：上官甲坤）

我和平台的故事

◎ 辽河油田

从我入党的那一天，我与“铁人先锋”的不解之缘便开始了。“铁人先锋”是一个集党建、工会、共青团等多种功能于一体的数字平台，不仅为我们的工作带来了极大的便利，更成为我们生活中的重要组成部分。

平台助力党建　激发党员活力

作为党支部的一员，我深知党建工作的重要性。“铁人先锋”平台在党建方面的应用亮点突出。每周的在线学习、专题讨论和党课教育都在平台上进行。记得有一次，我因为工作原因错过了党课直播，但平台上的回放功能让我在下班后及时补上了课程，不仅没有落下学习进度，还能够随时复习。这种灵活性极大地提升了我们的学习效果，也让每一位党员都能时刻保持思想上的先进性。平台的在线投票功能也发挥了重要作用。我们党支部的每一次决策，都会通过平台进行民主投票，确保每位党员的意见都能得到充分表达和尊重。这种透明、公正的决策方式，增强了支部的凝聚力和向心力，让大家更加团结一致，共同奋斗。

工会应用　关怀无微不至

平台在工会方面的功能同样令人赞叹。每当有员工生日，平台都会自动发送祝福信息，让大家在忙碌的工作中感受到温暖。特别是在一些重要节日，工会还会通过平台组织各种线上活动，比如知识竞赛、摄影比赛等，既丰富了我们的业余生活，又增进了同事之间的友谊。

2023 年冬天，一场大雪导致封路，很多同事无法按时到岗。通过平台上的应急通知功能及时发布了工作安排和应急措施，保障了生产的连续性和安全性。而工会通过平台迅速组织志愿者队伍，为被困的同事送去热饮和食物。这一刻，我深切感受到了工会的关怀和平台的高效。

共青团助力成长　记录奋斗青春

平台上的“青春风采”栏目，每月都会选取优秀的团员故事进行展示。我的文章有幸被推荐了一次，文章中分享了自己在一线工作的心得和体会。这不仅是对我工作的肯定，更是对我未来发展的激励。每当看到自己的故事被大家点赞和评论，我都感受到无比的自豪和动力。

数字生活　记录石油人的奋斗历程

“铁人先锋”平台不仅是一个工作工具，更是我们数字生活的重要组成部分。每天早晨，打开平台查看当天的工作安排和最新通知，已经成为我的习惯。平台上的每一个功能、每一次互动，都记录着我们石油人的奋斗历程。

通过平台，我们可以随时随地了解厂里的最新动态，掌握行业的发展趋势，分享彼此的工作经验。平台不仅拉近了我们的距离，也让我们在信息化时代更加高效地工作和生活。

结语

我和“铁人先锋”平台的故事，是一段充满温情和奋斗的历程。她不仅改变了我们的工作方式，也丰富了我们的生活内容。作为一名党员，我深感荣幸能够在这样一个先进的平台上工作和学习。未来，我将继续用实际行动践行党员的责任与担当，与平台共同成长，书写更加精彩的数字时代党建故事。

（撰写人：张冰）

我和我的工作搭子

◎ 辽河油田

最近网上有这样一个词：搭子。一起吃饭的叫作饭搭子，一起睡觉的叫作床搭子，一起旅行的叫作玩搭子，而这个一直陪伴我工作的“铁人先锋”，我愿亲切地叫她工作搭子。

和所有小说故事情节一样，起初两人互看不顺眼，我和我的这个工作搭子也是一样。我嫌弃她横空出世，操作烦琐；她嫌弃我笨手笨脚，失误频频。我们两个总是在暗中较劲，相互指责。“这么多业务流程，我也没操作过，怎么总传不上去啊？”“这么简单的步骤，你认真学一学不就会了嘛，笨蛋！”在这样的激烈交锋下，我默默地记了数页操作步骤，对照工作内容一次又一次地练习操作，渐渐地我发现原来这个工作搭子其实挺实在的。

是她让我每天都有了新变化，平台丰富的内容不断地拓宽我的视野，提升我的思想认识，强化我的党建工作水平，提高我对支部党员动态管理的能力；是她让我工作中有了新便利，平台能够准确地查看支部党员党费交纳情况，让我可以及时提醒个别党员交纳党费；是她让我工作中有了新途径，通过在线答题后台名单的统计，可以及时提醒党员按时完成学习任务；是她让我工作中有了新乐趣，通过积分排名，激励党员学习 PK，同时可以了解支部党员平台使用的情况。在我们的共同联手下，我工作起来更加得心应手，学会了怎么有效地开展好组织生活、怎样加强党员教育管理、如何关心关爱群众，我也成长为一名合格的政工干事。

科技让党建工作变得更有温度。“铁人先锋”平台的更新迭代，使她的功能更全面、操作更便捷、工作更顺畅。她的每项新功能的实操，每个新模块的上线，每时每处，都让我体会着她的强大、智能与贴心。现在我和我的工作搭子已经配合得相当默契，我们会相互提醒，“今天你‘铁人先锋’了吗？”“当然了，我可是每天都签到答题，收藏学习卡的。看，我的排名又前进了！”我们会相互鼓励，“你有新的平台任务，请注意查收！”“太好了，又更新内容啦，正好练练手！”

时光如流，在缓慢又笨拙的路上，谢谢你陪我一起成长。

（撰写人：温悦宁）

谢谢你记得我的生日

◎ 大庆油田

“铁人先锋”平台的建立，把组织生活融入我们每天的工作中，通过平台，我交纳党费、学习新思想、参与党支部活动、处理网格工作、参与答题等。

2023 年 4 月 9 日早晨，我打开“铁人先锋”，红色的弹窗占据了整个界面，弹窗的内容瞬间让我热泪盈眶。

“钟晓萌同志：4 月 9 日是您的入党纪念日！ 2012 年 4 月 9 日您光荣地加入中国共产党，截至目前，您已有 11 年党龄，党组织向您表示热烈祝贺。希望您在今后的工作中，时刻牢记党的宗旨及党员义务，永葆共产党员的先进性！”

这个普通的一天，是我的政治生日，11 年前我在党旗下宣誓，成为一名光荣的共产党员。这个普通的日子在我生命中变得不普通。

平台的提醒，也让我的思绪回到 11 年前入党的时候。那时候的我还是一名石油专业的大学生，通过团员推优，我参加了入党积极分子的党课培训，2012 年 4 月 9 日，在支部党员的共同见证下，我在党旗面前宣誓，光荣地加入了中国共产党。在宣读入党誓词的那一刻，我心中汹涌澎湃，是中国共产党的领导让我们有机会坐在大学的教室里学习科学文化知识，并通过学习改变自己的命运。作为一名新时代有志青年，我深刻地认识到要将自己的个人价值同国家和人民的利益结合起来，加倍努力学习，为祖国的民族复兴大业贡献力量。

多年后的这一刻，我已参加工作 10 年，从一名石油工人成长为一名技术人员。每天我忙碌地行走在井下作业现场，处理现场情况，给出技术意见，用所学知识服务油田建设，发挥共产党员的模范带头作用，冲锋在前，我逐渐成长为多年前自己期待的模样。这一刻，我重温入党誓词，认真地思考，我的入党动机是什么，现在应该怎么办。我人生的每个关键路口，都离不开共产党的教育和培养，每一个人生选择也都与国家大环境息息相关。我不断激励自己，要适应新形势下的工作要求，做好本职工作。

“铁人先锋”平台，谢谢你记得我的政治生日——我加入共产党的日子。作为一名石油战线的共产党员，我一定会立足本职工作，老老实实，埋头苦干，为油田稳产作出自己的贡献。

（撰写人：钟晓萌）

走上了适合自己的学习之路

◎ 大庆油田

现今社会科技发展日新月异，党建工作也正经历着前所未有的变革。“铁人先锋”平台作为连接党员和党组织的重要纽带，为广大党员创设了一个全新的交流、学习和工作的场景，提供了一个资源海量的平台，已成为广大员工共同的“红色精神家园”。从多年前的“邂逅初体验”，到现如今的“如影随形”，作为党员的我与平台结下了不解之缘。

轻触屏幕，我穿梭于各种最新的信息之间，可以接收到最新的党中央精神，可以了解集团公司最新动态，还可以看到先进们的好思路、好做法。不同于传统的纸媒，这里的信息形式更加多样，既有视频，也有在线互动，还有模拟测试，让我可以根据自己的学习习惯和节奏进行自主学习。

我们根据自己的兴趣和需求，选择适合的课程，按照自己的节奏进行个性化设计与学习。学习模块里，可以看到《求是》杂志发表习近平总书记重要文章《组织动员亿万职工积极投身强国建设、民族复兴的伟大事业》；党建模块里，可以看到优秀党员程红艳的先进事迹，激励我要攻下难题；团青模块里，看到了石油青年们与党同心，跟党奋斗的激情现场。

地质研究所陈思雨在办公室记录学习笔记

“铁人先锋”平台如同一位智慧的长者、名师和工作生活的伙伴，引领着我在学海中遨游。在这里，我不仅学到了知识，更学会了思考与探索；不仅提升了能力，更丰富了内心世界。

在平台上学习的过程中，我也逐渐形成了自主学习的意识和能力。我可以根据自己的兴趣和需求，选择适合自己的学习内容和方式，这种个性化的学习方式让我更加享受学习的过程。前沿的技术、丰富的互动方式、创造性的学习体验，改变了传统的学习方式，让学习变得更加有趣、高效和个性化。我相信，随着平台的不断发展和完善，她将为我们的学习带来更多可能与惊喜。

感谢“铁人先锋”平台，让我感受到了学习的魅力与价值，让我找到了属于自己的学习之路。在未来的日子里，我将继续在这片学海中航行，追寻知识的光芒，探索智慧的奥秘。

（撰写人：陈思雨）

我与“铁人先锋”的情缘

◎ 昆仑银行

在信息化浪潮汹涌的时代背景下，“铁人先锋”平台以其稳固的桥梁作用，将百万石油人的心灵紧密相连，构筑起我们共同的红色精神高地。自平台全面推广以来，我深深感受到了她所带来的便捷与温馨，也逐渐体会到她如何日益成为我们工作、学习与生活中不可或缺的重要伙伴。

作为共青团的一分子，我深切体会到“铁人先锋”在团建中所扮演的至关重要角色。她汇聚了丰富的资源，提供了便捷的工具，极大地拓宽了我的学习视野。通过平台中视频、音频、图文等多种形式的展现，我能够更加直观地了解党的方针政策，不断提升自身的理论素养。我曾多次从平台中汲取党员们的智慧和力量，通过他们的分享和体会，我能够感受到我们共同面临的挑战和困难，并从中获得解决问题的方法和新的思路。这些经历不仅丰富了我的知识储备，也增强了我的团队协作能力和创新精神。

在工会工作的广阔舞台上，“铁人先锋”同样散发着耀眼的光芒。借助这一平台，我们能够迅速获取工会的最新活动信息，并积极参与各类文体活动、技能竞赛等。无论是充满趣味的运动会，还是技能比

利用“铁人先锋”所学开展组织生活会，开展批评与自我批评

拼的大赛，都让我在紧张的工作之余得到了放松。我仍记得那次在平台上得知工会运动会的消息后，我积极报名参加。现场氛围热烈，大家充满激情，逐渐缓解了我初次参加活动的局促心情，我们共同享受着运动带来的快乐与活力。这些活动不仅丰富了我的业余生活，更在无形中增强了团队的凝聚力和向心力。

在共青团工作的领域中，“铁人先锋”同样展现出其独特的魅力。她为我们提供了一个及时分享思想、交流感悟的平台，让工会和团支部更加关注我们的成长需求，并给予我们有力的支持。同时，在平台上我能学习到其他人在工作中的创新思路与工作方法，极大地鼓舞我在日常工作中积极寻找更优化的方法，高效地解决遇到的诸类问题。

在使用“铁人先锋”平台的过程中，我深刻感受到她的魅力。她不仅仅是一个简单的工具，更是一个充满活力与创造力的精神家园。在这里，我们共同学习、共同进步、共同成长，书写着属于我们自己的精彩故事。我也深感自己与这个平台之间有着深厚的情感纽带，她见证了我的成长与变化，也陪伴着我度过了许多难忘的时光。每一次打开平台，我都能感受到那份熟悉与亲切；每一次参与活动或学习，我都能感受到那份充实与满足。

展望未来，“铁人先锋”平台将继续陪伴我们共同成长。我相信在平台的引领下，我们将不断统一认识、共同进步。同时，我也希望平台能够继续加强内容更新和界面优化，提高用户体验和参与度。让我们携手共进，为石油事业的繁荣发展贡献自己的力量。

（撰写人：李馨悦）

“铁人先锋”平台开启党员的“微时代”

◎ 辽河油田

6月20日，高采采油作业一区高一联输油岗老党员张君芳刚下班坐上班车，就习惯性地点开“铁人先锋”APP签到。从组织生活中感受活力，看看党建要闻和最新时政信息，随时随地接受新的教育，感觉很实用。刚开始，老张登陆平台、线上学习和交纳党费都需要他人帮助，现如今他已经完全能自主使用平台，而且他把“铁人先锋”APP玩得和90后年轻人一样顺溜了。

“打开手机就能参加党支部生活。”“不但能参加学习还能线上答题。”“以前一上班走进泵房，党支部学习、党支部活动就参加不了，感觉自己无形中落下好多课。”这是党员武伟启的切身体会。如今，他通过手机上的“铁人先锋”APP，就能够在线参与“三会一课”，

高一联党支部党员在党建活动室学习“铁人先锋”APP的党建要闻

还可以同步阅读学习资料、分享学习心得。

新党员小李已对“铁人先锋”平台爱不释手。时不时打开手机，看看“铁人先锋”平台党建新动态已成了他的一种生活习惯。他说：“白天大都在站上，就是空闲时间也多是专注于个人爱好，主动学习时间基本很少，现在有了‘铁人先锋’这个平台，我每天能随时随地充电加油，‘铁人先锋’平台就是这么走心入脑。”

高一联党支部党员用“铁人先锋”APP学习主题教育文件精神

“以前党支部学习，我因为轮休或值班，无法参加，心里总感觉像是学生时期逃课般，这下可好了，不管在哪儿，都能参加学习了，感觉组织就在我身边。”身边的党员常常聚在一起发表着各自对“铁人先锋”平台的感言，比起以前，大伙儿学习的劲头更足了。

“同志们，‘铁人先锋’的在线答题更新了，大家别忘了去答题！”“有没有模拟练习题？我要多做几遍练习。”“没有，答题时要谨慎，全答对可获得奖励分。”在输气站党支部微信群中，党支部书记辛荣昌发出提醒，党支部讨论组里热闹非凡。高一联党支部开展“深入学习贯彻党的二十大精神”专项学习后，借助“铁人先锋”平台，及时开展“在线答题”，通过党支部讨论组，党支部党员不仅踊跃答题并及时讲评。

“本月党费网上电子收缴系统已开通，请登录交纳。”每月一号，各基层党支部都可以看到所有党员的党费交纳情况，通过“铁人先锋”平台网上交纳通道，每名党员都可以线上完成党费交纳，方便快捷。作业区党总支书记金晓朋说：“自从有了这个 APP，不仅交纳党费方便了，还可以在线转移党组织关系，实现了‘让数据多跑路，党员群众少跑腿’。”

“铁人先锋”平台上党员比排名，各党支部也不甘落后。在作业区“铁人先锋”操作后台上，可以清楚地看到每个支部和每名党员落实党建工作的进展。“每天有一件事，就是看党支部党员的学习是否完成。”自从戴上了“紧箍咒”，各基层党支部书记将落实党建责任变为一种自觉行动。

如今，“铁人先锋”平台已成为我们党员“微时代”的必备学习助手，也成为创新基层支部党建工作的有力抓手，使得各基层党支部“连在网上”，党建工作“握在手中”，学习内容“量身定制”。功能齐全、操作简单、随身携带的“指尖党建”，实现了各基层党支部与党员之间“亲密”“即时”“微距”接触，使我们党建工作时刻保持着生命活力和时代气息。

（撰写人：黄艳）

追寻“灯塔” 扬帆起航

◎ 辽河油田

“唱支山歌给党听，我把党来比母亲；母亲只生下我身，党的光辉照我心。”记忆里，小时候我总是依偎在母亲的怀里，听着属于20世纪50年代年轻人的“流行歌曲”，那发自肺腑的时代最强音，一直伴随着我成长，她让我铭记这样一个真理：没有共产党就没有新中国，只有社会主义才能救中国！

历史的清风，划过时空的隧道，扬起一片感叹的飞沙，见证永恒；浩瀚的长江，载着历史和诉说从时间中流过，笑看风云荣辱不惊。长大后的我才明白：中国，是一个用生命搭起的国家，是一个用智慧与理想构造的国家。共产党人钢铁一般的意志、视死如归的正气是刻在骨子里的忠诚和信仰。

心之所向，素履以往。若干年以后，我如愿从事党务管理工作，这份荣耀让我离心中的“灯塔”更近了一步。然而，党务工作是一项严肃、严谨的政治工作，使命光荣，责任重大，对于刚接触党务工作的“新手小白”来说，光靠一腔热血根本无法支撑起“梦想的舞台”，会务安排、活动策划、公文写作、党员管理、各种材料汇编等一桩桩、一件件的大小事务时常搅得我焦头烂额。如何让党务工作既合理规范又科学系统，让自己在热爱的岗位上发挥最大的能量呢？

急于寻找答案的我徜徉在各种党务书籍、知识网站，在浩渺无垠的信息海洋中，我宛如一位探险家，偶然间发现了一片难得的绿洲，那便是——“铁人先锋”平台。从最初的陌生到如今的熟稔，我与她之间的故事，就像一部温暖的纪录片，记录着我的成长与变化。

初识“铁人先锋”平台时，我感到有些迷茫，毕竟在这个数字化的时代，各种各样的平台层出不穷，如何才能有效地利用这个平台，成为我思考的问题。然而，随着时间的推移，我逐渐发现了“铁人先锋”平台的魅力所在。她不仅仅是一个信息发布的平台，更是一个连接党员与党组织的桥梁，一个推动党建工作创新发展的重要工具。通过“铁人先锋”平台，我可以随时了解到党的最新政策、理论成果和实践经验，可以参与到各种主题教育、学习交流活动中，可以与同志

在“铁人先锋”进行“党纪学习教育”专题学习

们共同探讨问题、分享心得，极大便利了党建工作。

当然，偶尔也会遇到一些小插曲。“小王啊，我的‘铁人先锋’登录不上去啊，帮我看看咋回事呗。”“小王，我这个月的党费忘记交啦，还能在平台上补交吗？”“咱们这个平台怎么才能快速获得积分啊？”……随着所有问题的一一解决，让我加深了对她的了解，而功能版块的面面俱到，让我的工作可以在更具有条理性、更高效率的环境下进行。

在“铁人先锋”平台的帮助下，我不断地提升自己的政治素养和业务能力。我参加了平台上的线上培训，学习了党的历史、党的理论和党的路线方针政策，对党的认识更加深刻。渐渐地，“铁人先锋”平台成为我的“红色精神家园”，在这个数字时代，为我提供了精致的“数字生活”。

回顾我与“铁人先锋”平台的故事，我深感感激和自豪。感激这个平台为我提供了学习和成长的机会，感激她为我们党建工作带来了诸多便利。同时，我也为自己能够参与到这个伟大的事业中而感到自豪。

勇担使命葆初心，砥砺奋进新征程。“铁人先锋”平台给予我的是精神的支撑，是听党话、跟党走、感党恩的理想信条。展望未来，我将继续深入学习党的理论和路线方针政策，不断提升自己的政治素养和业务能力，追寻着“灯塔”的方向扬帆起航，为推动党建工作创新发展贡献自己的力量。

（撰写人：王倩倩）

党建积分的小秘密

◎ 辽河油田

“小王，你的‘铁人先锋’积分为什么比我们高出这么多？”松山党支部排名第八的肖冰问道。

“就是就是，我也每天都签到、答题，怎么积分差了这么多？”预备党员张洋一脸疑惑地问着。

“快快快，今天新出了一套‘月月学’，你们答了没有？”大乐在办公室吆喝道。

“我现在就答，不然又忘了。”李先打开“铁人先锋”APP，迅速学习、练习、测试。

“切记只有及格才能得到积分。”站在一旁的党支部书记贵军说道。

“啊，就说为啥我每天答题积分都这么少，这下找到原因了！”李先一边嘴里嘟囔着一边重新答题。

经过认真的学、练、测三个环节，屏幕上弹出了100分的成绩，紧接着看了看积分明细，显示着+20分，他这才肯罢休。

“‘月月学’和‘专题学’不是答了题就有积分，要及格才会有积分，还有每天必得积分的3项，每日签到、每日答题、在线答题，倘若出现间断，签到积分就会从头开始，所以任何事贵在坚持，我怕有

线上答题

时候会忘记，还特意设置了备忘录提醒自己。同时，每月月初的党费交纳更是牢记在心，自觉按时交纳党费是党员最基本的义务，履行了党员义务还可以获得相应积分。”面对大家的“质问”，松山党支部积分排名第一的小王给大家分享着。

自“铁人先锋”APP 升级以来，平台设置大大小小二十余个栏目，内容极为丰富，从理论学习、党建动态、经验交流到党支部活动、党员风采，从多个方面开展党建工作宣传，已成为为党员群众提供党建信息服务的重要阵地，成为党员群众扩充知识的“加油站”、开阔视野的“眺望台”、增强实践能力的“演练场”。

员工刘姐说道：“‘铁人先锋’已经不再是党员的专属平台，而是一个全员参与的‘移动’知识库。”起初大家并没有养成每日登录平台的习惯，但在身边党员同志的带领下，我慢慢地参与其中，每天看看动态要闻已经是“必修课”了。

每天登录“铁人先锋”平台答题、签到、拿积分，已经成为大家的日常习惯，“比、学、赶、超”的学习氛围进一步浓厚，全员学习热情持续高涨，理论素质日益提高。

（撰写人：全茉）

学做铁人先锋　贡献青春力量

◎ 辽河油田

在数字化的洪流中，“铁人先锋”不仅是一座桥梁，更是一盏明灯，照亮了作为年轻石油工作者的成长之路。“铁人先锋”简化了日常的团务工作，成为一种文化的传承者，将那股不畏艰难、勇于开拓的“铁人精神”红色基因，以崭新的形式根植于我们这一代人的心中。

通过参与“铁人先锋”平台上的各种活动，我深刻理解到，无论时代如何变迁，那份对工作的热忱、对技术的追求、对国家能源事业的贡献，始终是每一位石油人心中不变的信念。平台上的每一次学习，每一次互动，都是对“我为祖国献石油”这一誓言的生动实践。

“铁人先锋”还赋予了我们一个展示自我、相互激励的舞台。在这里，个人的点滴进步都能得到集体的肯定，团队的荣誉感和使命感在每一次分享与交流中越发强烈。这种正向循环，激发了我们无限的创造力和工作热情，让“小我”融入“大我”，共同推动石油行业迈向更加辉煌的未来。

更为难能可贵的是，“铁人先锋”让我们看到了科技与传统的完美融合。她利用现代信息技术，让传统的组织管理和思想教育焕发新生，使得即使是在偏远的井场、繁忙的实验室的党员和员工，都能感受到组织的关怀与温暖，享受到高质量的学习资源。这种跨越时空的联结，让石油人的精神世界更加丰富多彩，也让铁人精神的传承更加高效、广泛。

“铁人先锋”不仅是技术的创新，更是精神传承的接力棒。她见证并促进了我从一名普通团员到具有高度责任感和使命感的石油工作者的蜕变。在这段指尖上的团缘中，我找到了归属，收获了成长，更坚定了为石油事业奋斗终身的决心。未来的日子里，我将继续与“铁人先锋”同行，与百万石油同仁一道，用智慧和汗水，续写新时代“铁人精神”的新篇章，为国家能源安全贡献青春和力量。

（撰写人：刘乃榕）

指尖朋友

◎ 辽河油田

“红色江山来之不易，守好江山责任重大。要讲好党的故事、革命的故事、英雄的故事，把红色基因传承下去，确保红色江山后继有人、代代相传。”清晨，儿子打开“铁人先锋”，对我说：“妈妈 ，今天的每日一习话，是习近平总书记在咱们辽宁考察时说的。”“那你都知道有哪些故事吗？”“嗯，有狼牙山五壮士、董存瑞炸碉堡、一条棉被的故事、墙缝里的家书，我四年级的时候还演讲过抗日小英雄王二小的故事呢……”这样的场景在我的家中时常上演，有时是与爱人一起探讨“每日答题”，抑或与孩子听听健康讲座和减压音乐，更多的时候是查阅平台资讯，打卡“铁人先锋”已经成为日常。

说起与“铁人先锋”的“交往”，始于接手党建工作。最初我只知道有交纳党费的作用，随着不断深入“探索”之后，我惊叹她的内部还有很多强大的功能，她是集理论、资讯、文化、交流为一体的，新时代石油党建意识形态的主阵地，同时也将日常工作、学习等通过云端实现了扩展，快捷且便利。

最初，我只是和同事们一起晒积分，比排名。随着时间的推移，我通过平台参加线上学习，阅读党建资讯，逐渐对党的理论方针政策有了更深刻的理解，丰富了知识，也在思想上为我指明了方向。

我们党支部也充分利用“铁人先锋”将学习教育与日常工作有机融合，组织生活从线下到线上，打造“随时上课，永不下线”的党建课堂。月月学和专题学更是提升了大家的专注性，让学习更有连续性和针对性。

时间久了，突然发现，每日打开“铁人先锋”签到、答题、关注下排名积分、浏览版块信息，俨然成了我工作和生活中的一部分。可以很自豪地说，“铁人先锋”APP已成为我的思想导师、工作指南、力量源泉。

有了她，就是拥有了共产党人自己的学习之家，精短美文、教育视频、有启迪意义的好文章，一一浏览；

有了她，就是拥有了获取经验和交流的平台，典型经验、理论研究，为我提供向先锋模范学习的“看家本领”；

有了她，就是拥有了补足政治信念的精神之钙，拥有自觉地为企业发展不懈奋斗的强大精神动力。

小平台凝聚着大智慧，“铁人先锋”无声地告诉我们必须牢记共产党人的责任和担当，这朵顽强坚韧的宝石花永远是我的指尖朋友。

（撰写人：窦凌云）

我和“铁人先锋”的不解之缘

◎ 长庆油田

她，是一座雕琢灵魂、净化心灵的思想宝库；

她，是一位朝夕相伴、无所不能的全能导师。

2019 年初识，坚定初心、谨记使命，为她的缺憾之美所吸引；

2020 年熟知，砥砺前行、指导实践，为她的日臻完善所引领；

2021 年陪伴，思想深邃、大放异彩，为她的厚积薄发所折服。

一直没想过，我的工作生活会与“铁人先锋”APP 结下不解之缘。每天清晨的第一件事，就是打开“铁人先锋”，伴随着那一声清脆悦耳的电子音，“铁人先锋”四个大字跃入眼帘，也正式开启我一天的美丽心情、学习之窗。

雷打不动的“必修课”

“冰冻三尺非一日之寒，滴水穿石非一日之功。”学习需要绵绵用力、久久为功。1000 多个日夜的陪伴，50000 多积分的累积，“铁人先锋”已成为我的挚友和良师。在基层工作时，尽管工作千头万绪，经常加班加点，但自己总是保持着“天天学习、日日向上”的习惯。一有闲暇时间，我便打开“铁人先锋”平台，她权威高端的内容、有“油味”

的亲民故事、深刻精辟的论述，常常为自己在推进党支部建设、党员学习教育、党建工作生产实践融合等工作中提供思路和启迪。有时遇到瓶颈和困惑，我总是在平台上查阅资料、参考学习，结合实际思考，举一反三提升，总会有“灵光乍现”的收获、“茅塞顿开”的触动、“豁然开朗”的感悟。回到作业区综合办公室工作后，为了方便平时学习，我专门确定了一个笔记本作为“铁人先锋”专用笔记，遇到重要的论述总是摘抄下来，长时间累积的“好思路”“好经验”“金点子”已不知不觉转化为我推动工作的措施、底气和动力。

理论学习的“加油站”

学习之于信仰和才干，犹如运动之于健康体魄，持之以恒、行之越远越受益。“今天你学习了吗？”“活动积分拿到吗？”这样的话题已经成为作业区党员干部每天见面时的问候语。我在用好“铁人先锋”这一“理论宝库”的同时，积极引导党员干部学思想、赶先进、帮提升、重超越。为了让学习的航道更加宽阔、更加精彩、更加丰盈，我利用召开“三会一课”、主题党日的机会，积极推广“铁人先锋”平台，引导党员、入党积极分子、入党申请人学习新思想，掌握新本领，给思想“加油补钙”，引领他们在追赶超越中当好主人翁、建功新时代，抵达人生与事业的“诗和远方”。

人人喜爱的“掌中宝”

春风化雨、德才日成。在工作和生活中，我深深地感受到“学习贵在平时、重在积累、成在坚持”。我把用好“铁人先锋”这个正能量平台作为提升自身素质的第一抓手，自己率先学，带动党支部党员、群众学，支持学在前、走在前、干在前，争做“铁人先锋”学习平台的“排头兵”和“宣传员”。2023年以来，党支部累计有35人积分突破10000分大关，17人获得油田公司奖励，看着我们的工作成绩走上“铁人先锋”，“激动感动”变成了“心动行动”。查看时政消息、关注石油新闻、收集学习资料、聆听“油人”经典故事已成为广大党员干部的日常习惯。在平时的答题中，我坚持把不确定、不熟悉、不通透的内容通过截屏形式保存下来，制作“错题本”，一有时间就加强记忆，在点点滴滴的学习中提升政治站位、理论水平和工作能力。如今，登录“铁人先锋”平台看时政、听讲座已然成了大家每天的“幸福时刻”，党员干部已离不开这个学习的“掌中宝”。

“铁人先锋”平台让学习更多样、更个性、更智能、更便捷，必将带领我们占领学习新高地，自觉做习近平新时代中国特色社会主义思想的忠诚信奉者和坚定实践者。

（撰写人：洪飞）

一次遇见　每日相伴

◎ 长庆油田

在生命的某个转角，某一天我邂逅了一个独特的平台——“铁人先锋”。那一刻，好奇与激动交织成绚烂的烟火，照亮了我探索未知的旅程。

正值青春韶华的我，怀揣着对生活的热忱与向往。一个不经意的瞬间，我发现了“铁人先锋”，这个闪耀着智慧光芒的宝藏。她以多元的内容形式和鲜明的个性，牢牢吸引了我的目光。在“铁人先锋”的世界里，我畅游于学术的海洋，探寻生活的奥秘，品味休闲的惬意。每一次深入浏览，都如同开启一扇新世界的大门，让我满载而归。

在“铁人先锋”的陪伴下，我不仅找到了知识的宝库，更结识了一群志同道合的知己。我们共同分享着对“铁人先锋”内容的热爱，交流着彼此的观点和见解。在“铁人先锋”的活动中，我们共同成长，友谊之花越发绽放。这段经历让我深刻体会到“铁人先锋”的魅力所在，她不仅是信息的汇聚地，更是心灵的栖息地。

在“铁人先锋”的熏陶下，我逐渐挖掘出自己的潜力与价值。通过月月学及每日答题，我学会了深入思考，形成了独特的见解。同时，我也坚持在“铁人先锋”上打卡每日一习话，天天都有新收获。

最喜欢石油人这个版块，感受着他人分享石油人生的故事与感悟。这些创作经历不仅感染了我，更让我看到了千千万万个石油人在成长。

时光荏苒，“铁人先锋”已成为我工作和生活中不可或缺的一部分。每当我面临困惑或寻求灵感时，“铁人先锋”总是我最好的伙伴。她的每一次更新与变化，都带给我无尽的惊喜与期待。我深知，与“铁人先锋”的相遇，是生命中最美好的邂逅。

身边的朋友们纷纷为我的“铁人先锋”之旅点赞与喝彩。他们认为我在学习“铁人先锋”上的表现不仅展现了个人的才华与魅力，更带动了身边人一同加入这个知识的海洋。他们的支持与鼓励让我更加坚定了与“铁人先锋”共舞的决心。“铁人先锋”成为我创作的源泉与灵感之地。在这里，我汲取无尽的智慧与力量，让我的作品焕发出新的生机与活力。每一次在“铁人先锋”上的学习，都是一次全新的尝试与挑战，让我不断突破自我、超越极限。

我深知，与“铁人先锋”的邂逅并非偶然，她是作为石油人生涯中的一次重要转折。她为我打开了一扇通往知识宝库的大门，让我领略到智慧的魅力与力量。“铁人先锋”如同一座充满无限可能的智慧殿堂，为我提供了广阔的学习与成长空间。在未来的日子里，我将继续深耕这片智慧的沃土，更好地充实自我。

展望未来，我坚信“铁人先锋”将继续保持其独特的魅力与风采，引领我们走向更加美好的未来。而我，也将与“铁人先锋”携手共进，书写属于我们共同的精彩篇章。

（撰写人：吴玲）

“云”上支部风景独好

◎ 长庆油田

“手机上轻轻一点，就能发起组织生活和主题党日活动；鼠标轻轻一按，3 秒内就能在‘智能分析’上查看到党组织开展‘三会一课’、发展党员等详细情况。”2024 年以来，虎狼峁党总支加强“线上 + 线下”党建工作阵地建设，党建工作增添了新引擎、党员生活增添了新乐趣，党员工作生活每天都在发生新变化，“互联网 + 党建”已然成为党建新支撑、推动党建走上新台阶的重要动力。

全力打造“e 支部” 组织生活“不掉线”

“说实话，以前我们开展组织生活的随意性较大，不懂学些什么、做些什么。现在党总支利用‘铁人先锋’每季度推送党的组织生活内容到手机，组织生活怎么过、学什么，上面都有明确的任务清单和学习内容。”柳二转党支部书记老付说，“组织生活如果落实不到位，上级党组织从后台就可以看出来，下发督导通知，这样的‘预警’方式非常有利于我们加强党支部标准化规范化建设。”

2024 年以来，该区通过“互联网 + 党建”模式，对全区六个支部，从劳动竞赛阶段性活动实施、班站标准化建设、安全生产、综合治理、降本增效等五个方面制定考核标准，开展“支部之间、党员责任区之间、党员之间”三个层面的“线上＋线下”评比竞赛活动，延伸了基层党组织建设与开展工作的触角，为劳动竞赛提供了强大的组织支撑，“铁人先锋”平台成了党员不可或缺的“掌中宝”。“铁人先锋”应用以来，全区党员自主学习人数、课时持续提高，有效形成资源共享、数据互联的党员教育新模式，进一步推动党员学习教育常态在线“不打烊”。

“互联网＋学习”模式，党员干部学习更加方便到位。“打印资料、电话通知、会议室预定、投影仪检测、签到表打印、桌签摆放…… 之前，开展一次支部生活，组织员都会空出至少半天时间来完成各项准备工作；出差、休假的党员参加不了，决策事项需打长途电话征求意见；倒班的党员哪怕凌晨 2 点刚下了大夜，都要带着疲劳赶来参会。”

“如今，只要有网，在‘铁人先锋’APP 创建个会议，相关会议资料、参会要求等会即时送达需参会人员‘手机’，信息查看一目了然、请假审批网上办理、参会资料提前预览，哪怕你出国在外，就算你身卧病床，不管你站着、蹲着，还是坐着、躺着，手指轻轻一点就可入会、签到，发表意见，就连心得体会都可通过平台直接上传，会议相关资料自动生成，完整规范、有据可查。”谈到“铁人先锋”APP 的好处，柳三转支部书记小巴滔滔不绝。

厚植“红色元素” 实时考评“不松劲”

“我们从‘会、学、能、做’四个维度科学设计积分规则，推行党员积分制。”通过科学量化评分，党支部管理员在微信端就能实现对党员学习教育、履职践诺、作用发挥等日常表现情况进行实时立体化考评，实现线下活动、线上积分、实时管理、动态考核，进一步激发党员争先、支部创优的党建活力。

与此同时，该区党总支积极创新工作方法，率先推广党员积分制，深入推广“互联网 + 三项竞赛”等载体，确保党建工作常干常新。组织开展“党员先锋岗”“党员责任区”“党员活动日”等活动，充分发挥党员先锋模范作用，使广大党员真正做到“思想觉悟优于群众、业务技能强于群众、工作业绩高于群众”。

“e 支部”强化责任抓落实，严把平台信息维护质量关，重数量更重质量，确定每周五统一为“铁人先锋”平台维护日，组织各党支部书记登录党建管理后台维护。将组织生活上传情况纳入了党支部书记抓党建责任制考核的日常考核，对“铁人先锋”平台活动记录丰富、内容充实的，及时在全区内部进行宣传推介，对工作推进较慢、活动记录上传不及时的，及时通报，并扣除一定分值。

与此同时，广泛开展支部固定学习日活动，组织党员进行学习、测试、研讨，开展内容丰富的主题党日、廉政自省日、党员政治生日、重温入党誓词等活动，上传影像资料和“三会一课”记录图片，在“铁人先锋”相应版块进行发布，既加强了党员的教育管理，又实现了党支部活动网上记录，促进了党支部组织生活的规范化常态化。

伴随“党员积分‘龙虎榜’”、《中国共产党纪律处分条例》答题、“签到答题”等活动的接连推出，全体党员已逐步将“铁人先锋”融入工作、生活，成了必不可少的一部分。如今，“你签到了吗”成为了党员见面聊得最多的话题。有的党员每天上班的第一件事是打开手机进行“每日答题”；有的党员将“签到”写进了手机备忘录进行每日提醒；有的党员将“党建三分钟”放到刷牙洗脸或者吃饭的时间进行播放……“铁人先锋”平台如一根针，串起了党员工作和生活的千万条线，将党支部、党员紧密联系在一起，“铁人先锋”平台成了党员不可或缺的“掌中宝”。

（撰写人：张春雷）

悟石油精神　做平台铁粉

◎ 大港油田

以前没有智能手机的日子，我们看新闻需要电视机，学党史需要翻书籍，交党费需要线下办理。学习的渠道不够便捷，再加上自己比较懒惰，我的学习计划一而再、再而三地搁浅。随着中国信息技术的飞速发展，各种平台软件层出不穷，我们只需要一部手机，就能实现足不出户完成你想要做的事情。而我，作为一名信息时代的党员，自然要与时俱进。2018年7月，我下载了属于我们中国石油人自己的“铁人先锋”APP。打开平台，里面的内容应有尽有，看新闻、观政治、学党史、交党费都得心应手。

在我的手机里一直有一张“党员签到”的截图。记忆中，在“铁人先锋”APP刚下载的那年开始，就有积分制，党员打卡，在线答题，交纳党费都会有相应的积分累计，我与党支部党员你追我赶，都想争夺积分榜的NO.1。但是总有那么几天遗憾地忘记签到。于是便想了个办法，用手机背景图来提醒自己。当下，每个人每天几乎都离不开手机，多多少少都得看个微信消息，如果我把“党员签到”四个大字制作为背景图，这样每次看到的时候就第一时间打开“铁人先锋”APP进行签到啦！说干就干，于是便将“党员签到”四个大字作为屏保提醒自己学习答题。每日在平台签到已经润物无声地变成了肌肉记忆，刻在我的骨子里，融入我的血液里。每个清晨睁开眼，第一时间便是打开“铁人先锋”进行每日答题和签到打卡。时而阅览新鲜的国家要闻，时而搜索各大党内会议的会议记录，时而又能学习我喜欢的中国共产党发展史。我们不再为了积分而学习，而是为了学习而学习，为了进步而学习，“铁人先锋”早已成为我生活中不可或缺的一部分。

2023年始，我最喜欢的“每日一习话”模块出现了，每日收集的卡片都对应着当天日期历史上发生的故事以及习近平总书记对我们的寄托，夜以继日地积累，455张卡片为我输送着各个领域的知识，提升了我的思想认识，开拓了我的理想视野，激励着我不断前进，为我指明方向，给予我奋斗的力量。“铁人先锋”平台的高效运用，方便了我的生活，提升了党建工作的科学化、规范化、标准化管理水平，为油田单位的党建工作奠定了坚实的理论基础和提供了政治保障。余生，我要做一名优秀的共产党员，与“铁人先锋”共同成长！

（撰写人：徐欣）

成长的印记

◎ 辽河油田

2018年的春天，初识“铁人先锋”APP，她的乳名叫“石油党建”，很直白，如同一块未经雕琢的璞玉。此时，幼小的“石油党建”是沉睡的、寂寞的、委屈的。

随着“石油党建”的渐长渐丰，也随着我在此参加活动的增多，驻留间不经意间的几次翻阅，却让我发现了她内部的宝藏——那些熠熠生辉的党史故事。它们如同一颗颗珍珠，串联起我党波澜壮阔的历史长河，让我在闲暇之余，得以领略党的光辉历程。

记得那是一个阳光明媚的午后，我点开了“皖南事变”的篇章。初读时走马观花，然而随着阅读的深入，我被其中蕴含的深刻内涵震撼。我了解到了新四军东、西、南三条北撤线路为何只选择南路而导致全军溃败的真相，感受到了历史的沉重与悲壮。同时，我也对“同室操戈相煎何急、千古奇冤江南一叶”的悲惨境遇有了更加深入的了解。这些故事让我深感痛心，也让我更加坚定了拥护党的信念。

在“石油党建”的熏陶下，我开始对党史故事产生了浓厚的兴趣。时常打卡“党史国史”栏目，品读那些感人至深的历史故事。从《一口红军锅》中，我看到了红军严明纪律、赢得人民拥护的壮丽画卷；

从《微山湖：秘密交通线的必经之处》中，我感受到了游击队员智慧勇敢、不屈不挠的革命精神；从《毛泽东与黄河的未了情缘》中，我领悟到了领袖对自然环境的深刻思考与高度重视。这些故事不仅让我感受到了党的光辉历程和伟大成就，更让我在思想上得到了升华。

“石油党建”也和我们大家一样，长大后有了新的名字。2020年底，“铁人先锋”替换了“石油党建”的乳名，内容更加多元：看新闻、观政治、学党史、长技能、讨论交流、参与答题等，是集视频、音频、图文于一体的多媒体学习平台，在此不仅可以看到更加丰富多彩的内容，还可以参与到各种形式的学习和交流中，让我仿佛置身一个知识的海洋，不断提升自我、追求进步。

“知音难寻觅，为有暗香来。”此时，我与“铁人先锋”已结下了“幸得识卿桃花面，从此阡陌多暖春”般的美好情缘。

在与“铁人先锋”共成长的几年中，深深地感受到了自我蜕变。我变得更加自信坚定、更加有责任感。我时刻以党员的标准要求自己，以身作则、率先垂范。在工作中，勇于担当、敢于创新；在生活中，关心他人、乐于奉献。这些变化不仅让我赢得了同事和朋友的尊重和信任，也让我更加深刻地认识到自己的价值和使命。

“问渠那得清如水，为有源头活水来。”

“铁人先锋”像一座灯塔，照亮了我前行的道路；“铁人先锋”像一座桥梁，连接了我与党的紧紧相依；“铁人先锋”像一片沃土，滋养了我成长的根基。在未来的日子，我与“铁人先锋”执子之手、永不言弃。

（撰写人：周秀军）

乘平台之风　踏成长之路

◎ 辽河油田

每天一睁开眼睛就会习惯性点开“铁人先锋”APP，签到、答题、学习最新的党政要闻和石油资讯，这一系列的动作行云流水，像是刻在骨子里的记忆一样。

刚开始使用“铁人先锋”APP的时候，大家对这个手机软件充满了新奇，党支部十分重视此项工作，组织全体党员进行学习，党支部书记详细介绍了平台如何登录、如何学习、如何参加支部组织生活等，广大党员干部职工可以通过平台学习到丰富的党建知识，内容十分优质。线上学习、线上开会的方式有效解决了党员参与组织生活的难题，推动基层党建工作的开展，增强了党支部党员的凝聚力。

通过后台管理实时监测督导基层党支部工作开展

“铁人先锋”平台也十分关怀员工的身心健康，为职工推送健康贴士简讯，开展健步走线上比赛、石油职工云课堂等多种多样的活动，不仅在思想和工作上滋养石油员工的心灵，还提高大家的身体素质，全面围绕石油员工的生活，让员工积极参与平台，增强平台与员工的互动性。

青春如同一条奔腾不息的长河，我们这支由党缔造、绝对忠诚的队伍，正是一个青春的方阵。于我个人而言，平台带给我影响是潜移默化、充满引领和正能量的，作为基层班组的党员，作为青年志愿服务队的队员，参与了义务清理院区枯树杂草、义务清理自行车棚无主车辆、为业主核酸检测录入信息、助力食堂帮厨分餐等多次志愿服务。在党员联系群众的工作上，想带动消极懒惰的员工，我会巧妙借助平台的力量，和联系的员工一同学习石油系统内的先进模范、先进典型，用实实在在发生在身边的生动故事，逐渐转变他的思想，实现自我净化、自我革新、自我提升，用内在动力推动改变，思想转变后员工的素质和专业技能也会得到提升。

三年多的时间，我沐浴着平台的春风，从党建百科、资料库、群团学习、在线答题中充分吸收她带给我的营养，在党员管理、宣传、安全等各方面工作都收获颇丰。“铁人先锋”不仅仅是一个平台，她更像是一位睿智的领导、一个亲密的挚友一样融入我的工作和生活中。我坚信，我同其他石油员工在平台的带领下会更好地做好党建工作，矢志不渝做合格的党员，成为优秀的石油职工，以成长之力为企业奉献能源贡献青春力量。

（撰写人：丛朝）

借平台之锋　亮外闯之剑

◎ 辽河油田

“一桥飞架南北，天堑变通途。”这是毛泽东主席在《水调歌头·游泳》里的名句，描绘的是武汉长江大桥的雄伟气势以及它在连通我国南北方交通中发挥的重要作用。一座 1155 米的大桥，连接了南北方，加强了沟通与交流。在我们身边也有一座小小的桥梁，缩短了东北与陕北、西北 1000 多公里的距离。

外部市场开发项目部负责燃气集团公司在宜庆流转区的天然气销售工作，在宜庆地区的党员共有十名，每个人手机上都有一个名叫“铁人先锋”的软件。小小的软件，却是连通宜庆和盘锦的重要工具。“请打开‘铁人先锋’，点击右下角工作 / 组织生活，找到今天的会议，请到场的党员点击会议签到。”每次党支部开会，党支部书记都要讲这句开场白。小小的签到仪式，在外闯市场人的心里，拥有大大的仪式感，在那一刻，仿佛距离不再遥远。小小的软件，帮助在外的党员保存着每一次在外的记忆。

学习专栏更是实现了在外党员可以随时随地学习的愿望。学习材料丰富多样、学习形式多种多样，从文章、音频再到视频，而对于网络上鱼龙混杂的信息，平台也进行了筛选，保证每一名党员接

宜川项目组人员通过“铁人先锋”进行学习

触到的，都是最准确的信息。在线答题功能让每一名在外党员都能及时参与党内活动，告别了纸质测验，使得检验学习成果不再受距离约束。

相比传统的手工收取党费，平台实现了即交即走，大大地方便了党务工作者，减少了收取的烦琐程序。每次党员按时交完党费后，系统自动发送交纳证书，增加了党员的荣誉感。每日答题得到的积分奖励，使得党支部内党员形成了你追我赶的良好学习氛围。

未来，外部市场开发项目部党支部将继续探索平台的新功能，将科技与党建相结合，利用平台优势，发挥党支部更大的作用，将党支部内党员紧紧团结起来，形成合力，为燃气业务高质量发展贡献外部力量。

（撰写人：卓梦莹）

平台“小助手”开启党建工作“新思路”

◎ 辽河油田

随着互联网的迅猛发展，“铁人先锋”平台应运而生。平台丰富的内容，生动的形式，规范的流程，给党建工作注入了新的生机与活力，更成为我们的有力“助手”。

平台强大的学习功能，是我最为喜爱的内容。还记得平台推出时，恰逢扁平化改革后党支部书记队伍的更替，多数人没有党务工作经验。刚刚上任的党支部书记一边看着平台资讯一边兴奋地说：“党务工作者学习专栏里的资料太好了，我要是都学会了，就能从党务小白变成专家了！”一句话点醒了我。从那时起，我和党支部书记们将平台作为业务学习的主战场，以“每日自学，每周主讲”的形式开始学习，一年里五个人 11 本记录，

党支部书记们一起运用“铁人先锋”平台学习

是大家最大的收获，也见证了大家由“门外汉”到“内行人”的转变。

在线学习功能，还协助我们拓展了党员的学习内容和学习途径，促进了全区党员素质的“再提升”。通过倡导党员们充分利用“党员学习”“党建百科”“资料库”等，整合碎片时间加强学习；建立“党员学习群”，推送每日党史小知识、每周党史小故事等，形成线上常态化学习。打卡学习版块，也慢慢地成为党员们的习惯。

一线采油站多位于偏远地带，站与站分布广、距离远，党员工作时间差别大、较为分散，再加上疫情防控工作的要求，如何做到人散心不散，保证党支部工作运转正常，组织生活不掉线，这些都是基层党务工作面临的问题。而此时，“铁人先锋”平台就犹如及时雨，以其不受时间、空间限制，方便快捷可视的网络优势，将一道道难题化解开来。

党员运用“铁人先锋”平台在线学习答题

为了确保全区党员队伍“不掉线”，从严从实开展组织生活，我和党支部书记们借助平台“通知公告”“支部工作”“组织生活”“会议讨论室”“党务公开”等功能，实施“线上、线下齐参与，党建、班建不断档”的“双向”管理工作模式，让党员更多地了解党支部工作，参与班站建设，拓展了信息互通渠道，开启了高效快捷做好党建带班建促业务的融合新篇章。党员们不管是在岗位上还是在家，都可以知

运用“铁人先锋”平台梳理党员情况、发布活动通知

道并参与到党支部生活中。“平台就是线上党员之家。”也已成为大家的共识。为解决减速箱漏油这一难题，第一联合党支部在党支部工作讨论群中发布征集办法，引发了大家的热烈讨论，最后在厂区协助下，建立“减速箱治理服务队”。截至 2024 年 6 月已完成 39 台抽油机的治理工作，节省维修费 12.3 万元。

“铁人先锋”平台在不知不觉中成了我工作中不可或缺的伙伴。在与线下工作不断深入融合的过程中，“铁人先锋”平台正助推党建工作不断走上新的快车道。

（撰写人：葛辉）

平台相伴　争当大写的青年

◎ 辽河油田

“青年作为引风气之先的社会力量，价值追求和精神状态如何，在很大程度上决定着国家和民族走向。希望你们做社会主义核心价值观的坚定信仰者、积极传播者、模范践行者，向英雄学习、向前辈学习、向榜样学习，从我做起，从现在做起，从一点一滴做起，用实际行动告诉全社会什么是真善美、什么是假恶丑，争当大写的青年。”“铁人先锋”平台的“每日一习话”中习近平总书记的一段讲话，让身边的青年伙伴们备受鼓舞。

在安全环保技术监督站，有一群优秀的青年人，他们兢兢业业、追求卓越，是守护安全的金牌监督员。“铁人先锋”平台一经推广就受到了他们的欢迎和喜爱。新思想、基层党务通、形势政策等课程为大家提供了满满的学习干货。每日一习话、学习“油”声、今日三分钟等栏目成了大家的心头爱。“平台上最近的两期学报，《碳中和目标下世界能源转型与中国能源人新使命》和《双循环格局下国内油气工程公司商业模式转型思考》开阔了我的视野，让我收获颇丰。”安全监督组组长原林说。

伙伴们守护安全的足迹远至安徽省萧县，一个淮北平原北部的小

监督站青年立足岗位争当大写的青年

城。2024 年 4 月，贺冠华和王云峰两位同志，受命加入安徽项目组，出征安徽新站区。远离家乡家人，但他们并不寂寞，因为“铁人先锋”平台默默地陪在他们身边。“每天早上，第一件事儿就是浏览平台推送的网讯，我常常和冠华打趣，真是‘铁人先锋’平台带我看世界。”王云峰说。万事开头难，身处项目筹备的关键期和多方关注的重点区，扑面而来的就是萧县段新建管道站场排查的繁重任务，日常保运建章立制时不我待，萧县综合站接管迫在眉睫。一个多月的“五＋二”“白＋黑”，从苏皖省界到淮北华润门站，绵延 22.5 公里的输气管道，他们步履不停，潜心排查。“排查路上，常常席地而坐吃凉盒饭，‘铁人先锋’平台上的视频网课成了我们最好的‘下饭菜’。”从项目设计到参建各方资质，从施工过程管控痕迹到完工管道站场现状，他们系统摸排，一处接着一处过筛子。安全大过天，责任重于山，深深镌刻在他们心底。站内埋地气液联动阀门基础下沉、排污出口管线水平度超标严重等问题一一排查整改。

监督站的青年们挺膺担当，在平台的陪伴与鼓励下，用专业的监督、优质的服务，赢得了甲方的充分认可，为项目投产打牢安全基础，在公司外闯创效进程中，贡献监督力量，争当大写的青年。

（撰写人：张卓宇）

挺膺担当砺青春　奋楫扬帆勇前行

◎ 辽河油田

百年接续奋斗，青春砥砺前行，中国共青团始终与党同心、跟党奋斗，团结带领广大团员青年用青春之我创造青春之中国、青春之民族。

青春逢盛世，奋斗正当时。作为一名刚从校园走进企业的新员工，我感受到“铁人先锋”平台给予我们团青工作的帮助。在茨采共青团的带领下，我们青年在岗位上增长才干、在成长中勇争先进、在事业上努力奋斗、在大局中勤作贡献。

学习雷锋精神　展青春之魂

习近平总书记提出：“青年时代树立正确的理想、坚定的信念十分紧要，不仅要树立，而且要在心中扎根，一辈子都能坚持为之奋斗。这样的有志青年，成千上万这样的有志青年，正是党、国家、人民所需要的。”正是在这样的思想信念引领下，在茨采共青团团委组织下，作为青年的我们前往抚顺雷锋纪念馆参观，学习雷锋精神、“螺丝钉精神”，树立“干一行爱一行，干一行精通一行”的信念，将这些精神发扬到我们的工作岗位中去，扎根岗位、奉献岗位，兢兢业业、精益求精，为茨采高质量发展建新功、立新业。

分享成长感悟　悟青春之路

在茨采团委和“青年夜校”的组织下，我们青年参与了以“互融互促、为新赋能”为主题的破冰之旅，在活动中，有从校园踏入企业的青年、也有从军旅生涯转入新岗位的青年，更有扎根本岗位数十载的“青年”。我们回顾成长时光，酸甜苦辣，交织在心头；我们分享成长感悟，或激昂、或落寞，都在成长之路留下不可磨灭的痕迹。我们在分享中碰撞火花，拥抱温暖，在交流中增进了彼此间的了解，增强了我们对青年团体的认同感、归属感与荣誉感。

交流读书心得　思青春之博

在“世界读书日”到来之际，茨采共青团团委与“青年夜校”积极组织开展“书香穿越时空 智慧点亮未来”主题读书分享会，旨在倡导阅读文化的传播与弘扬，激发青年对于阅读的兴趣与热爱。会上，每位青年积极发言，分享自己读过的美文、诗词，交流彼此从书中得到的心得与感悟。习近平总书记指出：“青年处于人生积累阶段，需要像海绵汲水一样汲取知识。”在共青团的引领下，我们作为新时代的青年，要养成多读书、读好书的习惯，要做刻苦学习、锐意进取的模范，带头立足岗位，苦学本领，把读书学习当成一种习惯、一种责任。

我的成长与共青团息息相关、密不可分。通过“铁人先锋”团青工作平台，在思想上，我始终与党中央保持高度一致，顽强拼搏，心怀祖国，立志高远；在行动上，我会将知识转化为实践，立足岗位，勇于奋斗，勇于拼搏，将小我融入大我，为茨采高质量发展而奋斗，为实现民族伟大复兴而奋斗！

沐浴在共青团的光辉照耀下，回顾我成长的点点滴滴，为自己生逢其时、肩负重担而感到骄傲与自豪。新时代下，我们施展才干的舞台如此广阔，我们实现梦想的前景无比光明，我要努力成为有理想、敢担当、能吃苦、肯奋斗的新时代青年！

（撰写人：苗松）

我的“新时代 e 支部”

◎ 辽河油田

不知不觉上班已经 14 年了，负责党建工作也差不多十年了，不谦虚地说，也可以算是一个“老党建”人了。这十年间，在以习近平同志为核心的党中央坚强领导下，中国发生了翻天覆地的变化，辽河油田也一路高歌地发生着变化，在这一过程中党建工作也悄然地发生着变化。

还记得，刚刚负责党建工作的时候，一个党支部工作记录本，一个党费缴纳证。印象深刻的一个工作难点就是党费收缴工作，当时的党费收现金，一个人一个人去收，有零有整，然后查好，去银行的对公账户上存好。有些工作地点离得远的党员、休假的党员，收纳党费的时候非常麻烦。当时就想着，要是有一天缴纳党费不这么麻烦就好了。还有一个工作难点就是党员的政治理论学习问题，党员分布点多面广，工作时间不一致，而且大部分党员都在基层一线工作岗位上，经常性地把党员召集在一起开展政治理论学习无法做到。

随着“铁人先锋”平台的上线，各项工作开展起来都很便捷。首先就是党费缴纳，全部在线上进行了。新事物的推行最开始受到了来自老党员的阻力，老党员不熟悉电子产品，不会绑定银行卡等。但好在大家都互相帮助，你帮我下载“铁人先锋”APP、我帮你绑定银行卡。经过一段时间的运行，大家都能自如地交纳党费，我也不会再去银行转账，真是便利极了。

党支部工作也悄然发生着变化，通过“铁人先锋”平台，把党的组织建在“网”上，把党的工作抓在“手”上。创新党建指导方式，运用新平台、新机制、新手段，让传统党建的“面对面”与智慧党建的“键对键”有机结合起来，实现线下线上同频共振。创新组织方式，建强网上党支部，使每名党员都纳入党组织的有效教育管理监督之下。创新管理方式，依托“新时代 e 支部”开展党员积分制管理和党支部标准化规范化创星，把线上与线下统筹起来，实体与网络结合起来，党支部与党员联系起来，有效激活了党支部基本单元和党员基本细胞。

发挥信息化平台传递信息快、交互作用强、操作相对简单等特点，通过“铁人先锋”平台，赋能集中培训、集体学习、个人自学等学习方式，推动党员教育有力有效开展。办好网络学院，组织集中培训。统一确定主题，抓实集体学习。结合形势任务需求，每月发布党支部集体学习主题，推送相关学习资料。各党支部管理员通过平台点击领取任务，制定集体学习活动方案，包括时间地点、学习内容、参加人员等；发布学习通知，通过弹窗提醒党支部党员，党员在线签收通知并确认是否参加，无法参加需线上请假。学习活动开始前，管理员在手机端生成二维码，党员扫码签到，签到完成后系统自动记录参加人员；活动结束后，管理员填写学习内容，保存后系统自动上传，并根据活动时间记录党员集体学习时长。

平台上的党员积分排名，也在默默影响着党员的日常工作。大部分党员已经养成了每天登录平台答题的习惯，积极参与平台“云走长征”“月月学”等主题活动。每季度要对党员积分进行评比排名，对排名靠前的党员进行鼓励。

“铁人先锋”平台的运用，真正丰富了组织生活内涵，真正把党支部建在群众心上，构建了一架党组织与党员的“连心桥”，让党支部工作落地生根、开花结果。

（撰写人：韩雪）

我和平台的故事

◎ 辽河油田

在信息化时代的今天，党建工作已经与时俱进，迈向了数字化、网络化、智能化的新征程。打开“铁人先锋”APP，红底宝石花熠熠生辉。在“铁人先锋”APP 里，可以根据自己的不同需求摄入不同的知识。可以汲取不同的党政动态、时事政策、上级精神等知识“营养”，还可以吸收党务工作技能提升“能量”，亦可从“电子书屋”中拓宽视野、博闻强识，还可以通过“在线答题”随时随地“加餐”。

作为一名基层党支部书记，我深切地感受到了“铁人先锋”平台给我带来的深刻变化，她不仅是党员学习交流的新阵地，更是我们凝心聚力、共谋发展的好帮手。

“铁人先锋”平台是党员学习教育的新天地。过去，我们学习党的理论知识主要依赖于传统的书籍、报纸和会议，而现在，通过“铁人先锋”平台，我们可以随时随地浏览党的最新文件、学习党的最新理论，还可以在线参加各种专题学习、答题竞赛等活动。这种学习方式既方便又高效，让党员能够更加深入地了解党的历史、党的宗旨和党的任务，进一步加强党性修养，坚定理想信念。

“铁人先锋”平台是党员交流互动的新舞台。在平台上，党员可以发表自己的观点和看法，与其他党员进行互动交流，共同探讨党建工作中的热点难点问题。这种交流方式打破了时间和空间的限制，让大家能够更加广泛地听取不同意见，集思广益，共同推动党建工作的发展。

“铁人先锋”平台还是党员服务群众的新窗口。通过平台，我们可以及时了解到群众的需求和诉求，为他们提供更加便捷、高效的服务。同时，我们也可以将党的路线方针政策宣传到群众中去，增强群众对党的信任和支持。这种服务方式不仅提高了我们的工作效率，也增强了我们的责任感和使命感。

在“铁人先锋”平台里，一篇篇感人的事迹，激励着我前进的脚步。他们爱岗敬业、无私奉献、自强不息。向榜样看齐，做合格党员。通过学习榜样的先进事迹，我将力尽所能地积极工作。参与“铁人先锋”的建设和使用，让我更加深刻地认识到作为一名基层党支部书记的责任和担当。不仅要认真履行自己的职责和义务，还要积极引导广大党员参与到党建工作中来，为党的事业贡献自己的力量。

在未来的日子里，我将继续利用“铁人先锋”平台这一宝贵资源，不断提高自己的政治素养和业务能力，积极发挥党员的先锋模范作用，为推进党的建设新的伟大工程贡献自己的智慧和力量。同时，我也希望“铁人先锋”平台能够不断完善和创新，为我们提供更加优质、高效的服务，共同开创党建工作的新局面。

我与“铁人先锋”平台的故事还在继续，我将以更加饱满的热情和更加坚定的信念，与平台一起成长、一起进步，共同书写党建工作的新篇章。

（撰写人：熊霞丽）

我们就需要这样的平台

◎ 辽河油田

“累计登录 2974 次、签到 1473 次、答题 2363 次，年度积分 4185 分……”这是我在“铁人先锋”平台的足迹，不知不觉中，打卡“铁人先锋”平台成为我的必修课，也成为我学习、工作、生活中的一部分。

“铁人先锋”促使我不断学习，已成为我日常学习的极好推手。作为一名党员，平台是自己学习的资料库，每天起床的第一件事就是点开“铁人先锋”APP 进行打卡，进行每日答题、在线答题等活动，在网讯、学习、交流等模块，学习党中央的重要会议精神和集团公司的最新部署安排。通过学习，不断开拓视野，提升党务水平，为各项工作的开展提供了有力支撑。

“铁人先锋”提升工作效率，成为日常工作的得力帮手。作为一名党务工作者，平台是自己工作的主阵地，自 2023 年采油厂党委实施党建工作上平台，取消线下资料以来，各基层党支部的“三会一课”、主题党日、组织生活会、党员发展、党费缴纳等资料全部实现平台录入，给我的工作也带来了更多的便利，可以随时随地查看基层党支部工作的开展情况，提升了党建工作的信息化、科学化、标准化。

“铁人先锋”开启健康生活模式，成为日常生活的金牌助手。作为一名普通员工，“铁人先锋”平台是自己生活的打卡地，从不爱运动的我，积极参加平台开展的“春分十里‘绿’动‘油’你”网络健步走活动，不断激励自己坚持每天打卡，每天运动，完成每天的任务目标，通过自己的努力，提前七天完成50万步的任务，到达终点。虽然任务已经结束，但坚持每天运动的习惯却保持了下来，成为我生活中的一部分。

随着平台的不断建设与完善，我与平台的关系也越来越亲密，平台党建、平台工会、平台团青、云课堂等创新形式的推出，可以全面掌握党建、工会、团青等各方面的知识，提升自己业务知识的覆盖面，我一定要利用好这个“家”进行交流和学习，提高自己的学习积极性和参与活动的热度，多学知识，提高思想觉悟，全心全意为党工作，做一名合格的共产党员！

我也相信，在以后的工作和生活中，用好平台，发挥好平台，她一定能够成为党员教育、管理、监督的有力帮手，更好地为党员干部服务，对建设高质量党建起到很好的推动作用。

（撰写人：万满义）

“铁人先锋”伴我前行

◎ 宝石机械

悠悠百年，时代更迭，从纸笔书信到无线电波，再到如今各大网络 APP 的应用，随着科技的不断发展进步，党组织与广大党员建立连接的平台也随之更新变革。“铁人先锋”这个 APP 从陌生到熟悉，如今已经成为党组织与党员同志们密不可分的“老朋友”了。

从下载“铁人先锋”的那一刻起，我便与她结下了不解之缘，从最初只知道在这个平台上交纳党费，点击自己感兴趣的电子书屋，到渐渐她成了我工作上的得力助手，生活书籍阅读、学习的依靠。办公、学习、会议、考试答题、自我成长，她都如影随形。在她的陪伴下，如今的我也从一名青年党员成长为一名党支部书记，我深切感受到平台给我工作和生活上带来的便利和改变。现在的每名支部党员都习惯关注“铁人先锋”推送的会议内容、学习资料和文章，闲暇之余，党员之间相互督促每月完成“月月学”活动的重点、热点课程，也成为大家的热议话题。“互联网 + 党建”的创新形式，党员只需动动手指，就可以随时随地参与党支部组织生活，完成在线学习、党费交纳等，打破了以往党员参与组织生活“限时、限地、限人”的束缚，极大地便利了党建工作。

在“铁人先锋”使用期间，也发生过许多小插曲，“您好，我的手机换了号码，无法登录怎么办？”“请问我的银行卡到期了，换卡绑定无法交纳党费，怎么办啊？”这些线上的问题，一系列的“怎么办”，随着所有问题一一解答，加深了我对她的了解，而且在后续的推广应用中，不断摸索和探究。如今，党员干部利用碎片化时间登录“铁人先锋”APP进行随时随地无障碍学习，利用空闲时间互比平台积分、分享党建知识、交流学习心得。“铁人先锋”平台已经成为党员干部离不开、放不下、舍不得的“红色精神家园”，有力促进了党支部组织生活和党员学习教育正规化、常态化。

渐渐地，打卡签到“铁人先锋”已经成为我们工作生活的一部分。因为平台每天都有新内容，不停地吸引着我的眼球，开阔了我的视野，丰富了我的思想认识。相信在以后的党建工作中，我们也会让平台在基层党员教育、管理、监督、生活等方面发挥更好的作用，更好地为员工服务。平台伴我前行，她润物无声地为我输送着各个领域的知识，为我指明方向，成为我学习和工作的好伙伴、好帮手。

（撰写人：丁丽）

我和平台的奇幻之旅

◎ 宝石机械

在一个平凡的午后，我偶然接触到一个名为“铁人先锋”的神秘平台。这个平台不同于其他我所熟悉的任何应用，她充满了科技与神秘的气息，仿佛是一个通往未知世界的门户。

我怀着好奇的心情，开始了与“铁人先锋”的接触。我尝试完成平台上的各种任务，每完成一项，我都会获得一些神秘的奖励。这些奖励不仅让我感受到了成就感，更让我对这个平台产生了更浓厚的兴趣。随着时间的推移，我发现“铁人先锋”不仅仅是一个平台，更是一个智能的伙伴。她能够理解我的需求，为我提供个性化的建议和指导。在“铁人先锋”的帮助下，我逐渐克服了学习中的种种困难，变得更加自信和坚定。

有一天，我收到一条来自“铁人先锋”的特殊邀请。她邀请我参加一个“健步走”的挑战赛，对于我来说，这是一项具挑战性的任务，需要我在限定的时间内完成相应步数的任务。虽然我对自己的能力有些怀疑，但在“铁人先锋”的鼓励下，我还是决定接受挑战。我开始每天坚持走路，虽然有时自己也会犯懒，不想坚持了，但每一次，我都在“铁人先锋”的督促下成功克服懒惰情绪。我感受到了自己的成长和进步，也体验到了挑战带来的乐趣和成就感。最终，我成功地完成了挑战赛，获得了丰厚的奖励和荣誉。我感谢“铁人先锋”的陪伴和帮助，她让我变得更加勇敢和坚强。

然而，“铁人先锋”并没有停止她的神奇之处。她继续为我提供个性化的建议和指导，帮助我更好地应对生活中的各种挑战。我发现，与“铁人先锋”相处不仅仅是一种任务和挑战，更是一个自我成长的过程。我开始更加珍惜与“铁人先锋”的相处时光，也更加努力地提升自己的能力和素质。我知道，有了“铁人先锋”的陪伴和帮助，我能够变得更加出色和优秀。就这样，我与“铁人先锋”一起走过了许多难忘的时光。我们共同面对挑战，共同成长进步。我相信，在未来的日子里，我们会继续携手前行，创造更加美好的未来。

回首这段与“铁人先锋”的奇幻之旅，我深感庆幸和感激。她不仅让我体验到了挑战和成长的乐趣，更让我认识到了一个智能伙伴的重要性和价值。我相信，在未来的日子里，我会更加珍惜这份与“铁人先锋”的缘分，继续探索更多未知的世界和可能性。

（撰写人：胡衔宇）

我和“她”在一起的那些年

◎ 大港油田

春华秋实，岁月流年。朋友在每个人的人生道路上都是不可缺少的。豪爽的朋友，会让你感动于他的酣畅淋漓；善良的朋友，会让你感动于他的人格魅力。在我众多朋友中有一个特别的存在，她如同那漫长黑夜里的一盏灯，如同那艰难旅途中的一双手，照亮你的灵魂，抚慰你的心灵，给予你度过难关的勇气，给予你解决问题的智慧。直至今日我还清楚地记得和她初次见面的场景，那是2017年秋天的某一天，暖暖的阳光在斑驳的树影里穿行，我与她正式相见，从此开启了与她如影随形的那些日日夜夜。

每天清晨6点，我都会与她准时见面。她总会默默地告诉我：“你是一名中国共产党员，要用党员的标准来规范自己的一言一行，在工作生活中保持积极态度，带动身边每一人，做好标杆形象。”每日如此，时刻提醒我要用党员身份严格要求自己，自省吾身。

她是我学习党建知识的指导老师，会定期推送各类党建课程、党内原文原著、主题教育资料等，方便我及时进行学习。同时她还以每日答题的形式，对党建知识、社会时事等内容进行测验，并配以题目解析，对题目知识要点进行讲解，加深我对各类知识的理解与掌握。

她是我实现党务工作电子化的得力帮手，帮助我远程开展党的组织生活，实现线上会议，解决了外输党员无法现场参加党内组织生活的难题，线上会议也可以录像留存电子档案，方便后续查阅查询。作为所在党支部党小组组长，我已经多次在平台上组织进行远程会议，收到了良好的效果。

她是我了解石油文化的掌上课堂，让我学到习近平总书记对中国石油和中国石油相关工作的重要指示批示精神，对新时代共产党员的殷切希望和谆谆教诲；让我学到中国石油长远发展的宏伟蓝图和企业发展的最新动态；让我学到各个油田在生产和夺油上产的新闻报道以及石油行业优秀党员的先进事迹等内容。

她是我迷茫时的指路明灯。2017 年公司正在推行“三供一业”改革，业务急剧萎缩，如何闯出一条低压代维市场路，让我一度彷徨焦虑。恰逢此时与她相识，在她的指引下，我的内心逐渐强大，清楚地认识到身为一名共产党员要敢于担当，敢于面对挑战。我不等不靠，主动出击，找市场、找项目，勇敢迈出外闯市场第一步。

“与君初相识，犹似故人归。”她恰似一见如故的老朋友，给予我无限的启迪，教会我无限的知识，她就是我的挚友——“铁人先锋”平台，感谢她的一直相伴，助我一路成长。

（撰写人：刘颖）

故事从推广开始

◎ 大港油田

“你落后我三分了吧？”

“今天你打卡了吗？”

“我终于挤进前三啦！”

……

这是碰头会前党员每日必谈，他们说的是“铁人先锋”平台积分排名，良好的你追我赶比积分氛围，让他们由最初的“要我学”转变为现在的“我要学”。

作为一名基层党支部书记，我知道做好“铁人先锋”平台推广，是实现从“互联网＋党建”向“智慧党建”迈进，推进基层党建工作高质量发展的新趋势，所以推广工作让我与“铁人先锋”平台结下深厚的缘分。

初识。要推广就必须先要做到熟悉了解，我认真地研究了电脑端、手机端“铁人先锋”平台的各项功能，平台运用大数据技术，对党员、党组织相关信息进行数据整合、分析和展示，并且根据各级党组织的需要，设置党建工作流程，为党务工作者提供辅助，如“三会一课”工作的开展、如何发展党员、民主评议党员的流程等。党务工作者利用平台设计工作环节，并根据工作流程的反馈，作出科学调整，以改进党建工作效果。创新服务模式，如在线交纳党费、在线申请困难党员救助、在线办理党组织关系转入、在线开会与培训等，大大提升了党建工作效率。我总结出平台具有“科学性、实时化、信息化、移动性”的智慧特征。

实践。为确保平台的顺利推广，党支部制定“两项措施”保障。重点工作清单化。党支部以目标为导向，每月明确当月重点工作、时间节点等管理要求，每月14日通过后台监测数据，确保党员按时交纳党费；每月20日跟踪检查“三会一课”资料上传情况，检查会议主题、组织程序是否符合规范要求。疫情期间，我们充分运用“铁人先锋”平台召开线上会议，确保特殊时期党员教育不松懈。积分激励常态化。扩展平台应用需要党员广泛深度的参与，鼓励党员每日签到，积极参与平台“云走长征”“月月学”等主题活动。每半年统计作业区党员积分，对排名靠前的党员进行奖励。积分排名也作为党内评选先进的参考依据。平台推广以来“党员签到”“每日答题”“在线学习”三个项目活跃度持续上升。

深化。随着智慧党建理论研究的不断深入，基层党组织也在积极探索“党建＋数智”，在这基础上我提出深入推广应用“铁人先锋”，绘就基层党建“智慧底色”的想法，积极了解相关数智党建产品和实践案例，聚焦在窗口示范单位深化应用智慧党建的意义，“党建＋”与平台党群互动、员工素质提升、健康服务等方面的应用探索实践。

推广平台让我初识她，深化应用将是我与平台未完待续的故事。

（撰写人：邓莉）

成长与坚持

◎ 大港油田

“你今天走了多少步啊？”这句话成了“铁人先锋”平台推出线上健步走活动以来同事们见面打招呼的口头语，我也积极参与其中，每天走着，平台记录着，看步数查排名乐在其中，活动结束后，每天依旧坚持健步走，这只是平台引导职工健康运动、培养自觉运动习惯的功能之一。

看微信朋友圈、刷抖音，是我闲暇时的娱乐项目，自“铁人先锋”平台运行以来，我逐渐被强大多样的功能吸引，不觉间，她替代了微信朋友圈和抖音，是我手机里点击率最高的 APP，逐渐成为我日常生活中密不可分的伙伴。我见证了她功能不断的完善，她促进了我知识面不断的拓宽。

现在，每天我与平台相约在黄昏后，健步走的同时，在平台上打卡签到、进行每日答题、在线答题，收藏“每日一习话”，知识在一点一滴积累的同时，攒积分看排名，与同事们比积分你追我赶，偶尔有一天错过了打卡，看着排名掉落，心情不禁有些懊恼，这让我深刻体会到了“知易行难、贵在坚持”的含义，设一个专属铃声，作为我和平台的相约提醒。

作为一名党员，就要与时俱进学习政治理论知识，平台上“党员学习”栏目中有着丰富多彩的学习材料，通过平台，认真学习习近平新时代中国特色社会主义思想，深入学习贯彻党的二十大精神，不断提高自身党性修养；深入学习修订后的《中国共产党纪律处分条例》，做到“学纪、知纪、明纪、守纪”，内化于心、外化于行，增强政治定力、纪律定力，不断提高自身抵腐免疫能力。

我是一名普通的管理者，面对新形势新任务，需要不断提高管理工作能力，平台上竟然也有着在线课堂，不仅能直播，还支持回放。《中国石油科普大讲堂》《强化石油人管理能力八堂课》以及《提升石油人思想素养八堂课》等课件内容深入浅出，主讲人授课主题鲜明，这些都深深地吸引了我。一有时间我就徜徉在平台浩瀚的知识海洋中，汲取着相应的专业知识，大大拓宽了我的视野，更新了我的知识结构，结合岗位工作实际，学中干，干中学，进一步提高了我的管理能力水平。

我和平台相伴共同度过了几个春秋，我们一起共同成长，共同进步，平台是我们党建工作的好帮手，是我们日常工作的良师益友。今后，我们还要一起携手相伴，共同奋进在新时代新征程上，为公司低碳转型高质量发展作出新的贡献。

（撰写人：雷辉）

“铁人先锋”打造育人新范式
红色教育沁润新时代童心

◎ 大港油田

走进，新时代学习之路；

遇见，成长的良师益友；

发现，滋养大港油区学前教育的沃土；

感恩，“铁人先锋”相伴走过的美好时光；

学习、生活中一路有你，向阳而生……

开启网络新时代　深厚友谊“亲情感”

轻触屏幕，我仿佛穿梭于千年历史长流，时而沉浸于战火纷飞的年代，向革命先烈致敬；时而置身于探索现代科技发展的高速带，感受中国新质生产力的日新月异。

记得第一次在平台收到同事们的祝愿，入党宣誓的画面仿佛就定格在脑海中，铮铮誓言仿佛还在耳畔回响，对党的忠诚热爱和对幼教工作的执着情怀交织在一起。这是平台带给我的第一个惊喜，据说是同事们在公众号的通知中看到的站内消息，又找到“对话”功能框，默默为我发了入党生日的祝福。

随着时代进步与发展，网络与我们的生活变得密不可分，随之而来的也有种种不适和情感、观念的冲突，我们在网上看待如何评论手机时代人与人的关系，最常见的一句话就是两人相隔最远的不是千山万水，而是拿着手机坐在对面的你。也许平台正是考虑这些，设置了人性化功能，由内而外带来思想的冲击和洗礼，及时给予每个党员关怀与爱，也为我和平台连接起特殊情感。

融入学习新模式　增强思想“获得感”

自从安装“铁人先锋”平台，她通过网络给予的党建知识填补了传统线下延伸不到的领域，特别是对于一直从事幼教工作的我来说感触更多。大港油田幼儿园地处分散，加之幼教工作的特殊性，党员们集中起来很不容易。记得刚装平台时，党支部书记手把手教我们使用方法，总是第一时间给大家介绍平台开辟的新功能，还提出了“党

集体学习日常内容

员积分荣誉榜比一比、赛一赛”的号召，融入平台里的“空中党员课堂”，带动身边的老师们一起加入学习和答题。每天拿起手机必刷的就是平台签到打卡、学习和在线答题。我通过每天坚持学习答题，学习积分排名稳居党支部前十，在快乐中收获成长，学有所思、学有所获、学有所成。

展望教育新希望　提升心灵“归属感”

作为一名幼儿园教师，需要及时更新知识储备。平台如同一个知识殿堂，不仅仅给予我思想甘露，更传递给我教育快讯。我们在幼儿园里先后开展了“童心向党”“红色之旅”等系列教育活动，引导幼儿在生活和游戏中感知、体验红色文化，在孩子们幼小的心灵里播种红色基因的种子，陪伴他们茁壮成长。

在这里，我们党员之间的联系更加紧密；在这里，我们为思想充电，这里正能量满满。这里是不断引导幼师的心灵驶向归属的港湾，大家可以不断交流学习。新版平台新增了在线客服、专家问答等功能，可以方便快捷地咨询平台使用方法和党的知识，也有助于我们为党支部工作建言献策，发挥“将党的声音传出去、把党员的声音递进来”的互动作用，激发了我们参与建设大油田的积极性和主动性。

焕发健康新生活　快乐走出“幸福感”

“恭喜你，送出健步走的苹果树种子！”2024 年春天，我参加了“铁人先锋”健步走活动，当我小心翼翼地点击屏幕上的树种，仿佛从沉睡中惊醒，这是我坚持五天健步走获得的第一个礼物，也坚定了之后我每天坚持走路的信心，陆续收到肥料、除虫剂、"向阳而生"祝福语等，鼓励我努力前行，不曾间断。我参加过多期"铁人先锋"健步走活动，多样化的活动形式增添了锻炼魅力，收获健康的同时也磨炼了意志，鼓励我们时刻保持最佳状态，以更加健硕的体魄和精神迎接新的任务和挑战。

春种一粒粟，秋收万颗子。"铁人先锋"平台给予我们坚定和信心，如同赠予每个油田学前教育工作者一颗希望的种子，追逐着教育梦想的新征程，迎接着幸福美好的新春天，共同期待着"四宜"油区果香四溢。

（撰写人：赖冬梅）

与你相知相伴　你我并肩前行

◎ 大港油田

“铁人先锋”平台自上线以来，来自不同单位、不同领域、不同岗位的党员们通过这个平台紧密地联系在一起。作为其中一员，六年来，我和平台共同经历了从陌生到熟悉，从单一到丰富，从稚嫩到成熟的过程，在相伴前行中，我们见证了彼此成长的每一步。

2192 天前，与君初相逢，结下不解缘。2018 年 6 月的一天，出差在外的我第一次听人们讨论着平台的便捷、实用，从那一刻起，我便开始期待与她的结识。不久，作为基层党支部委员，我很快就接到了平台推广应用培训的通知，我非常兴奋地去参加培训，从下载安装、登录打卡，到学习答题、交流讨论、交纳党费、参加组织生活……每一个步骤、每一个模块，我都仔细听、认真记、反复练。回到单位，我便承担起了培训、动员党员安装使用平台的任务，每一步都不那么容易，尤其对于一些年龄比较大的老同志，他们要么是没有智能手机，要么是智能手机使用不熟练，总会遇到这样那样的问题，他们从心里是抗拒的，我主动找到他们，面对面、一对一，耐心解释、手把手教，直到全体党员都能正常使用。

6151 次“约会”，与君常相伴，风雨共成长。不知不觉，她已陪伴我走过了六个年头，从“石油党建”到“铁人先锋”，看着她从十个栏目增至31个，体验着她每一项功能的完善，也享受着她一路陪伴。2000多次签到、6058次答题，我们从陌生到熟悉到每天的“如影随形”，她如同良师益友伴我徜徉在知识的海洋中不断成长，见证了我理论素养的提升、党务工作水平的进步、生活工作能力的积累、身体心态健康的塑造。

无限未来时，与君共携手，奋进新征程。习近平总书记指出，以时不我待的精神，一刻不停增强本领。在以后的工作中，我会持之以恒，将平台作为前进道路上的“指明灯”，工作生活的“好帮手”，坚持每日学习、每日答题，提升自身的理论素养和政治修养；笃行不怠，绘就奋斗底色，我将更加积极地投身平台使用、推广工作中去，自觉并提示单位党员按时交纳党费、及时参加组织生活、定时维护基本信息、随时参与线上活动、主动参与竞赛考评，努力证明我们能够担起时代赋予的使命和责任，为公司转型升级高质量发展增添一抹更加亮丽的色彩。

（撰写人：韩芳）

让这抹绚丽的石油红永远灿烂

◎ 大港油田

丁零零……

设定的手机闹铃声每天准时响起，睡眼蒙眬的我第一时间便进入“铁人先锋”平台开始每天的答题任务，这样的习惯已经坚持了近四年时间。记得刚刚成为预备党员的时候，入党介绍人就告诉我，要下载“铁人先锋”APP，以后每天都要进入平台进行签到、答题活动。

从那一刻开始，进入平台就成为我每天清晨一睁眼要做的第一件事情，几乎每天都是在睡眼蒙眬状态下完成了所有任务。有的时候生怕答错题或者漏答影响当天的积分，每次都要反反复复进入我的积分查看好几遍，直到积分无误才算罢休，如果是因为手误当天积分受到影响，甚至会难过好几天。每当和朋友说起“铁人先锋”答题挣积分，朋友都会不以为然，说我太认真了，有严重的强迫症，但我不这么认为，我认为这是对待任何事情的一种坚持、一种执着的体现，我会乐此不疲一直坚持下去。

“铁人先锋”APP 包括党建要闻、主题教育、基层党建、专题活动、堡垒先锋、典型经验、理论研究等栏目，版块新颖，内容丰富。通过近四年的时间和她相处，我从中学到了很多知识，包括党史知识和党章党规等，充分了解了我们党的光辉奋斗史，更加在思想上和党中央保持高度一致。今后，我将以更坚决的态度和更积极的作为，认真做好平台各版块知识的学习推动，努力让自己成为一名优秀的共产党员。

在“铁人先锋”APP 上进行答题

平台除了有固定的版块，还不定期推出各种专题活动，诸如“春风十里‘绿’动‘油’你”“祥龙贺春 福满中国”活动等，每当推出一个新的活动，我都会积极主动参加，尽管坚持下来很难，但是为了获得更多的积分，能够排名在前，我选择了不放弃。通过自身的坚持和努力，我在党支部积分排名中始终保持在前三名，这或许就是和平台有很深的渊源，也或许是自己的自律性和荣誉感驱使。今后的日子

学习《中国共产党纪律处分条例》

里，我会依然坚持下去，让这抹绚丽的石油红永远灿烂。

自从使用了“铁人先锋”APP，每天的茶余饭后，“今天你登录平台答题了吗？”“积分排第几了？”这样的话题成为身边党员必不可少的热议话题，每一次的热议都是激动无比，让大家从被动答题瞬间变成了主动参与，营造出了你追我赶比积分的良好氛围。我更是不例外，每次热议，我都是那个最激动的。不知何时，我惊奇地发现，她已经变成了我生活中的一部分，潜移默化中为我输送各个领域的知识，为我指明方向，成为我学习和工作的好伙伴、好帮手。

我作为一名宣传工作者，在今后的工作中，更要守初心，担使命，用手中的笔和镜头记录好一线员工坚守岗位、爱岗敬业的精彩时刻，用敬业和奉献诠释一名宣传工作者的责任与担当。我相信，“铁人先锋”平台会一直陪伴着我，我也相信平台会越来越好，我会与平台一同成长下去！

（撰写人：文瑜）

坚守铁人信念　党建引领初心

◎ 大港油田

时光荏苒，岁月如梭。不知不觉间，“铁人先锋”平台已陪伴我度过了几个春秋。作为一名新时代的党员，理应坚持勤奋学习、锤炼身心，而“铁人先锋”平台恰如其分地来到我的身边，在与她朝夕相处的几年中，我努力汲取营养，受益良多。

初识“铁人先锋”，是我所在的党支部按照中心党委要求，统一下载安装的。这是集团公司党组提高工作规范化、信息化、科学化水平的重要举措。“铁人先锋”自上线运行以来，有力促进了党员干部们随时在线沟通、学习交流，开启不一样的党建学习体验，极大方便了基层党组织开展党建工作。平台资讯内容越来越丰富，线上活动持续多样化，学习教育创新性、延展性也越来越强，“三会一课”、党史资料等尽在“掌上”。随着平台不断建设和完善，逐步将共青团及工会业务纳入平台管理，就此党、工、团业务实现在一个平台上办理、信息在一个平台上汇聚、资源在一个平台上共享、数据在一个平台上沉淀，形成“大党建”工作新格局，成为我离不开、放不下、舍不得的红色精神家园。

随着学习的不断深入，感触最深的是党建学习活动越来越丰富多彩，共产党人有了自己的学习之家，轻轻松松就能在手机上学到知识，平台包括要闻、党史学习教育、媒体眼、企业风、评论视点、能源观察、速览天下、典型经验、理论研究等栏目。而我把“铁人先锋”平台比作我的良师益友，因为她像一位知识渊博的导师教会我成长，指引我前行；又像一位多年密友滋养和安顿我的心灵，激励我奋进。因此，打开“铁人先锋”APP学习成为我每日的必修课。空闲时总会登录平台看一看，在平台上签到、答题、考试、浏览党建要闻……不知不觉，她已经逐渐融入我的生活。通过在平台日积月累的学习，开阔了我的视野，增强了干事创业的本领，而我身边的党员，在“铁人先锋”上积极踊跃积累积分的氛围也蔚然成风。

“铁人先锋”传承了石油人的红色基因，是石油人的精神家园。通过在平台上学习，我的思想境界有了质的飞越。我深刻地领会到，“铁人先锋”平台是桥梁、是阶梯，是我学习贯彻习近平新时代中国特色社会主义思想的重要途径。同时我自觉把自身的前途命运同国家和民族的前途命运紧密联系起来，努力追求有精神、有高度、有境界、有品位的人生，保持高度的责任心、使命感，踏踏实实把当下的事情做好。一门心思学知识、强本领、提素质，把一心一意干好工作作为自己的本分。尤其是在中心高质量发展的关键时期，把初心落在行动上、把使命担在肩膀上，主动担当、积极作为。

2024年集团公司“转观念、勇创新、强管理、创一流”主题教育开展以来，平台已成为党员干部线上学习的重要课堂，零点推送的“每日一习话”是我每天习惯关注的重点。同时按时参加“月月学”“专题学”等学习活动，“党史学习教育”“党建云课堂”等栏目也是我日常学习的重点。

对我而言，每天如果不上“铁人先锋”APP答题看文章，总觉得一天当中缺少了点什么。在忙碌的工作中利用碎片时间进行理论学习，党性修养也得到了潜移默化的提升。同时，在学习更多石油故事石油精神之后，我作为石油人的自豪感不断攀升，而作为石油人的责任和担当也不断增强。我也从最初的“新鲜感”到“磨合期”再到“归属感”，她早已成为我日常工作的“小帮手”、了解政策的“千里眼”、在线学习的“顺风耳”。希望平台越办越好，展示更多更好的文章，不断宣传先进人物，提高我们的自身修养。

（撰写人：刘炜）

“铁人先锋”平台加速青年成长

◎ 大港油田

“国家的希望在青年，民族的未来在青年。”习近平总书记非常关注广大青年的成才成长。

作为一名新时代青年，自从我成为预备党员以后，便在“铁人先锋”平台上开启了“成长加速度”模式，平台上内容很丰富，不但可以学习理论知识、进行知识竞赛，还可以了解国家大事，观看党课视频。我也好奇地开始探索“铁人先锋”平台的各种功能，平台的交流、学习、资讯模块有丰富的党史知识、党建知识等，让我加深了对党的了解，能够第一时间学习党的文件和会议精神，提高党性修养，为更好地为人民服务、高效工作提供了有力保障。

在将近一年的时间里，“铁人先锋”的使用已经日常化，之前每天早晨起床后，我都是首先打开微信刷朋友圈，现在第一时间却是打开“铁人先锋”，看着主页推送来国家和集团公司的最新要闻，浏览学习，然后再打卡签到、答题，学习每日一习话并收藏，每次关掉平台之前我还要看看自己在党支部的排名有没有上升，每天和身边的同事之间比一比，在这你追我赶比积分的良好氛围里，增长了知识。我的成就等级只要上升一级，我就会开心得像上学时得到奖状一样。

身边的党员和同事都跟我说，之前交纳党费都是准备好零钱，去找党小组长交纳并记录，有了现在的平台，交纳党费动动手指就操作了，省时省力，方便极了。网上课堂的“月月学”“专题学”让我们时刻关注党中央最新精神，尤其是“青马工程”的学习专题，加强了我们石油青年的理论武装，提升了我们精神素养。在平台上每当观看到具有教育意义的事例等学习内容时，我也会带着孩子一起观看。在共同观看完《听他们讲“八三”故事》课程以后，孩子也体会到了当时管道局的广大参建者从不言苦、创造条件也要上，战天斗地、勇往直前，秉承“艰苦创业、勇于实践、团结协作、无私奉献”的“八三”精神，对孩子的学习和性格的培养有很大的教育意义。

“铁人先锋”平台一点点地深入我的世界，潜移默化地影响和改变着我的工作和生活，不仅提升了我的思想认识，还开阔了我的视

党支部党员利用“铁人先锋”平台进行集中学习

入党宣誓

野。希望“铁人先锋”平台越来越好，继续为推动公司高质量发展奠定坚实的理论基础和政治保障。我会继续努力学习，跟随组织前进的步伐，和“铁人先锋”平台一起成长！

（撰写人：朱梅梅）

荧荧微光助时代大梦

◎ 大港油田

智能、高效、联动是新时代数字党建的真实写照。清晨打开“铁人先锋”平台，资讯纷沓而来，听党的思想、看党的政策、参与平台活动触手可及。登录平台就能感受到数字党建的便捷性，体验到智能化给党建工作带来的便利性。

交纳党费是党员对党应尽的义务，每次交纳党费都会想起，党支部书记挂在嘴边的“他和平台的渊源”。当时他所在的单位变更重组，交纳党费非常困难，从资产核算到人员去留诸多事宜应接不暇。线下交纳党费，往往都赶在截止日期边缘才去交，路程远、组织关系交接后每次又要联系新的同志交纳党费，让他疲惫不堪。如果能用平台交纳党费，就不再受地区、人员、环境的影响。而如今，这一功能在“铁人先锋”平台发挥得淋漓尽致，每月初他早早点开党费交纳窗口，履行党员义务。于年轻的我们更是幸运的，通过平台接收党的最新资讯，了解石油发展史，刷新对石油行业的认知高度；我们更是荣幸的，生逢其时，通过平台聆听更多党的声音，更深刻学习铁人精神，为胸前灿烂的石油花感到更骄傲！

不同于传统的党课学习，平台上有丰富多样的学习资料。既有视

党员先锋模范到储气库现场探勘

频讲解，也有文字阅读，让我可以根据自己的学习习惯和节奏进行学习和探索。在平台学习的过程中，我渐渐地形成了自主学习党建知识的能力和意识。科技赋能，共享共建，石油和党建结合更加紧密，在这里不仅能领会党最新的政策和方针，也能了解到最新的石油行业动态。

知所从来，方明所往。回望来时路，从人员手动登记在册到电脑信息录入，从线下逐一通知组织生活会时间到平台通知弹出消息，从名额有限你争我抢报名学习课程到打开平台任选课程随时随地可学，时代是出卷人，我们是答卷人。在高速发展的新时代，智慧党建、数

党员同植共建“四宜”石油新城

通过平台组织报名春游活动

字党建不仅是时代要求，更是新质生产力创新化驱动的体现。用“铁人先锋”平台讲好石油人的故事，传播中央党政最新政策，组织搭建更多学习活动，学习新思想，争做石油新铁人。你我都是追梦人，我们一直在路上！

（撰写人：陈铎）

汲取平台“养分”
保持工作“最佳状态”

◎ 管道局

自2018年从事党建工作以来，我就与“铁人先锋”平台结下了不解之缘，她也成为我掌上的“良师益友”。“铁人先锋”改版后，“学习”“党建”“廉政”“思政”“工会”“团青”等栏目内容不断丰富，成为我源源不绝地汲取“养分”的平台，助力保持工作“最佳状态”。

汲取平台中的“理想信念养分”，保持“革命理想高于天”的忠诚状态。“心中有信仰，脚下有力量。”绝对忠诚是我们党长盛不衰、永葆生机活力的力量源泉。第一次踏入“党建门”，没有了后勤工作的烦琐、文控工作的严细，而是走进了一个全新的领域，做着与党员群众息息相关的工作。随着角色的转变，我深切地体会到自身党建理论知识的缺乏。为此，每天上班总要留出半个小时浏览平台上的理论文章，时常自我警醒，可以学得少一点、浅一点，但是不能不学，久而久之，在学习中理想信念不断增强，对党在革命、建设、改革中获得的理论成就和宝贵经验有了更深理解，也使自己的思想得到淬炼、精神得到洗礼，更加坚定了对党忠诚的理想信仰。

汲取平台中“矢志为民养分”，保持“一枝一叶总关情”的初心状态。“江山就是人民，人民就是江山。”中国共产党自诞生以来，就把为中国人民谋幸福、为中华民族谋复兴确立为自己的初心使命。面对当前工作中普遍存在的党员学习主动性不高、示范带领作用发挥不明显、主题党日活动开展党性不强等问题，坚持从平台中找思路、找方法，通过借鉴其他单位的工作经验，创新工作方法，坚持将党建工作与“云平台”相结合，开展网上岗位讲述、红歌比赛、承诺践诺、重温入党誓词、讲主题党课等活动，不断提升党性修养，永葆入党初心。

汲取平台中“实干担当养分”，保持“不待扬鞭自奋蹄”的奋斗状态。“空谈误国，实干兴邦。”习近平总书记强调“伟大梦想不是等得来、喊得来的，而是拼出来、干出来的”。组织党员参与每日答题、在线答题等活动获积分、晒积分，提升了党员的学习主动性；利用平台开展“三会一课”，克服了人员分散不便集中学习的问题，为党员互相交流和分享搭起了一座桥；通过对基层新闻的浏览，了解全国各地党组织的工作经验，帮助解决工作中遇到的问题和流程，也使自己顺利度过党建工作的“七年之痒”。

未来，我将与“铁人先锋”平台这个老朋友一起继续奋斗，抓好学习活动、学习管理、学习激励，把平台作为展现本党支部新担当新作为的重要窗口，为推动我们的学习和工作提供不竭动力。

（撰写人：尉新）

借平台学“习” 给思想“建模”

◎ 管道局

管道局第二工程公司通过各种渠道，为缓解质量检测分公司人员断层的难题，想尽办法引进了13名青年新员工。新入职的员工有新毕业的、也有短暂工作经验的、还有跳槽过来的，背景多样，又是一个新的难题。

公司给新员工的培训首要任务就是“学习习近平新时代中国特色社会主义思想”，他们有些费解：难道这是央企“特色”？还是就走个形式而已？

用平台“硬件”建模

培训任务开始啦，刚开始用PPT讲课、每人发放一本《习近平新时代中国特色社会主义思想专题摘编》，学习形式老套、枯燥，大家很难学得下去。于是，党支部利用“铁人先锋”平台，将新颖、丰富的内容展示给大家，没想到效果出奇地好。青年人悟性高、有较高的文化基础，很快就悟透：原来是在给他们的思想“建模”，没有坚定的信念就没有先进的思想，也没有高层次的觉悟，是干不好工作

西四检测项目经理用平台给新青年员工集中学“习”

的。培训期满后，青年人精神抖擞，我们也信心满满地放他们到一线实习锻炼。

建模遇瓶颈 “软件”来解决

为了巩固成果，保持新员工思想教育顺利“建模”，“学习不能停”。新员工分散到不同的检测项目部，如何巩固学习效果？只能让他们带着《习近平新时代中国特色社会主义思想专题摘编》每天学习，诵读打卡。分散到各检测项目部一线的新青年员工们刚开始还能坚持在群里打卡，随着他们工作量增大、空闲时间减少，群内打卡的人越来越少。他们被现场检测的困境困扰着，身体的疲惫、技术的不熟练、离家的孤单，一股脑地袭来，他们被打得措手不及，不仅学习推

新员工在一线借机组长手机上平台学“习”

进不下去，甚至对自己的工作也产生了质疑。

党支部关注跟踪发现了问题，立即召开党支部委员会讨论，决定再次启动“铁人先锋”APP学习。新员工还没有编号，无法注册APP，就让机组长每天用个人的APP把链接分享给新员工，他们再利用工余时间进行学习，由机组长监督拍照打卡，慢慢地他们又找到了节奏和感觉，“建模”学“习”又回到了正轨。好多新员工使用平台后，感叹这个“铁人先锋”真是个宝藏APP！盼着赶紧转正、分配编号，能够自己拥有“铁人先锋”。

平台“建模”见初效

经过巩固期，新员工们势头很猛：西三检测项目五名新青年员工，在现场的三名小伙子，仅用了三个月的时间，就可以独立实施PAUT和DR检测，两名在项目部干文控做资料的小伙子也早已熟悉了工作流程，及时跟进工程资料进度。西四检测项目的两名新青年员工，不惧沙尘、不怕累，勇战新疆无人区。龙口LNG检测项目的三名新青年员工早早地适应了野外生活、融入集体，发挥了年轻人的优势。

平台学“习”思想“建模”见初效，新员工勇挑重担

新青年员工是公司新鲜的血液，解决了人员断层的难题，而通过平台学习，成功给新青年员工的思想“建模”，给他们注入了科学思考的灵魂，有了主人翁意识、坚韧的信念和奉献精神，懂得了树立、维护品牌形象。

平台学习给新员工思想“建模”，靠谱！可行！

（撰写人：赵清）

我和“铁人国际”的故事

◎ 管道局

“小杜，‘铁人国际’平台怎么用啊？”“小杜，这个‘铁人国际’和‘铁人先锋’有啥区别呢，快给我们讲讲！”国际工程分公司党支部的党员大会上，境外项目参建党员纷纷踊跃安装这款中国石油最新推出的“铁人国际”APP，会场讨论气氛十分热烈。

2022 年 5 月，党支部收到公司党委组织部通知，集团公司最新上线了专门服务海外企业、关爱海外员工的智慧党建平台。作为主要负责公司国际业务的直属党支部，国际分公司党支部全体党员成为公司首个全员安装使用“铁人国际”平台的党支部，标志着服务海外企业、关爱海外员工的工作新平台，推动中国石油创新驱动的新引擎——“铁人国际”在公司境外项目正式进入推广应用。

犹记得，在听到公司全面推广并安装“铁人国际”平台的消息时，我的心中涌起了一股难以言表的激动。作为一名组织干事，我深知这一平台的重要性，同时也感受到了自己肩负的责任。“铁人国际”不仅是一个技术平台，更是我们海外员工与公司之间紧密联系的桥梁。她汇聚了工作、网讯、学习、交流等多个模块，旨在为我们提供一个全面、便捷、高效的服务环境。为了更好地帮助党支部海外项目参建党员及时了解“铁人国际”平台的使用方法和操作流程，我组织了专题会议，详细介绍了“铁人国际”平台的各项功能与特点，同时针对“铁人先锋”“铁人国际”两个平台的使用范围以及区别、联系进行了详细阐述，从每日签到、党费交纳、浏览新闻、在线学习等方面进行了答疑解惑。

国际业务主题党日——推广“铁人国际”应用

目前，平台使用范围已实现“交流”“学习”“网讯”“工作”“我的”五个模块全覆盖，支部党员均已能够熟练使用平台“交纳党费、EAP 服务和心理服务”等功能，并利用闲暇时间主动学习“阅·海外”“悦·书香”“跃·技能”“乐·健康”等栏目，进一步增强了海外项目党员的党性修养，为他们带来了更多的便利和温暖。

为了更加直观地获得“铁人国际”APP 的使用情况反馈，真正满足海外项目参建党员的使用需求，我定期与境外党员保持沟通联系，对软件使用的具体情况做好记录，深入了解大家的需求和期望，同时

“铁人国际”使用心得体会分享

为下一步的持续推广做好准备工作。

两年来，支部党员曾多次向我反馈，他们通过“铁人国际”平台结识了许多志同道合的朋友，大家在一起分享工作心得、交流学习经验、互相鼓励和支持，这种互帮互助的氛围，让他们感受到了团队的凝聚力和向心力，更让身处异国他乡的党员们感受到了家的温暖。

最后，我想对党支部所有的党员说一声感谢。是你们的支持和信任，让“铁人国际”平台真正地进入了我们的生活。我相信，在未来的日子里，“铁人国际”平台将继续陪伴我们前行，让我们继续携手共进，共同书写公司海外业务发展的新篇章！

（撰写人：杜艳）

新　宠

◎ 管道局

在孩子的书桌上有一排玩偶，小兔子、卡皮巴拉、仓鼠……他还给一众玩偶起了名字，其中一个名曰“小铁”。“小铁”在众多的玩偶里显得与众不同，它是一个奔跑的机器人，头是一滴石油的形状，蓝色的眼睛，穿着蓝色的靴子，白色的背心，胸前有一朵鲜艳的宝石花。“小铁”是我在“铁人先锋”智选商城里用积分兑换来的，孩子很是喜欢。我想，他喜欢“小铁”可能是有两个原因吧。

其一，我和先生都在管道局工作，娃从小就生活在有着宝石花标志的环境里。办公楼上的标志、广场的旗子、妈妈的笔记本、爸爸的奖杯，还有爷爷多年前珍藏的奖品……，不说目之所及皆是吧，咱石油人的孩子总是对宝石花有着不同的情愫，所以他对这个有着宝石花标志的“小铁”也有着不一样的喜爱，因此，“小铁”被他放在玩偶队伍的最前列。

其二，我想孩子喜欢“小铁”，应该是“小铁”的到来有他的一份功劳。在使用平台之初我把签到、答题放在了晚上，有时候忘记答题了会在第二天懊恼地说：“完了，昨天晚上忘记答题了！”不连续登录会重新开始计算分值，就被后面的同志超过去，为此孩子还特地问我少答一次题会少得多少积分，然后他主动承揽了每天提醒我答题的任务。

玩具在书桌上不断变换位置，但是“小铁”C位一直不变

有时候我晚上忙没有及时登录答题，睡之前他躺在床上还会再叮嘱我一遍：“妈妈，不要忘了答题呀。”一般情况下我会说：“知道了，谢谢宝贝。”要是赶上我心情不好，我会不耐烦地说：“管好你自己就行了，快睡觉!”看我情绪不高，孩子不吱声了，等过一会儿他就会又小声说：“妈妈，你别忘记答题呀。”在孩子的监督下我的分值在党支部积分排名中一直处于领先位置，看着在组织内的排名他比我还开心。那年孩子七岁，也许刚上学的他觉得得高分对于我来说也是很重要的吧。所以，在记不住自己作业是啥的时候，他却记住了提醒我答题。

2023年我偶然发现在“铁人先锋”竟然还可以兑换东西，从职称考试用书、米面粮油、洗漱用品、体育器材到数码产品应有尽有，我用5800积分兑换了“小铁”布偶挂件。“小铁”寄到家的时候孩子很惊喜，并且批评了我没有坚持每日学习，如果五年来我能不断地学习，积分肯定能是现在的好几倍。他一边数落着我“不求上进”，一边把“小铁”放在书架上据为己有。从那以后，他又开始监督我签到、答题了。

从初识“铁人先锋”到现在，平台越来越完善。孩子从一个小学生变成了中学生，我也从一个党务工作菜鸟变成了公司十佳党务工作者，“小铁”陪伴着我们一起成长，也希望在今后的岁月里“小铁”和我们都共同进步，遇见更好更强的自己。

（撰写人：刘文燕）

我的“良师益友”

◎ 长庆油田

“丁零零、丁零零……”

又是一天夜里的 23 点，舍友的闹铃如约而至，她的闹铃在一年四季每一天的这个时候都会响起，她关掉闹铃并没有开始就寝，我就比较好奇地忍不住问她。

“你每天晚上定的 23 点的闹铃是什么意思？”

“呵呵，我要‘铁人先锋’答题啊，我害怕白天忙工作，忘记了，就每天准时 23 点闹铃督促我答题签到呢，这可是一天都不能间断的，你看，我已经从我们党支部的第 20 名追赶到第十名了。以前根本不在乎，现在每日签到答题拿积分是我的必修课，好像上瘾了！”

“我是今年才新入党的党员，你快给我传授传授经验啊。”

“我告诉你，你要多参与平台的各种线上活动，比如健步走、月月学、专题学、学习石油史、收藏学习卡等等。”

说着，她便掏出手机打开“铁人先锋”APP 给我演示了起来……

随着慢慢地与这个平台亲密接触，除了所有会员每月进行“月月学”“专题学”“收藏学习卡”之外，我们对“铁人先锋”平台的功能和优势有了更深层次的了解，这个平台不仅是我们提升业务能力和政治素养的重要工具，更是我在工作中不断前行、追求卓越的动力源泉。

一开始，我主要利用“铁人先锋”平台学习党的理论知识和时事政策。平台上的学习资源丰富多样，既有权威的政策解读，也有生动的案例分析，通过不断学习和思考，使我逐渐对党的理论有了更深入的理解，也更加坚定了自己的政治信仰。

除了学习，我还积极参与了平台上的各种活动和讨论。在“铁人先锋”平台上，我可以与来自全国各地的油田单位党员进行交流和互动，我们分享工作经验、探讨业务难题、交流学习心得，这种跨地域的交流和合作让我受益匪浅，通过参与这些活动，我不仅学到了很多实用的知识和经验，还结识了很多志同道合的朋友。

随着对“铁人先锋”平台的深入了解和使用，我逐渐发现她对我的工作产生了积极的影响。一方面，平台上的学习资源提高了我的业务能力和专业素养，通过学习新的技术和方法，我能够更好地应对工作中的挑战和难题。另一方面，平台上的交流和合作增强了我的团队意识和协作能力，在与其他党员的交流中，我学会了倾听和理解他人的观点和需求，从而更加有效地进行团队协作。

同时，“铁人先锋”也为我提供了一个展示自我、追求卓越的平台。在平台上，我可以展示自己的工作成果和经验分享，与其他党员进行交流和互动，这种展示和分享不仅让我获得了更多的认可和鼓励，也激励我不断追求卓越、超越自我。

回顾与“铁人先锋”平台的这些故事，我深感自己在这个平台上的成长和进步。这个平台不仅让我学到了很多知识和技能，更让我在思想和行动上更加坚定和自信。在未来的日子里，我将继续积极参与

“铁人先锋”平台的学习和活动，不断提升自己的能力和素质，为油田单位的发展贡献自己的力量。同时，我也希望“铁人先锋”平台能够继续发展壮大，为更多的党员提供更加丰富、更加优质的学习资源和服务。

（撰写人：张月）

“小铁人”祝我生日快乐

◎ 长城钻探

“小铁人”送上的生日祝福

生活中大部分人都有两个名字，俗称一个大名一个小名。小名亲切好记，今天我来介绍我每天的打卡搭子——大名“铁人先锋”，小名“小铁人”。每天早晨第一件事就是摸手机，坐起来清醒一会儿开始和“小铁人”答题，美好的一天就这样开始了。

6 月 4 日这天，突然收到“小铁人”的屏幕弹窗。是一条生日祝福的图片，这让我有点意外的感动。毕竟随着年龄不情愿地增加，常常不记得自己的生日了，此时，却被“小铁人”记得，瞬间有种“人间值得”的感动。

因工作而结识的“小铁人”，从诞生之初的生硬推广，到目前有温度的陪伴，每个人都赋予了她不同的意义。

提到“中国石油”，那是国家能源队的代表，提到“铁人”，“中国石油”四个字就具象化在我的眼前，他是在泥浆池里的王进喜，他也是钻台上顶风冒雨的老钻儿、他更是加油站里祝你一路顺风的姐姐，他是千万个石油行业里你身边的“铁人”。具象化的“小铁人”在一步步地成长并散发着贴心的温暖，不仅仅记得我的生日，还记得我学生时代入党的日子。她在立春举起一朵小花，唤起万物复苏的生机；她在清明举着伞落花飞絮；她在端午乘龙舟而来愿你“人间尽安康”；她在“每日答题”里普及下一个节日的诗句和小常识。

因为工作地点分散，我们的“三会一课”也来到“小铁人”的麾下，我们从专题中学习习近平新时代中国特色社会主义思想，观看党史视频，从网讯中了解时事新闻，还在功能模块中看国旗冉冉升起。对于海外的党员来说，“小铁人”打破地域的局限，让学习没有障碍，让交流没有时差，让成长一路坦途。每日的打卡积分，大家都在排序上默默地积蓄力量，比一比谁坚持的时间最长。要是哪天谁突然断了一天，重新累计的心情直让人拍大腿，这个时候，“小铁人”一定在偷偷捂嘴笑吧！每年年底兑换积分的时候也是每个人最开心的时候，去年通过积分换到了口罩、手账本和便携式洗手液，带有“小铁人”标识的设计着实让大家惊喜。

与时代同进，与潮流同频，通过“小铁人”平台流畅的操作，我们感受到了平台背后小伙伴的心血和诚意，也调动了大家自觉参与平台建设的积极性。

感谢我们的“小铁人”成为党建工作的桥梁，愿我们一起学习和成长。

（撰写人：马绯宇）

心之所向 “铁人”引航

◎ 长城钻探

作为一名海外石油工人，最开始接触“铁人先锋”平台时，我并不是一名党员。然而，随着时间的推移，这个平台在我日常工作和生活中起到的作用，逐渐改变了我对党的认识和态度，并带来了深远的影响。

初次接触“铁人先锋”是通过单位的推广。当时，我只是随意地下载了这个软件，没有太多期待。然而，随着每天参与平台上的知识答题，我对党的历史和思想有了更深刻的了解。这些答题活动不仅增加了我的知识储备，还让我开始思考党的伟大历程和崇高信念。在这个过程中，我逐渐感受到党组织的温暖和力量。平台上丰富的党建、工会和共青团活动内容，让我看到了无数像我一样的石油工人，通过平台不断提升自我、服务社会。我也不例外，在与平台相伴的岁月里，我逐渐从一个普通员工成长为一名积极向上的工人。去年，更是在党组织的关怀和平台的熏陶下，我终于成为一名光荣的预备党员。

成为预备党员的那一刻，我感到无比骄傲与自豪。尤其是当我通过“铁人先锋”平台交纳第一个月党费时，那种荣誉感更是油然而生。我特意将交费截图发送到家人群里，与家人们分享这份喜悦。

家人们为我感到骄傲，他们的鼓励和祝福让我更加坚定了信仰和追求。那张交费截图，我也特意保存了下来，作为我党组织生活的重要见证。

通过“铁人先锋”平台，我不仅仅完成了日常的学习和答题，更是通过这个平台找到了一种精神归属。在这里，我见证了许多同事的成长故事，学习到了很多先进的工作经验，也通过自己的努力和坚持，成为一个更好的自己。这个平台不仅帮助我在思想上向党组织靠拢，也在实际工作中提升了我的能力和素质。

现在，“铁人先锋”已经成为我每天生活的一部分。无论是在紧张的工作间隙，还是在闲暇的时光，我都会打开平台浏览最新的党建资讯、参加各种学习活动。这个平台已经不仅仅是一个学习工具，更是我精神的家园。通过她，我深刻体会到了党的伟大，也更加坚定了我为党的事业奋斗终身的决心。

利用平台，向国际雇员们传递“铁人精神”

“铁人先锋”不仅仅是一个平台，更是一个让我们这些石油工人不断进步、不断提升的精神家园。她通过丰富的内容和创新的形式，将党建工作与我们的日常生活紧密结合在一起，真正做到了以故事赋能组织力，以实践激发创造力。在这个平台上，每个人都可以找到属于自己的光荣与梦想，共同书写新时代石油人的奋斗篇章。

通过平台，我不仅学到了知识，更收获了信念和力量。她激励着我在海外石油工作中，不断追求卓越、不断超越自我。我相信，在党的领导下，在“铁人先锋”的引导下，我们的未来一定会更加光明。

在海外工作，身处异乡，每每看到软件里的那抹红色，我都能感受到一份深沉的温暖和力量。那抹红色不仅象征着家的颜色，更是心之所向的灯塔，指引着我在异国他乡不断努力和奋斗。她让我在异国他乡找到了一种归属感和认同感，使我更加坚定了自己的信仰和追求。她提醒我，无论身在何处，心中那份对祖国和党的热爱与忠诚，永远不变。那抹红色激励着我不忘初心，砥砺前行，携手更多的石油工人，共同书写新时代的奋斗故事。

（撰写人：曹嘉宁）

我需要而你刚好在

◎ 长庆油田

最好的相处是我需要而你刚好在。不知何时，当我们被数字化大潮一股脑卷入信息大爆发的时代时，各种 APP 立刻占领了我们的手机，侵袭了我们的生活。无奈、郁闷中，集团公司“铁人先锋”平台如一股清流，在悄然之间浸润了我的心田。

初识“铁人先锋”，他成了我好奇心的印证。和一些为了完成任务而被动安装应用的同志有所不同，我在更早就听开发系统的朋友剧透过，他卖着关子：“将会有这样一款能满足我们精神需求、填补我们知识盲区、促进经验孵化应用，还能将散落在各地的广大石油人，巧妙联在线上的 APP 会与石油人见面。”第一次听到这样的描述，我嗤之以鼻，认为朋友牛吹大了。当“铁人先锋”平台真正来到我身边时，我迫不及待地要去印证这一切。从版面设计到模块划分，从内容干货到激励方式，她一步步向我展示了什么叫作最专业、最科学、最实用、最综合、最有效。在使用平台三个月后，我还是没忍住给朋友打去了电话：“你的总结能力有待提升啊，‘老铁’可比你说的好多了……”

相信大家都一样，以前遇到问题找“度娘”，结果大量的信息需要时间去筛选，最终结果还不尽人意。现在，“老铁”成了我的“充电桩”“百宝箱”，一有时间，就会习惯性去平台上“淘宝”，看到好的案例、课件都会第一时间保存，方便我需要时随时拿来学习，不知不觉中，读书笔记都写了厚厚一本，上面红黑相间的记录，无不体现着“老铁”的智慧。

依稀记得第一次接触 CCUS 技术，感觉高大上，云里雾里，很想了解所以然。于是，登录“老铁”，很快就找到了一个详实的视频微课，动画演示配合通俗易懂的介绍，让我这个门外汉很快就来了兴趣。不禁感慨，这“老铁”还真是无所不能。

在与“老铁”朝夕相处的三年多时间里，她成了我每天必见的老师，是一股默默较劲的学习力量。今天你学习打卡了吗？刚上传了一套形势任务知识点，别忘记答题！交党费再也不用支部书记操心了……当我身边的优秀石油人们都开始内卷时，我只有把“老铁”把得更紧才能跑得更快些。

（撰写人：夏文娟）

我们的“可视化”党建生活

◎ 长庆油田

在科研的广阔天地里，数据是科研的基石，无论是油田开发、勘探增储还是地质建模，数据的数字化收集、整理、分析和解读都是科研工作中极其重要的一环，科研人员对数据天生敏感且善于运用。然而随着科技进步，采油六厂地质研究所的科研人员们兴奋地发现，获取数据的类型越来越丰富，他们与“铁人先锋”平台之间也悄然编织起一段不解之缘，这种缘分，既源于平台提供的便捷与高效，也源于科研人员对智慧党建的深刻理解、对数字化党建的热情参与。

对于科研人员来说，这意味着他们可以更加直观地了解党建工作的进展和成果。“铁人先锋”平台运用大数据思维，建立了党组织和党员的“画像”模型，实现了党建工作的“可视化”管理，平台还提供了丰富的数据分析工具，帮助科研人员深入挖掘数据背后的价值。采油六厂地质研究所青年党员秦如在平台浏览到署名文章《扛起能源实业高质量发展的责任使命》后说道：“此刻我特别骄傲能成为‘国家队’一分子，在文章中我读到了我们的企业在国家能源安全、科技自立自强等方面的核心作用和积极担当，我要在企业极高追求和竞争背景下，快速提升自我专业竞争力，尽早融入这场硬战中。”

对于科研人员来说，这意味着他们可以进入一个全新的党建学习与交流数字化空间。科研人员通过平台，可实时获取党的最新方针政策、党建动态，参与线上学习、交流活动，这种便捷性，使得科研人员能够在繁忙的科研工作中，也能保持与党的紧密联系。“记得那是一个周末的下午，阳光正好，我照例坐在电脑前准备处理一些地质图件。突然，屏幕上弹出了平台推送的‘页岩油新技术的线上研讨会’消息，我心中一动，决定放下手头的工作，观看这次研讨会。研讨会上不仅有专家学者的精彩演讲，还有全国各地石油同仁们的自由发言、互动交流以及经验分享，置身于这个虚拟但高水平的会议室中，我感受到了平台带来的多样、便利和高效。”党员同志黄延明描述着他与平台的小故事。

对于科研人员来说，这意味着他们可以亲身感受数字时代党建工作的价值与魅力。平台上丰富多彩的线上党建活动，为科研人员的党内生活提供了全方位的支持和服务，他们通过平台参与各类党建活动，如在线考试、答题竞赛、专题党课、职工服务等，享受平台的“增值服务”。地质研究所党支部累计积分最多的党员同志张换果热情地说道：“‘铁人先锋’平台是我参与党内生活最便捷高效的方式，我与平台相逢已超过 1800 天，获取了 60085 积分。如今，早已习惯每天登录、关注平台的最新动态，我会继续与平台保持不解之缘，继续描绘数字时代党建工作的新画卷。”

（撰写人：陈新晶）

看“老书记”如何玩转“新平台”

◎ 长庆油田

“老龚的党务工作干得特别踏实、细致。每次组织学习，他总是把学习记录写得密密麻麻；每次组织活动，他前一天肯定会把活动细细捋一遍，确保老同志的安全；逢年过节，他也是早早坐皮卡去县城购买过节物资，确保大家节日过得开心快乐。有了他，我们支部才是温暖的家。”这是第十采油厂乔河作业区庆六接中心站老党员黎宏对党支部书记龚毅钧的评价。

但是随着“铁人先锋”平台的全面推广应用，让大家感到快乐的老龚书记自己却“不快乐”了。“我都五十多岁了，没想到还要学习用电脑跟手机进行党务办公，也是紧跟潮流了一把。”面对“新潮”的“铁人先锋”平台，老龚书记可犯了难。他把党建“小全书”收集过来，一本本认真地研究书里有关“铁人先锋”平台的部分，秉

老龚书记向年轻人请教如何操作党建平台

持着不懂就问、不耻下问的“工作法则”，积极地向年轻党务工作者请教，教自己如何一步步熟练掌握“新平台”操作。

现在的他，每个月不仅会保质保量地将“三会一课”录入系统、在平台上按时督促党员交纳党费，通过党支部工作群，定期提醒党员进行党史、党纪学习答题，还会鼓励党员参加“云走长征”“喜迎党的二十大”健步走等主题活动，老龚书记也逐渐从“笔”不离手，变成“机”不离手，真正实现党务工作线上化、常规工作流程化、组织实施规范化、工作记录全程化。

“老龚书记学习能力真强，以前的他只会用手机接打电话、发微信，现在的他不仅会用手机登录‘铁人先锋’平台处理党务工作，还会操作电脑端，简直比我们年轻人还玩得溜。”中心站青年党员王家卫说道。“活到老，学到老，‘铁人先锋’平台确实帮我省了不少事，

老龚书记组织党员线上学习

老龚书记网上学习党务工作

许多党组织工作可以通过互联网进行，拉进了党群距离，密切了党群关系，更提高了基层党组织的管理水平。”老龚书记发自内心地感慨道。

4G 的智能普及与 5G 时代的到来促使智能移动应用获得了高速的发展，打开了党建“提质增效”密码，是党建工作的新挑战，也是新机遇。

（撰写人：陈虹州）

在“铁人先锋”中勇往直前

◎ 长庆油田

在我心中，有一个特殊的地方，她不是山川湖海，也不是繁华都市，而是一个虚拟空间——“铁人先锋”平台。这是中国石油为我们员工量身打造的学习天地，一个让我不断汲取知识、提升自我的宝贵平台。

我认识“铁人先锋”得益于我的好同事——代莎，代莎是我们同一个办公室的一位非常优秀的党员，我从她身上学习到很多优秀的品质，同时看到她每天都会在平台上收藏“每日一习话”，每天都进行答题，在她的影响下我也开始在平台上坚持学习。

记得第一次登录“铁人先锋”平台，我仿佛打开了一个新世界的大门。在那之后的每一天，我都会抽出时间，认真学习党的知识，学习并收藏“每日一习话”，参与在线答题，平台上的每一次学习，积分的每一次增长，都像是在我心中种下了一颗种子，它们在知识的浇灌下，逐渐生根发芽。

平台提供了党建、廉洁教育模块，让我一个群众能够每天沉浸在党的关怀下，积极地学习提升自己。在平台里边我看到了一批批“铁人精神”的践行者，看到了一次次科技创新实践成果，更看到了石油人把“能源的饭碗必须端在自己手里”的坚定信念和理想。在平台的陪伴下，我开始更加主动地学习，更加积极地参与实践，思想政治理论也在不断地升华。我意识到，作为一名石油工人，要成为一名光荣的共产党员，不仅要做好自己的本职工作，更要将学习到的思想用到自己的工作中去。

因此除了积极通过平台学习理论知识以外，我还将平台上学习到的思想理论运用到实践中，通过实际操作来检验和巩固所学知识。在每一次的实践后，我都会对标平台上的先进事例进行反思，总结经验教训，这让我在理论与实践之间找到了更好的平衡。

在平台的陪伴下，我在不断地成长，时时刻刻以共产党员的标准来衡量自己。记得有一次，平台推出了“党员先锋岗”活动，鼓励党员同志在日常工作中发挥党员的先锋模范作用，我虽然不是党员，但是我也默默地在心里定下了一个目标，一定要以党员的标准严格规范自己的行为。因此我主动承担了更多的宣传任务，习总书记曾说宣传的同志们要把鲜活的思想讲鲜活，我时刻牢记习总书记的嘱托，踊跃参加单位组织的各项文体宣传活动，主动参加庆阳市科普演讲比赛，将油田的知识与发展用演讲的形式展现到大众眼前，主动承担相关宣传材料的编写工作，另外还在团队协作中积极发挥作用，将在平台上学到的理论知识写入日常的宣传材料中，让材料变得鲜活有趣。在以党员标准要求自己成长的过程中，在平台上学习的每一天，我都深刻体会到了作为一名党员的责任和担当，也让我更加坚定了向党组织靠拢的决心。

如今，每天登录平台学习已成为我生活工作中不可或缺的一部分。她不仅是我学习知识的平台，更是我精神成长的摇篮。我深知，向党组织靠拢是一条漫长而充满挑战的道路，但我愿意用我的热情和努力，不断在工作中磨砺自己，提升自己。我相信，通过不懈努力，我一定能成为一名真正的党员，更好地为党的事业贡献自己的力量。我承诺，将更加积极地利用好平台，加倍努力学习，提升自己的综合素质。我将以实际行动践行党的宗旨，以更加饱满的热情投身到工作中，为合水油田高质量发展贡献自己的力量，为实现中国梦不懈奋斗。

（撰写人：张晓雪）

一块玄铁的“铁人先锋”进阶路

◎ 华北油田

提笔写我与“铁人先锋”平台的故事时，我回想起从2022年的7月，我下载“铁人先锋”APP到现在已经两个年头了，跟许多人相比我与平台两年的时间太短太短，在别人看来可能不值一提，但只有我知道，在“铁人先锋”陪伴我的两年时间里，我是怎么从一块“玄铁”一点点进步的，平台见证了我在工作中的每一步成长。

2022年7月，我从基层单位调到了华佳综合服务处党群工作科，接手了团青和新闻宣传工作。因为工作职能的变化，我第一次接触了“铁人先锋”平台，她赋予我团青工作的管理权限，从此开启了我作为团青干事的“铁人先锋”之路。“铁人先锋”团青工作有团籍注册、主题活动、志愿服务、青年联谊等版块，每年我都用心维护着我工作权限内的这片小天地，每年年初督促青年进行团籍注册并完成年度评议工作；准确掌握上级方针和政策，紧跟党委的工作步伐，与党政工作目标保持一致，紧紧围绕服务处中心任务，根据不同时期工作的侧重点适时调整工作着力点，选好和找准工作切入点，认真组织服务处青年员工开展各类学习、团日活动、青春建功、青年精神素养提升工程、青年突击队等一系列活动，以实际行动为主责主业贡献青年中坚力量。每一项工作的完成、每一个活动结束后，我都会登录“铁人先锋”平台，将记录着华佳青年或热血、或感动、或精彩瞬间的文字、图片上传，每每看到这些记录总是让大家回想起那时活动的情景，作为青年为单位发展贡献自身力量的骄傲之情油然而生。

2023年的6月，在我32岁这一年，又解锁了一个新身份——中共预备党员，我的“铁人先锋”平台的工作内容更丰富了，有了“我的支部”、党建版块，记得成为预备党员之后第一次在平台上交纳党费，我的激动之情溢于言表，荣幸而又自豪，我暗下决心：努力工作，绝不松懈，争取早日成为一名共产党员！现在打开“铁人先锋”，我除了管理团青版块部分，又多了一些每日答题、在线答题、网上课堂月月学等学习活动，刚成为预备党员的初期，还没有养成每日答题学习的习惯，经常需要在支部书记的指导下进行各项平台学习答题，让我感到羞愧汗颜，时常反思自己的不自律。到现在每天睁开眼第一件事，就是在平台上签到，进行每天的答题活动，闲暇时浏览党建要闻，学习一些专题课程，武装头脑。

平台功能在不断地强大，信息量也越来越丰富。我也在一点一点进步，我一定要利用好这个平台进行交流和学习，不断提高自己的学习积极性和参与活动的热度，多学知识，提高思想觉悟，在未来的进阶路上勇往直前！

（撰写人：张一弛）

后来遇见她　陪我春秋冬夏

◎ 西南油气田

入职四年半，从一开始下载“石油党建”打算放置吃灰的小想法到如今每晚再忙也要打开“铁人先锋”的坚持如一，遇见平台遇见陪伴，每一个登录界面与我共度春秋冬夏，她用丰富的理论知识、最新的时讯速递、精彩的活动分享，让我在树立终身学习观念的道路上不再孤单彷徨。

远岫碧侵云，相识在秋季。第一次安装平台到手机，心中有些不以为然，觉得自己不会每天登录，更难坚持学习。“铁人先锋”（那时名为“石油党建”）就静静地躺在我的手机里，和一堆宝石花图标的 APP 混在一起，显得安静、沉默，没有参与进我的生活。秋天静如水，她也静如水，我们互不打扰、互不理解。她自有风采万千秀于内，我亦傲慢无缘窥得一线精彩。

晚来天欲雪，能饮一杯无？不久后，我发现周围的同事经常有一段“神秘”时间，有时是在路上念念有词，有时是一拍脑袋就拿出了手机，原来大家每天都要在平台上学习答题。我怀着完成任务的心态，登录了“铁人先锋”，纷繁的精彩活动，滚动的学习专题，党建、工会、团青、每日学习、热门读书……小小的 APP 里分类井然有

我与企业共成长

序，她像是一扇敞开的窗户，让世界走进我的视野。

春风花草香，相知在春日。从“每日答题”到“在线答题”再到“月月学”活动，我对“铁人先锋”的使用频率逐渐增加，甚至有时睡觉前想起今天没有登录，也要坐起来完成今日份的学习。我在团青栏目里汲取前行的力量，在党建栏目里厚植爱国爱企情怀，也在平台里第一次发表了新媒体宣传作品。她陪伴我学海泛舟，也给予了我前行的肯定。

绿树阴浓夏日长，感恩在夏季。从组织排行最后一名逐步上升，从完成任务到主动学习，“铁人先锋”成为我每日必用APP，她下载在我手机里，也装进了我心中，融入我生活里。每天晚上不看看今日三分钟，不学习一下最新讲话和会议精神，不关注一下推荐学习的更新，感觉都像少了点什么，和她每天、每月、每年的相伴，是我们无声的默契。她越来越强大全面走深走实，我亦学会感恩与坚持。

春有百花秋望月，夏有凉风冬听雪，这就是我与“铁人先锋”平台的相识相知。我将始终铭记，共石油党建，与先锋同行，在每一份寂静的时光里，不忘记学习知识，坚持提升自我，努力成为一颗红心向党、永葆学习热情的石油青年。

（撰写人：付子倚）

我与“铁人先锋”共成长的日子

◎ 西南油气田

2023年的初夏，我步入了石油行业的大门，成为一名石油工人。实习的第一站，来到了大巴山腹地——西南油气田川东北气矿“铁山坡”，这里仿佛与世隔绝，四周是茂密的森林，山峦叠嶂，云雾缭绕，气候多变且恶劣，但在这里我感受到石油人的坚毅与奉献精神。虽然环境艰苦，但每当困惑与疲惫袭来，打开“铁人先锋”的平台，寻找那份精神的慰藉与力量，平台上的党建文章与案例，如同深山中的一缕阳光，带来了温暖和力量，使我更加坚定了信仰，汲取了前行的动力。

“铁人先锋”平台成为我职业生涯开端的“红色精神家园”，“铁人先锋”这个名字本身就带有一种坚韧与不屈的力量，正如我们石油人骨子里的铁人精神。在一线的实习经历中，我亲身感受到了这个平台在党建工作中的巨大影响力。有幸赴大庆参加“铁人精神”培训后更深地理解了自己肩负的责任与使命。在这个大家庭中，“铁人先锋”平台成为我工作和学习的重要伙伴。

在实习期间，我深入了解了石油行业的业务知识和技术操作。在这个过程中，“铁人先锋”平台成为我学习的好帮手。我利用平台上

现场作业

的在线课程和专题讲座，系统地学习了石油行业的相关知识。同时，我也积极参与了平台上的互动讨论，与同事们交流心得和体会，不断提升自己的专业素养。

当我转入达州应急抢险维修大队时，更是亲身体验了石油行业的艰辛与挑战。每当面对突发的险情和紧急情况，我都会第一时间想到“铁人先锋”平台上的安全知识和应急指南。这些资源为我提供了重要的指导和支持，让我能够更加从容地应对各种挑战。同时，在抢险过程中，我也积极向身边的党员学习，他们那种不畏艰险、勇往直前的精神深深地感染了我。

在“铁人先锋”平台上，我还结识了许多志同道合的党员朋友。我们一起参与平台上的志愿服务活动，为身边的人提供帮助和支持。通过这些活动，我深刻体会到了作为一名共产党员的责任和担当，也更加坚定了自己为石油事业贡献力量的决心。

回首这段与“铁人先锋”共成长的日子，我深感荣幸和自豪。她见证了我的成长和进步，也记录了我对党建工作的热爱与执着。在未来的日子里，我将继续与“铁人先锋”平台携手共进，不断学习和成长，为石油事业的发展贡献自己的力量！

（撰写人：李泽良）

无“铁人”不我们

◎ 西南油气田

古有“莫愁前路无知己，天下谁人不识君”的坦然，又有“海内存知己，天涯若比邻”的庆幸，更有伯乐与千里马，伯牙和子期。而在我们终其一生的工作过程中，也如此幸运能遇到好的领导和知己。亦师亦友，更在心中。

相比千百年前的古人所遇的知己，如今的平台无疑更加的开放和包容。古代时期人生舞台更多的是被朝廷与君王所搭建。一道圣旨，一纸手谕，就是一个平台，临危受命、来去、任免、升降，皆由君王所定。人才进阶的通道是单一且逼仄的。而现在，时代大平台呼唤各路有志者登场，更有各类小平台，衍生于大平台的周围。一路走过，面临着大小不一的机会，也拥有了自由选择的可能。

如今的新时代青年，有着“谓我不愧君，青鸟明丹心”的赤诚，也有“驰驱一世豪杰，相与济时艰”的担当。他们有“衣沾不足惜，但使愿无违”的执着，更有“封侯非我意，但愿海波平”的纯粹，就像扎根在深山里的石油青年，通过“铁人先锋”的学习去感受到群体的力量。多少人在亲近的路上被苦难压弯了脊梁，而那澄澈的赤子之心和青春意气永远在半空中流淌，永远轻盈，也永远滚烫。

我作为一名入党积极分子，通过参加党支部活动和学习专题，认识到自己对红色革命知识的欠缺，对党群工作认知的严重匮乏。"铁人先锋"平台的重要性在这一刻不言而喻，彰显出她应有的影响力。从平台中我能学到时政新闻，能学到集团公司重要会议精神和文件。我从一个初出茅庐的石油青年成长为一个了解熟悉组织工作的石油人，我很感激组织给我的信任，让我有机会去展示自己，丰富自己。所谓在其位，谋其事，身为石油工人，就应当时刻关注组织的前瞻性动态。庆幸我们生在了最好的时代，面前是书香缭绕，恰逢年少，有何不能？有何不可？

自参加工作以来，我从原来的"要我学"逐渐过渡到现在的"我要学"，在成长过程中工作态度也逐渐成熟。在党支部组织的"党建促生产，争当技能先锋"主题活动中，同事们结合岗位实际工作，直面生产难题，通过制作 PPT 讲述课件、工艺现场讲述等多种形式参与活动。通过讲述课件的质量评比，大家进行了良性竞争，互补互助，你追我赶，并且在"铁人先锋"上发表了报道文章《以人为本，以站为家》。党支部组织的活动让我深受启发和教育。2024 年 2 月 26 日，温泉中心站用最真挚的祝福，为即将退休的老职工举办了一场简单又温馨的欢送会，让大家感受到了石油大家庭的温暖；在"12·23"纪念日，党支部围绕"不忘事故教训，筑牢安全底线"主题，切实抓好安全工作，践行"安全第一，生产为主"。

新的一百年，已跃然眼前。历史画卷历历在目，未来蓝图亦清晰可见。别忘了脚下就是时代的大平台，只是你还需要过硬的打铁功夫。

青年朋友们，不妨先踏稳脚下的这个大平台，保持如履薄冰的谨慎态度，见叶知秋的敏锐直觉，未雨绸缪的忧患意识，知责于心，担责于身，履责于行，在工作中干在前，冲在前，以非常之意志，非常之措施，非常之纪律，啃硬骨头，涉险滩，然后一步一步，借助今天的大平台，建起属于自己的小平台。不迟疑，不犹豫，奋槊进击！

（撰写人：吴金坪）

“铁人先锋”下的数字生活

◎ 东方物探

我与“铁人先锋”平台结缘已三年。

回想起初次接触平台，我仿佛还沉浸在那份探索未知的兴奋中。那是一个寻常的下午，我按要求安装了平台，却意外踏入了一个全新的世界。初入平台，我如同一叶孤舟，在平台多样的知识海洋中漂泊。平台为我提供了坚实的臂膀，引领我乘风破浪，驶向成功的彼岸。

党建引领　灯塔照航程

通过“铁人先锋”平台学习《中国共产党纪律处分条例》

平台如同一本数字化的党建教科书，为我们提供了丰富多样的学习资源。在这里我深入学习党的最新理论，通过“党建课程”等学习模块，让枯燥的理论变得生动有趣。平台上的党建活动也格外吸引人，线上讨论组与对话等活动，不仅提高了我们的党性修养，也拉近了党员之间的距离。

平台助力　工作更高效

“铁人先锋”，不仅是党建知识平台，也是专业知识的宝库，是我工作的得力助手。在平台上，我了解行业的最新动态，跟踪学习前沿技术，还结识了许多志同道合的同行。每一个版块都充满了惊喜，每一次点击都像是在开启一扇新世界的大门。

“每日一习语”蕴含着丰富的政治智慧和实践经验

我至今都清楚地记得，《强化石油人管理能力八堂课》使我深受启发，让我看到了心理学在管理中的无限可能。不仅丰富了我的管理学知识，更在无形中成为我的职业导师。在平台的助力下，我开始尝试将一些知识应用到实际工作中，竟然取得了意想不到的效果。

工会关怀　温暖润心田

工会模块则成了职工的“贴心娘家”。工会服务功能多样齐全，让我切实感受到了组织的关怀和温暖。职工之家，提供了心理咨询、职工健康小屋等贴心服务。调查问卷和合理化建议、职代会提案和厂务公开真正实现了民主管理。

数字生活　提质赋能

从青涩的求学者到自信的答题者，平台见证了我的成长。每一道习题，都是一次锤炼；每一次答疑，都是一次进步。我与平台的故事，是一段并肩奋斗的历程。在竞赛的赛场上，我披荆斩棘，斩获佳绩。平台为我搭建了施展才华的舞台，让我在竞争中磨砺意志，在胜利中收获喜悦。

如今，我已成为平台的忠实用户。我与平台的故事，仍在续写，每一页都记录着我的成长和收获。回首与平台相伴的日子，我深感庆幸和感激。庆幸自己能够遇到这样一个富有智慧与活力的平台，感谢平台，成为我工作之中的灯塔，指引我前行。我相信，在未来的日子里，我将继续与平台携手前行，共同探索能源的奥秘，书写更多精彩的故事。

（撰写人：范广朋　姜凯月）

数字时代的党建新篇章

◎ 东方物探

在数字化浪潮席卷而来的今天，我有幸成为“铁人先锋”平台的一名忠实用户。这个平台不仅是我日常工作中不可或缺的工具，更是我参与党建、工会活动的重要载体。在这里，我见证了平台功能应用的生动实践，也记录下了自己应用平台的“数字生活”。

作为一名党员，我深知党建工作的重要性。而“铁人先锋”平台正是我们党员学习交流、思想碰撞的乐园。平台上丰富的党建资讯、学习资料让我能够随时随地进行自我提升。通过参加平台上的线上学习、查阅党建百科，我深刻感受到了党的创新理论的强大力量。同时，平台上的互动交流功能也让我能够与其他党员分享学习心得、交流工作经验，进一步增强了党组织的凝聚力和向心力。

让我印象最为深刻的一次活动是平台上的“春风十里，‘绿’动‘油’你”健步走活动。它设置了十个地标，途径石油河、西河坝窑洞、庆城嘉会门、克拉玛依一号井、依奇克里克、冷湖石油小镇、郝坨梁作业区、港五井红色教育基地、红旗村干打垒群、铁人王进喜纪念馆，达到规定步数可解锁对应地标。健步走活动仿佛是一部跨越时空的石油史诗，让我深切感受到了中国石油工业的辉煌历程和铁人精神的伟大。参与健步走活动，不仅是一次身体的锻炼，更是一次心灵的洗礼。当我走过石油河，仿佛能听到那潺潺的流水声中蕴含着的不屈与坚韧；西河坝窑洞见证了石油工人艰苦创业的岁月，他们凭借坚定的信念和不懈的努力，在这片土地上留下了不朽的印记；庆城嘉会门、克拉玛依一号井等地标，则让我感受到了中国石油工业从无到有、从弱到强的壮丽篇章。通过这次活动，我深刻体会到了中国石油工人的艰辛与付出，也更加珍惜现在的幸福生活。同时，我也更加坚定了自己的信念，要继承和发扬铁人精神，为实现中华民族的伟大复兴贡献自己的力量。

在“铁人先锋”平台的陪伴下，我的工作和生活变得更加丰富多彩。我不仅在平台上学习到了许多新知识、新技能，还结识了许多志同道合的朋友。这些经历让我更加深入地理解了数字时代党建工作的真实感受，也让我更加珍惜与平台的不解情缘。

未来，我将继续与“铁人先锋”平台携手前行，共同书写数字时代党建工作的新篇章！

（撰写人：张嘉翔）

平台在手　党建随行

◎ 东方物探

2018 年我开始接触“铁人先锋”平台，最早她的名字叫“石油党建”，顾名思义就是石油人自己的党建平台。2022 年起，我从一个平台的终端使用者成为一名基层党支部系统维护人员。两年来，党员们的党组织生活已经离不开“铁人先锋”平台。

线上线下“零障碍”

我们党支部有三十余名党员，在职党员分散于各个办事窗口，以往日常管理中存在收缴党费难、传达通知慢、开会集中难等问题。

自从有了“铁人先锋”平台，参加线上“三会一课”、学习测试，真正做到“平台在手、党建随行”。尤其是三年疫情期间，作为线下“三会一课”的补充和拓展，“铁人先锋”平台进一步丰富组织生活、学习教育的内容和方式，满足不同层次党员的个性化需求。会议召开后，将会议主题、会议时间、会议材料通过平台发给所有党员，大家可以继续深入学习，既方便了党员又提高了参会率，最主要的是保证了党建信息安全。

我作为一个党支部管理员，平日需要维护各类信息，比如组织生活、接转组织关系、缴纳党费、发展党员、工作台账、党内统计等功能模块。如今，我们中心基层党建日常业务工作100%在这个平台实现，形成线上线下、党员和党组织紧密联动的党建工作信息化体系架构。

从严管理“零遗漏”

2022年10月，单位党委在平台巡查中发现，我们中心党总支近年来党员人数始终保持在50人以内，没有严格按照规定落实“三会一课”制度，有的党员发言内容没有结合自身实际工作……

通过平台，基层党组织在党建工作中存在的问题和不足一目了然。公管中心党委组织部将这些问题进行通报的同时要求限期整改。我们中心党支部书记立即进行点评，提要求、作部署，层层传导压力。随后的两个月时间内，我们中心党总支调整为党支部，同时夯实“三会一课”制度、党建融合工作和基层党组织换届选举工作。

服务党员“零距离”

随着单位业务转型，机构和人员持续发展，人事变动就很正常，每年都会有几名党员同志调走或者退休。这几年来，就有数十名党员通过平台网上接转完成组织关系转移，极大便利了党员，有效防止了“口袋党员”“空挂党员”等现象。

此外，平台还提供学习教育、办理业务、建言献策等在线服务，为党员履行基本义务、享有学习教育权利提供了更加便利的条件，实现多走网路、少跑马路。

石油人的基层党建工作已全面进入“互联网 +”的新时代，我们要以互联网思维谋划党建，用互联网技术推进党建，推动石油党建工作在线落实与不断创新。

（撰写人：鹿陆）

我心中的“红色灯塔”

◎ 长城钻探

2012年，我与“铁人先锋”平台结缘，还记得初次登录平台时，那种被各种信息包围的感觉，既有迷茫，又充满期待，犹如驾驶着帆船在广阔无垠的大海上行驶一般。在这个平台上，我每天了解不同的党政动态、时事政策、上级精神等知识，可以吸收党政工作技能提升能量，还可以通过在线交流分享经验并相互学习。

铁人精神，曾经是一个时代的符号，在20世纪60年代，在那个艰苦与激情并存的年代，是共和国的创业者们，是一群不畏艰苦的石油人，在极端恶劣的环境下创造出奇迹，在艰难的实践中逐步形成“铁人精神”。

什么是铁人精神？那是以王进喜为典型的先锋人物，是我国石油工人精神风貌的集中体现，是弘扬“为国分忧，为民族争气”的爱国主义精神，是“舍小我，争大我”的自我奉献精神。

而在“铁人先锋”平台里，一篇篇前辈的报道，一件件感人的事迹都激励着我前进的步伐。他们爱岗敬业，无私奉献，自强不息，我要向榜样看齐，做一名合格的共产党员，力尽所能地开展工作 。而且平台还会实时更新最新的党政动态以及通知公告，确保党员能够第一时间领悟党政精髓，提高了党政工作效率。

“铁人先锋”里丰富的知识敦促我成长

同时，通过登录平台，系统地学习了很多石油行业的专业知识，那些丰富的知识不断给予我各种养分，也让我有了面对复杂问题的勇气，正是有了平台的帮助，激发了我不断求知的欲望，我不断地通过平台的在线课程、专家讲座等功能，迅速提升了自己，让自己有了更大的信心和扎实的基本功。

除了学习知识，“铁人先锋”平台还为我提供了与优秀的前辈、同行交流的机会，在这里，我们不分岗位、不分地区只是尽情地分享各自工作中的宝贵经验，交流彼此的心得，共同探讨石油行业发展的未来。这些极大地拓宽了我的视野，让我更加深入地了解到我们石油行业如今需要面对的困难与挑战。作为一名基层石油工人，作为一名中国共产党党员，要坚定时刻学习的理念，同时一定要把创新与实践应用到实际工作中。

“铁人先锋”平台激励着我前进的步伐

我相信在未来，我会一直努力携手“铁人先锋”平台，学习贯彻习近平新时代中国特色社会主义思想，不忘初心，踏实肯干，开拓创新，以“铁人先锋”平台为红色导向，以铁人精神为红色信念指引，做一名爱岗敬业、肯想肯干的新时代青年。心中有“灯塔”，前行有方向，我会按照“红色灯塔”的指引一直努力向前！

（撰写人：谢亮）

“基层小白”充当平台客服的二三事

◎ 长城钻探

和“铁人先锋”平台的初遇是在 2021 年 12 月，那时我刚参加工作，按要求下载了包括“铁人先锋”在内的一众石油内部软件。那时的我万万没想到，在日后的工作中，她如此之实用，是我使用频率第二高的应用，仅次于“中油即时通”。当然，这与我的工作岗位有很大关系。

作为一名基层政工干事，最初接触党建工作时一头雾水，加上我所在的党支部有党员人数多、人员分布散、党员年龄偏大等特点，几乎全部工作开展得都不是特别顺利。第一个问题就是组织大家完成签到答题。按照公司党委要求，各支部要组织党员完成每日签到答题、月月学、专题学、在线答题等学习任务。对于习惯了手机操作的我来说，这些任务并不复杂，但对于部分上了年纪的党员来说，线上操作就不是那么友好了。“点哪儿是签到？我这是不是成功了？”“我怎么登录不上去？密码是多少？”通知一经发布，党员群里就炸了锅。发截图、语音都解决不了大家的疑问，怎么办呢？我稍微组织了一下思路，第一次做起了“临时客服”，通过手机录屏的方式一步一步为大家操作演示，效果立竿见影，所有人都清楚要做什么了。

“临时客服”歇业没两天，我遇到了第二个问题。有党员反映，有苹果手机显示 APP 不可再用。经了解，原因是苹果手机证书升级，解决方法需要先卸载软件再重新下载。这名党员在外出劳务，自己操作不明白，身边也没有能帮助他的人，加上他讲话有一些口音，多次电话沟通后还是无法成功安装软件。最后还是等到他休假回来，我用他的手机面对面操作才解决了这个问题。

不久后，第三个问题随之而来，公司党委规定，线上党费交纳率要达到 95%。“怎么绑定银行卡啊？”“我为什么付不出去钱？”线上交费推进的初期，又是一片问题不断。“您稍等，银行卡怎么绑定我给您录个视频。”“钱付不出去有什么提示吗？是不是因为密码不对呀？卡里余额够用吗？或者您去趟银行，看看是不是卡有什么问题。”……到这会儿我做“客服”已经很熟练了，问题解决得更快了。

经过两年多的磨合相处，现在，党员们已经能熟练应用“铁人先锋”这个软件了。而这个软件也成为我最默契的工作伙伴。我养成了一个习惯，每天早起第一件事就是打开 APP，签到、答题，在党员群里发起群接龙，督促大家上线打卡。此外，定期收缴党费、开展“三会一课”、进行党员管理、学习典型经验……在她的帮助下，我的党建业务能力有了进一步提升，她的推广应用也极大程度便捷了我的工作，这就是我和“铁人先锋”平台的故事。

（撰写人：宋歌）

“铁人先锋”平台上的奋斗与收获

◎ 长城钻探

这是一个信息爆炸的时代，每个人都需要展现自己的舞台。“铁人先锋”平台就是我们石油人的舞台，这个平台就像一座桥梁将石油人紧密地联系在一起，已成为我们工作、学习、生活不可或缺的一部分，我们也在这个平台共同抒发着对石油工作的热爱。

“雪琪，你刚接手党建这摊活，压力别那么大，有时间多在‘铁人先锋’APP 看一看、学一学，那上面有不少好故事、好方法……”记得是 2022 年 10 月一个上午，由于工作调动我从技术员转变成一名政工员，角色和工作的转变让我一时有些发懵，党建领域的各项工作也让我一时间无从下手，看到这种情况，我们党支部书记特意找我来谈话。听了书记的话我立即进入平台，这也是我第一次认真地关注藏在手机边缘角落里的“小透明”。我发现在平台上，不仅可以学习党的最新理论成果、了解各项工作的最新动态、学会工作的一些小窍门，还可以在平台上了解兄弟单位工作亮点和经验分享。慢慢的我缕清了党建工作思路和方式、方法，党建工作也走上正轨。

“听说了吗，现在‘铁人先锋’要求全员登录学习打卡啦……”这对我一个几乎天天登录平台，体会到“铁人先锋”平台为我的工作带来便利的人来说小事一桩，但如何让大家都接受平台并参与进来，从被动变主动完成打卡任务，是我面临的又一项艰巨任务。“铁人先锋”全员打卡大家怎么看、怎么办、怎么干三个问题如何解决是关键。通过分享平台高效便捷信息、传递丰富多样知识内容、宣传便捷的学习交流功能，让员工很快接纳这款实用软件；通过制作平台答题任务流程PPT，让员工熟悉每天任务量；发挥党员模范作用，与群众结对子，以小组形式完成全员学习打卡任务。打卡学习慢慢地成了大家的习惯，截至目前全员完成“铁人先锋”打卡学习任务已经坚持了两年多。

在“铁人先锋”平台上，我还见证了许多感人至深的故事。有的党员同志在平台上分享了自己的入党故事，讲述了他们是如何在党的培养下成长为一名合格的共产党员的；有的工会干部在平台上记录了他们在工作中遇到的困难和挑战，以及他们是如何克服这些困难、取得优异成绩的；还有的团友们在平台上分享了他们的青春奋斗故事，激励着我们这一代年轻人要勇于担当、敢于追梦。在这个平台上我也学会了如何更好地与他人沟通交流、如何更好地处理工作中的问题。这些经验和技能，不仅让我在工作中更加得心应手，也让我在生活中更加自信从容。

回顾在“铁人先锋”平台上的点点滴滴，我深感这个平台不仅是一个学习交流的平台，更是一个见证我们成长、记录我们奋斗历程的平台。在未来的日子里，我将继续积极参与平台上的各项活动，与平台共同进步、共同成长。

（撰写人：刘雪琪）

弘扬先锋能量　传递铁人精神

◎ 长城钻探

在数字化时代，学习不再拘泥于传统的书本，网络学习成为我们打开新认知的一扇天窗、指引方向的一盏明灯。于是，“铁人先锋”走进了我的工作、生活。

“铁人先锋”平台开始于一个简单而坚定的信念，即“弘扬正能量，传递铁人精神”。

初识“铁人先锋”，只是觉得她是个再普通不过的平台。然而通过深入了解，我却被她的丰富资源和优质内容所深深吸引。她为中国石油打造多元化的学习信息平台，将石油信息化建设和数字化转型相结合，平台上不仅有各种专业课程，还有大量的实践案例和经验分享、各类时势发布、最新指示精神。同时，能够在线接收信息资讯、参加组织活动、学习考试和交流互动。平台突出服务和交流功能，促使中国石油党建工作进入“互联网 +”的新模式。

随着时间的推移，“铁人先锋”逐渐赢得了员工们的认可和支持。越来越多的用户开始加入这个大家庭，他们在这里学习铁人精神，分享自己的心得体会，互相激励、互相支持。

大家可以根据自己的学习进度和兴趣选择所需要的课程，各取所需；还可以与其他员工交流心得，共同进步。平台上的内容也越来越丰富多样，不仅有关于铁人精神的文章、视频、音频等学习资源，还有各种形式的线上活动。有时候，课程内容较为深奥，需要花费更多的时间和精力去理解和掌握。但是，也正是这些困难，激发了我的学习热情、对事物的探索心，让我更加专注。在“铁人先锋”平台的学习过程中，我感受到铁人精神的魅力，不断提升自己的能力和水平。

看新闻、观政治、学党史……打卡“铁人先锋”学习平台早已成为我的日常必修课。每天起床后的第一件事就是打开“铁人先锋”，看看国家要闻、时事政治。“今天的‘铁人先锋’你打卡了吗？”“你的‘铁人先锋’积分排第几？”这些都成了我身边的员工们茶余饭后、工作之余热议的话题。大家经常凑到一起探讨学习方法、介绍好的学习经验，探讨多得分、得高分的诀窍。同事之间比一比，营造了你追我赶、比拼积分的良好氛围，让大家的观念从起初的“要我学”变成了“我要学”。

不知何时，我惊奇地发现，她已经变成我生活中的一部分，润物无声地为我输送着各个领域的知识，为我指明方向，成为我学习和工作的好伙伴、好帮手。员工们相互比拼，谁的积分越来越高、名列前茅，也会成为一件引以为傲的事情。

“铁人先锋”平台每天都有新形势、新内容，开阔了我的视野，提升了我的思想认识。对于平台的高效运用，不仅有效促进员工们学习成果的快速转化，提升了党建工作科学化、规范化、标准化的整体管理水平，同时，为推动公司高质量发展奠定了坚实的理论基础和政治保障。

现如今，“铁人先锋”成了我每天点击率、操作率最高的APP，成为我成长道路上的一盏明灯，激励着我用不断前进的脚步与“铁人先锋”平台共同成长！

（撰写人：闫啸）

平台伴我成长　铸就信念之光

◎ 长城钻探

在我日常工作的岁月里，“铁人先锋”APP 犹如一颗璀璨的明星，闪耀在我的学习与成长的路上，成为我与党的理论知识紧密相连的重要纽带。

初遇“铁人先锋”APP 时，我便被其深深吸引。作为长城钻探党委和团委工作的得力平台，她承载着海量且丰富的学习资料，犹如一座取之不尽的知识宝藏。那些关于党的理论知识，像是一把把钥匙，为我开启了通往真理与智慧的大门。

在日常的时光里，“铁人先锋”APP 已然成为我生活中不可或缺的一部分。每当有空闲的片刻，我便会迫不及待地打开这个神奇的平台，投身于党的知识海洋之中尽情遨游。那些生动鲜活的视频资料，以直观而震撼的方式向我展现着党的光辉历程和伟大成就，让我仿佛穿越时空，亲身体验着那些波澜壮阔的历史时刻。而一篇篇深入透彻的文章分析，则如同一盏盏明灯，照亮我对党的理论的理解之路，使我能更深刻地领悟党的精神内涵。

工作中，当我面临诸多困惑与难题时，“铁人先锋”APP 总能为我提供强大的理论支撑。在这里，我能寻找到解决问题的方向和策略，党的智慧给予我灵感与勇气，让我能以更开阔的视野和更坚定的决心去应对各种挑战。每一次从平台上获得的启示，都如同春雨滋润大地般，滋养着我的工作能力和思维方式。

面对困难与挫折时，那些在平台上闪耀着光芒的优秀党员事迹以及各个行业里的先锋模范人物，成为我前进的动力源泉。他们的奉献精神、坚定信念和无畏勇气，激励着我在自己的道路上奋勇前行，永不言败。我深知，他们走过的路是我应当追寻的方向，他们的品质是我应当学习和传承的瑰宝。

同时，“铁人先锋”APP 也为我和同事们搭建起了交流与分享的广阔平台。我们会一起探讨平台上的精彩内容，分享彼此在学习过程中的感悟与思考。这种思想的碰撞与交融，让我们共同进步，共同成长，在党的旗帜下凝聚成一股强大的力量。

随着时间的推移，我越发感受到平台对我的深刻影响。她不仅丰富了我的知识储备，提升了我的政治素养，更塑造了我的价值观和人生观。她让我从一个对党的事业懵懵懂懂的新人，逐渐成长为一个有着坚定信仰和深刻理解的党员，让我更加清晰地认识到自己肩负的责任与使命。

“铁人先锋”APP 见证了我的成长与转变，她就如同一盏永不熄灭的明灯，始终照亮着我前行的道路。我相信，在未来的日子里，我与她的故事还将继续精彩演绎。我将紧紧依靠这个平台，不断汲取知识的力量，在党的事业中绽放更加绚烂的光彩，为油田的蓬勃发展贡献自己的智慧与力量，让这份与“铁人先锋”APP 的不解之缘永远延续下去。

（撰写人：任飞）

“小平台”可以有“大作为”

◎ 长城钻探

“快帮我看看怎么获得积分？”“我也通过答题积攒了积分。”“在‘铁人先锋’APP 里有个每日答题和每日签到，完成答题和签到可以获取相应的积分。”刚开始，部分党员总是抱怨，想不起来签到，积分排名靠后。在一次党员大会上，我便展示出我的手机桌面，我的“铁人先锋”APP 和“微信”APP 放在了一起。我开玩笑地说：“我们每个人都有一个习惯，每天睁开眼睛的第一件事就是打开‘微信’看朋友圈，把‘铁人先锋’APP 放在‘微信’旁边你就不会忘了。大家可以通过每日签到答题、网上课堂、在线答题练习、月月学、专题学等多种学习方式获得积分。”没想到，这个想法得到了所有党员们的认可。“你今天登录平台了吗？你答题了没？”这已经成我的口头禅了，我每天还在工作群里提醒党员签到、答题。为进一步调动党员学习的积极性、主动性和创造性，更好地发挥党员先锋模范作用，公司党委根据“铁人先锋”APP 组织排行对各党支部前三名的同志们进行了嘉奖。通过季度“晒”积分，使广大党员身上有职责、肩上有担当、争先有标、考核有据，通过公开公正的积分考核，“小积分”发挥了大作用。

“铁人先锋”平台就好似一个家，记录着我们支部每一位党员的政治生日。为党员同志们提供了一种新的休闲学习方式，主动学习、自觉学习的氛围逐渐在支部形成。我每天的早晨都伴随着“铁人先锋”而开启，看着主页推送来的最新要闻，浏览学习，然后在平台上打卡签到、答题。每每在组织排行积分榜单上看到自己的排名上升，都像上学的孩子拿到优秀的成绩单一样兴奋。每月一次的党费交纳都在提醒着我作为一名党员应尽的责任和义务。我就是这样一名普通的石油工人，一名朴实的党员，我以对党的朴素忠诚，以对党的不变信仰，在平凡的岗位上默默奉献着。

我一直从事政工员的工作，所以，党建平台的系统维护工作就自然而然地落到了我的肩上。每年年底为党支部 17 名党员提前录入党费，创建并记录“三会一课”等日常党建系统后台维护工作，我都认认真真，及时准确地完成。通过“铁人先锋”平台了解党建时事要闻，学习典型经验，深入理论研究，不仅学习了党建知识，同时提高了党性修养，为高效工作提供了有力保障。

“铁人先锋”平台受众面广、传播快速，无时间、无地界限制，有效促进了党员学习、交流、管理，更好搭建党组织与党员、党员与党员、党员与群众之间沟通桥梁，让党的教育管理更接地气，更有吸引力。

（撰写人：王莹）

一见如故的你

◎ 锦西石化

2022 年 9 月，我完成了从“学校人”到“石油人”的转变，那时我初次步入工作的“舞台”，也是一个拥有五年党龄的中共党员。第一次接触“铁人先锋”平台，感受到石油党建的魅力所在。工作近两年的时间里，我与“铁人先锋”的联系越来越密切，她逐渐成为我工作和生活中不可或缺的小伙伴，一起伴随我成长和进步。

“铁人先锋”平台上的积分排行在运行部中营造出了“比学赶超”的党建知识学习氛围，在去上班的路途中，遇见部门同事，大家已经习以为常地问上一句，“今天你签到了吗？”或是“今天你答题了吗？”不少党员因为答题出错，没有得到积分而沮丧。大家每天早上一醒来，立马开始答题，然后通过平台上的组织排行查询自己的排名。

“铁人先锋”平台就像是一盏“指路明灯”，在这里我们可以在线上交纳党费，开展党支部组织生活，组织党建知识竞赛；学习新理论、新政策；了解其他兄弟单位的工作动态，学习新思路新方法等。记得有一次，我正在思考“互联网 + 党建”新模式是如何激发出基层党建的活力，对此感到有些迷茫和困惑。正当没有思路时，我突然想起每日都要登录的“铁人先锋”平台，我迅速打开平台，在党建动态中仔细浏览相关信息，终于理清了思路，有一种茅塞顿开的感觉。“铁人先锋”平台又像是一个“大家长”，也是一个“宝藏”，在这里我们可以通过党建百科、资料库、党员学习、党务工作者学习、中心组学习和群团学习等多个栏目广泛学习各种知识，还有视频学习、有声书学习等多种方式满足大家对知识的渴望，充实精神世界。通过“铁人先锋”平台智选商城可以选购专业书籍，用积分换购礼品，还有心理服务和运动健康等贴心的服务，让我真真切切地感受到来自中国石油大家庭对每位员工的关怀，让我对平台一见如故的感觉更上一层楼。

作为一名党务干事，我今后对“铁人先锋”平台的应用也会越来越多，希望今后能依托平台做好党员教育和党支部的组织管理工作，和我一见如故的“好朋友”一起成长。

（撰写人：林宇）

我与“铁人先锋”的共融之旅

◎ 内蒙古销售

在数字化与工业化深度融合的新时代，我有幸与“铁人先锋”平台相遇，她成为我工作和生活中不可或缺的一部分。这个平台以其丰富的内容和独特的功能，将党建、工会、共青团等多元业务紧密相连，她像一座桥梁，连接着传统与现代，也连接着个人与集体，是新时代传承和弘扬石油精神的重要平台。

“铁人先锋”平台的出现，让我对石油精神有了更深刻的理解。在这里，我感受到了那种不畏艰险、敢于拼搏的精神。每当我在平台上看到那些关于石油工人奋斗的故事，都会被深深打动。他们面对恶劣的环境、艰苦的工作，从不退缩，始终坚守在岗位上，为国家的能源事业默默奉献。这种精神，正是我们石油工人的骄傲和自豪。

在“铁人先锋”平台上，我参与了多次线上党课学习。这些课程不仅内容丰富、形式多样，而且能够随时随地进行学习，极大地提高了我的学习效率。通过学习，我更加深入地了解了党的历史、党的理论和党的路线方针政策，也更加坚定了我的理想信念。同时，我也结识了许多志同道合的党员同志，我们共同交流学习心得，探讨工作问题，形成了浓厚的学习氛围。这种团结互助、共同进步的精神，正是石油精神在党建工作中的生动体现。

除了党建工作，“铁人先锋”在工会和共青团业务应用方面也有着不俗的表现。在平台上，我参与了多次工会组织的线上活动，如线上培训、知识竞赛等。这些活动不仅丰富了我们的业余生活，也增强了团队的凝聚力和向心力。我们像石油工人一样，团结协作、共同奋斗，为实现工会的目标而努力拼搏。同时，平台还为我们提供了便捷的工会服务，如线上申请工会福利、查询工会信息等，让我们感受到了工会的温暖和关怀。

在共青团方面，“铁人先锋”同样发挥着重要作用。通过平台，我参与了多次志愿服务活动，这些活动让我深刻体会到作为一名共青团员的责任和使命。我们像石油工人一样，无私奉献、服务社会，用自己的实际行动践行着共青团员的初心和使命。同时，平台还为我们提供了丰富的学习资源和实践机会，如线上讲座、实地考察等，让我们在实践中不断成长和进步。

通过与“铁人先锋”的深入接触，我深刻感受到了石油精神的内涵和价值。石油精神不仅仅是一种职业精神，更是一种民族精神和时代精神。它激励着我们不畏艰险、敢于拼搏，为实现中华民族的伟大复兴而努力奋斗。作为新时代的青年人，我们应该继承和发扬这种精神，不断追求卓越、勇攀高峰。

在未来的日子里，我将继续与“铁人先锋”携手同行，共同为石油事业的发展贡献自己的力量。我相信在数字化时代的浪潮中，“铁人先锋”将发挥更加重要的作用和价值，为我们这些青年人提供更加便捷、高效、优质的服务和支持。同时，我也将不断努力学习、提高自身素质和能力水平，为实现中华民族的伟大复兴贡献自己的青春和力量。

（撰写人：丹妮丝）

石油人红色缤纷的精神家园

◎ 西南油气田

我已经记不清那是哪一年，只记得是一个风和日丽的下午，我刚倒掉茶杯里残余的茶叶准备下班，同事黄敏突然冲进办公室，着急地对我说："不好意思，手机能借用一下吗？"

看着她抢过我疑惑中递过去的手机，然后就是一阵熟练地操作。"终于完成了！"几分钟后，她如释重托地将手机交还给我，一边歉意地对我说："谢谢啊，幸好你还没走，今天手机出了点问题，进不了'铁人先锋'，差点耽误了今天的学习和打卡。"

我看着手机上静静发着光的那个宝石花图标，有些困惑，单位前一阵要求每个人都安装的这个APP，我还没有点开过，有这么重要么？

带着疑问，我点开那个熟悉的宝石花，界面简洁明了，有交流、学习、网讯和工作几个版块，我像研究新设备的PLC功能一样，挨个点开，哟，内容还真不少，有党史思想学习，有各个兄弟单位的最新动态，有平凡石油人的日常工作和生活感悟……

在如今这个"互联网+"的时代，手机正悄然改变着我们的工作、生活和习惯，网络上的信息，良莠不齐，真假难辨，而"铁人先锋"

工作间歇进行“铁人先锋”学习及答题练习

则给我们留下了一片净土。

在这个平台上，我们能很轻易地找到归属感，在这里，不仅可以获取到最新的行业资讯，了解公司的工作重点和动态，更能深入学习和领悟党的精神和历史。她如同一本流动的教科书，让我们在轻松的氛围中，不断提升自己的思想境界和综合素质。因为学习就如同吃饭，囫囵吞枣会导致消化不良。

从此，每天闲暇的时候、困倦的时候，我都会点开“铁人先锋”平台，了解行业发生的新闻，了解最近需要关注的工作重点，学习和了解党的知识和历史。

有同事问我：“你都不是党员，为啥每天还登录上去学习和答题？”每当这时，我都会心地一笑，因为我明白，“铁人先锋”不仅仅是一个学习平台，更是连接每一个石油人的精神纽带。那些陌生又似曾相识的讯息和感悟，也更容易让我们共情，获得启发和激励。每天

支部利用“铁人先锋”平台开展专题学习

登录“铁人先锋”，已经成为我的习惯，成为我生活的一部分。

相信在未来的日子里，“铁人先锋”平台将会继续发挥她的作用，引领我们共同为石油事业的发展贡献自己的力量，引领我们在数字时代走向更加美好的未来。

（撰写人：陈密）

追光的人终会万丈光芒

◎ 长庆油田

小余是庄五转中心站的一名青年工作人员，同时也是一名共青团员，从参加工作到现在，她一直有一个愿望，就是加入中国共产党。

从她递上入党申请书的那一刻开始，她便严格要求自己，坚持学习党史，从思想上先入党，跟上党的步伐。小余平时会通过“铁人先锋”学党史，悟思想，她说，平台上有丰富的学习资源，从党的历史到团的发展，都可以在这里找到相关的课程和学习材料。此外，“铁人先锋”还定期推出在线培训课程，“月月学”知识竞赛活动，激励团员青年们积极参与、比拼学习成果。小余积极参加这些活动，利用闲暇时间听网课，学党史，不断提高自己的思想觉悟和业务能力。

2024 年 6 月，全国开展“安全生产月”活动，“铁人先锋”的网上课堂也紧跟时事，开展“人人讲安全 个个会应急”主题活动，小余作为共青团员，积极主动参加学习，“月月学”内容分为“学”“练”“测”三部分，通过学习习近平总书记关于安全生产的重要论述和近期出席重要会议发表的讲话，以及集团公司召开的重要会议精神等，提升员工对安全问题的意识，通过练习安全知识习题，巩固加深安全知识，通过测试，熟练掌握安全常识。小余不仅自己学，还发挥团员带头作用，带动身边同事、家人一起学习。她从未忘记身为一个共青团员的使命，生活中她是互助友爱的践行者，工作中是顽强上进的争先者，她说新时代好青年应该坚持学习各类知识，以学问武装头脑。

在“铁人先锋”指引下，进行拓展阅读

何其有幸，生于华夏之盛世，何其幸焉，加入中国共青团。小余的所作所为，影响着身边的人，她说她也想成为光，散发光，她将继续用自己的行动，引领更多的团员青年坚定理想信念、勇担时代责任、展现青春风采。她也希望自己能够继续发挥先锋模范作用，为实现中华民族伟大复兴的中国梦贡献更多力量。

（撰写人：张婕）

为“铁人先锋”点赞

◎ 长庆油田

“铁人先锋”是专供石油人使用的党建工具，是根据我们石油人的特点而开发的集党组织与党员管理、三会一课、党费在线缴纳、问卷调研、在线答题、电子书屋等实用功能于一体的线上党建工作平台，是个新鲜事物。

石油人的工作场所是一个没有围墙的工厂，人员居住分散，不易集中，党支部的很多活动组织开展起来都不方便，但现在，支部党员都说，“铁人先锋”真正实现了“把党员连在线上，党员活动随时开展”的愿望。

最近，生产保障队党支部的党员们，只要互相见到了，就会问：“你签到了没？‘铁人先锋’那套题你答了没有？”大家的热情高涨，一个个你追我赶地答题，赚取积分。

生产保障队老党员李晓峰，一个不常玩手机的老党员，也开始每天琢磨怎么提高自己的积分，赶超党员王利源。

“书记，咱们怎么还能赚取积分？我和王利源还有一点差距。我现在每天练习在线答题，都不给我加积分了！”老李有点郁闷地给书记说。

“老李，除了每天签到可以获取积分，还有在线答题、在线练习、在线学习都可以获得积分。”支部书记在党员群里给解释着。

“书记，在线练习好几遍也没有积分，我看了好几个视频，在线学习也不给加分，是不是我哪里操作有问题？”

每天都有党员和支部书记询问平台的问题。

“嗯，就是，作业区培训时，咱们综合管理室的张主任是这么说的，我也在线看了几个视频，没有给我加分，完了我再好好看看，研究一下。那现在你就每天多关注‘铁人先锋’，看到在线答题更新了，就抓紧时间练习、答题，获得积分，争取赶超王利源。”党员们不时探讨交流着学习心得。

党员李晓峰和王利源的积分，今天你比我高，明天我比你高，他们两个互相追赶，争着答题，练习，凡是能获得积分的，一个也不放过。

“铁人先锋”APP 的使用，给我们带来了方便，可以线上召开三会一课，再也不用发愁人员不好集中了，只要通知开会时间，大家一起在线，就可以召开三会一课，组织大家一起学习时政，党和国家的大政方针，还可以通过公告及时通知消息，避免消息获取滞后，也方便了我们基层党支部开展活动，我们为“铁人先锋”点赞！

（撰写人：张志峰）

在坚持中找准努力的方向

◎ 长庆油田

我自小生长在老区庆阳，那里是长庆油田的发源地，因此我在成长过程中深受油区文化的影响，父辈们“三老四严”和“争当先进”的传统作风根植在我的思想意识中，向父辈们学习就是我当时的努力方向，而这个方向，一直指引我一路前行，他们的敬业精神伴随我逐渐长大，让我积极向上，催我不断进步。

渐渐长大后才明白了原来支撑着他们不怕吃苦、奉献青春年华、爱岗如家的信念是从哪里来的，只因为他们是在党领导下的石油工人，矢志不渝听党话、跟党走是他们老一辈石油工人的人生信念，他们是在坚定地沿着党指引的方向和道路，一直在走下去，从没有改变过方向。

如今，我也成为一名石油工人，从他们手里接过了沉甸甸的“接力棒”，也要沿着他们所走的路，一直走下去。

为了能够像这些石油父辈们一样，为油田的发展奉献青春和热血，实现人生的价值，一直以来，提高自我党性修养，就成了我努力的方向。为了使自己更快、更准确地掌握党的知识，在思想政治上更加成熟，党史知识学习成为我日常学习的重要内容，我也在学习中不断地增强自身“爱党、爱国、爱社会”的思想意识。

当“铁人先锋”平台运行后，我每天通过平台学习党的方针政策、党史知识，及时了解党内发生的重大事件。不论走在哪里，随时打开手机，点开“铁人先锋”平台，就可以学习到许多党史知识。在平台上有许多的栏目为党员同志提供学习帮助，而我最喜欢进入《资料库》中学习，在那里可以学习的内容是非常丰富的。特别是《平语近人》栏目，让我学习和掌握了党的十八大以来，习近平总书记多次引经据典、援古证今，赋予典故鲜活的时代内涵，恰到好处地表达了中国共产党人的立场、观点和方法。这不仅彰显了大国领导人执古御今、持经达变的大视野、大气魄、大胸怀，也折射出了习近平总书记对于治国理政的深邃思考和宏大韬略。平台为我们全体党员学习领会总书记治国理政的精髓要义提供了非常好的学习资源，学习后让我的党性修养和思想觉悟不断地得到提高，使我受益匪浅。

《党员学习》栏目中的内容非常全面，既有阅读的学习内容，还有视频可以更为直观地学习，特别是有声书极大地提高了党员对党建知识学习的积极性，可以让党员边聆听、边理解，无形中增添了许多浓厚的学习兴趣，学习收效很大。

在开展党小组集中学习的过程中，以学习《党建课程》为基础，学习《习近平新时代中国特色社会主义思想学习问答》。该有声电子书以回答体的形式全面系统、深入浅出地阐述了习近平新时代中国特色社会主义思想的基本精神、基本内容、基本要求。党员同志们通过聆听具备优美音质效果的学习课件，更加深入领会了党的创新理论，更加自觉地用以武装头脑、指导工作、推动工作。

习近平总书记在党史学习教育动员大会上强调，回望过往的奋斗路，眺望前方的奋进路，必须把党的历史学习好、总结好，把党的成功经验传承好、发扬好。在全党开展党史学习教育，是牢记初心使命、推进中华民族伟大复兴历史伟业的必然要求，是坚定信仰信念、在新时代坚持和发展中国特色社会主义的必然要求，是推进党的自我革命、永葆党的生机活力的必然要求。

所以，作为一名党员，要充分的利用“铁人先锋”平台功能强大、内容丰富、学习时间可自主把握的特点，加强党的理论知识学习，不断充实自身的党性修养。要通过不断地坚持学习，让自己的党性修养变得更加成熟，这就是我们每 名党员要努力的方向。

（撰写人：王欣）

脚　印

◎ 长庆油田

笔者是一名光荣的红工装，这红是山丹丹的红。

工作所在是长庆油田第二采气厂，“铁人先锋”APP推广的时候，我已入党多年。

那时候，他的名字叫作“石油党建”。刚开始注册的时候，我们采气作业区的党员们不免有一些“人心惶惶”。

高中那种题海战术是不是又要袭来？

还要每天签到呢……

登录页面打开，哇！这不是“数字党建一本通”嘛！

采取的是固定任务和自选学习两个版块共同推进的办法。固定版块是每月党费交纳，每日签到，每日答题和月月学等。自选版块可谓是琳琅满目，从党史到时政，从石油精神到石油史，从党建联系生产到党建联系安全，APP的推广者可谓用心良苦。

慢慢的，我就发现了端倪，时间长了，碰到党建试卷，只要是感觉熟悉的，选择题的正确率相当高，但填空题就差一些。

慢慢的，填空题的得分率也在提升。

后来，“石油党建”改版了，新的名字叫作“铁人先锋”，党、工、团多路工作都融入其中，版块内容更丰富了。

其他好像没感到什么变化。

慢慢的，我不由地想起艾宾浩斯遗忘曲线。核心就是多重复，重点是在遗忘之前完成重复。而遗忘的规律是，重复得越少的记忆内容，遗忘得越快，重复的次数多了，就不会那么容易忘却了，甚至最终形成长期记忆。

就是那种若有似无的感觉，毕竟需要学习的内容范围那么大，而且又是碎片化学习。

渐渐的，这种感觉越来越明显。真的是难能可贵！

保障国家能源安全，加大国内油气田勘探开发力度，保卫碧水蓝天，一桩桩一件件，都似烙印落在心头。

渐渐的，我对石油工业的未来更充满了信心。

“要学喜鹊搭新房，要学蜜蜂采蜜糖……”儿时的歌谣似小河流淌，轻声诉说，轻声呼唤……

呼唤，呼唤，呼唤那梦中的石油河……

“铁人先锋”不仅要印记在心里，更要印记在行动中。

主题党日，党员大会，支部学习，从急难险重的那天，到每季度，再到需要学习的方方面面。

“铁人先锋”平台是树根，我们党员石油人就是枝干，携起手来才会枝繁叶茂。

党建做引领，工会做保障，团青做支撑，共同铸造起祖国能源饭碗中那坚不可摧的中坚力量！

这力量无惧风雪，无惧泥泞，无惧艰难！

愿“铁人先锋”的脚印，更加坚定前行！

（撰写人：李荣刚）

跟着“铁人先锋”学铁人当先锋

◎ 长庆油田

2024 年 3 月，气田开发事业部党建责任制考核排名油田公司三类单位第一，连续五年党建责任制考核为优秀。从最早的“党建小白”到“党务管家”，我跟着平台学党建、用好平台抓党建，我切实感受到党建的伟力、新时代党建的魅力。

2018 年 1 月，气田开发事业部从机关党支部转成事业部党委，我也由专业技术岗位调整到党务管理岗位工作。参加工作十多年的老工人又成了一个手足无措的小白，全新的工作内容，让我大脑一片空白、无从下手；全面从严治党的高标准、严要求，让我紧张焦虑、压力山大。恰巧集团公司推广“铁人先锋”平台，我在平台老师的指导下，一边学习党务知识，一边学习平台知识，搭建组织、完善信息，经过一个多月的努力，终于完成组织搭建和人员信息录入，并熟悉了“三会一课”等基础党务知识。在平台推广中，有些党员不理解、不主动，我就多学一点、靠前一步、多干一些，一个个地找，一次次地说，利用各种机会，不厌其烦地晓之以理、动之以情，直到大家都主动习惯运用平台。事业部党建平台考核始终排名公司前列，三次荣获平台应用先进单位称号，我也先后被评为油田公司优秀党务工作者和优秀共产党员。

“铁人先锋”搭建了广阔的学习沟通交流平台，大家可以随时随地学习最新的总书记讲话、党建知识、上级党组织的最新部署，也可以学习兄弟单位好人、好事、好经验，极大地方便我们的学习。机关会议多、出差多，“三会一课”是老大难问题。有了平台，大家可以随时随地学习研讨、投票选举、评先选优等。特别是三年疫情期间，大家通过平台学习研讨，坚定了战胜疫情的信心和决心。借助平台，我们实施党委领航、书记领跑、党员领先的三领行动，打造学习教育“四个课堂”，创建气开微党课，擦亮“匠心铸大气、红心暖万家”的党建品牌。

民心是最大的政治，党建就是要抓住民心。“铁人先锋”让党建便捷高效、充满时代感，成为每名党员的“精神家园”和“加油站”，真正实现了党建抓在手里、放在心上、落实到行动中，为气田高质量发展凝聚了强大的力量。

（撰写人：郭杜凯）

时光荏苒　初心不移

◎ 西南油气田

不知不觉，“铁人先锋”APP 已经成了我每天离不开的使用工具，记得第一次接触“石油党建”，刚开始只是单纯为了完成交纳党费和学习任务，偶尔也会点击里面的学习文章、视频浏览看看。两年前岗位更换到组织干事，与她“打交道”多了起来，渐渐她成了我工作学习的依靠。

便捷工作　提高效率

“铁人先锋”APP 是集团公司整合网络资源，推进“互联网 + 党建”的一项重要举措，党员只需动动手指，就可以随时随地参与支部生活、在线学习、党费交纳等，打破了以往党员参与组织生活“限时、限地、限人”的束缚，极大地便利了党建工作。党组织基本情况、党员关系转接、党员发展过程、党费收缴情况、组织活动，鼠标轻轻一点，这些数据情况就映入眼帘，党务工作情况也一目了然。每当工作中有需要查询的，只需要刷新页面，就能快速找到，大大减少纸质办公的烦琐，操作办理更加简单便捷，大大提高工作效率。

第一党支部支部大会上学习“铁人先锋”视频资料

学习园地　海量资源

新时期党建工作要求党务工作者学习组织能力与日俱增，如何丰富中心组学习内容、如何“吃透”上级政策文件、如何让党员们第一时间学习到党纪党规知识……这些问题在平台都能找到答案。通过《以新质生产力推动中国经济高质量发展》《博物馆里的党史》等平台视频学习资料充实“会前学史”专题，确保让理论学习走深走实。当然作业区各党支部也通过平台资源，获取更多“三会一课”、主题党日的学习内

利用阵地进行青年思想教育

容，及时宣贯党的二十大精神、《习近平法制思想学习纲要》《集团公司 2023 工作会》等，播放生动的石油精神讲述及法律知识普及等视频，不仅给党务工作者更多素材启发，也给普通党员海量学习资源。

“铁人先锋”公众号报道阶段性党建工作

借鉴经验　营造氛围

作业区党委、党支部也常常通过平台“网讯”“经验交流”等栏目汲取其他单位党支部建设经验，利用热门课程将党课推行到一线班组，在班务会、交接班、部门会中宣传学习，实现党建与生产相融互促。此外，通过积分激励常态化，各党支部坚持月度积分对标排名、年度积分奖励，开展党内知识竞赛、强化智能分析功能应用，将党员和支部使用的数据积分情况纳入民主评议和党内推优中，以此建立党支部竞争新赛道。此外，还发动党员结合当月生产经营工作，适时报道党建阶段性工作、提炼总结成果经验，今年上半年撰写党建网讯或公众号推文五篇，展示党建工作亮点做法，图文并茂方式更加激励了党员学习使用的主动性。

（撰写人：肖博雅）

平台链接使命　党建铸造辉煌

◎ 西南油气田

早晨醒来，在等车的间隙滑动手机，点开“铁人先锋”，开始完成跳出来的“每日答题”，接着进入交流窗口，翻看新推送的“每日一习话”，遇到喜欢的便赶紧摘录下来。不知不觉间，这已经成了我潜移默化的习惯，而“铁人先锋”也作为陪伴我晨起的APP，被移到了更加醒目的位置。

还记得刚接触“铁人先锋”时，她和集团公司众多应用共用宝石花图标，混在一堆新下好的软件之中，并不引人注意。初次使用是为了交纳会费，我先入为主地认为这就是她的全部功能，抱着这样的心态登录了APP，却为琳琅满目的功能设计震惊。每日金句、月月学、云课堂……各色窗口挤入眼帘，瞬间就勾起我的注意。

“网讯”的每日推送从新闻到通讯一应俱全，“学习”版块中不断更新着主题课程，开阔视野的同时也帮助我深入了解各项知识和思想，“交流”版块中党建、工会等持续地推送解读和宣传，从学习“油”声到每日一习话，内容丰富而排版简洁，引人入胜。这其中，每日答题恐怕是最吸引人的环节，题库每天不重复，涵盖了方方面面的内容，可以通过做题获得积分。有时我会有小小的好胜心，在选项之间摇摆不决时切到其他栏目，先把相关的知识通学一遍，再重整旗鼓来作答。我进入公司的时间不算早，自然在组织的积分排行中垫了底，但看着自己的积分逐日增长起来，这种成就感无可替代。

知识付费的时代背景下，从网络公开课到昂贵的付费课程，从微课堂到精品直播课，学习不再是一项无门槛的易事。但“铁人先锋”作为内部 APP，始终保持着简洁的界面、丰富的学习内容以及实时跟进的资料库，更是能结合公司的实际情况，将中央精神细化至相关的工作任务中，是数字时代的宝贵财富，也是各位党员团员的红色精神家园。与此同时，在各项大会召开之后，“铁人先锋”都会及时推出相关知识的解读，解说直白、内容详尽，不仅带着我们深入了解了相关的政治思想内容，还进一步扩宽了思想。这样“互联网 + 党建”的模式是一种创新，一种进步，以平台集中活动，用数字化推进教育，让党建融入生活。

资料固然宝贵，使用者不断学习的精神品质却是更为可贵。尽管去学习、去领悟、去创造，不断充实自我思想精神，增强文化认同。学海无涯，党建事务繁多，而我早已乘上“铁人先锋”的快艇，晃眼之间轻舟已过万重山。

（撰写人：何卉涵）

让信仰的种子在心灵的沃土上生根萌芽

◎ 西南油气田

“铁人先锋”平台对我的意义尤为不同，刚刚参加工作时，了解“铁人先锋”还比较懵懂,“铁人先锋”在我适应“大学生”到“石油人”身份转变的过程中一直陪伴、帮助着我。

最开始接触“铁人先锋”，我还不适应每天的答题，对平台的很多功能也不熟悉。直到支部书记提醒，才猛然发现没有完成基本的学习任务。也正是这次提醒，让我进一步端正了态度。作为一名党员，持续加强政治理论学习、提升政治敏锐度义不容辞，要积极主动地紧跟时事、及时学习党的最新理论和政策，不断提升党性修养。于是我设置了每天两次的定时提醒，督促自己完成每日答题，学习习近平新时代中国特色社会主义思想、党的二十大精神和时政理论文章。我还参加直播课、健步走等活动，也常常被一线工作者们的感人事迹激励鼓舞。平台逐渐成为我在钻井现场工作生活中迸发斗志、坚定信念的源泉，也成为丰富生活、拓宽眼界的渠道。到现在每天点开“铁人先锋”答题、学习已经变成一种习惯，融入我的生活，不需要任何提醒，我也会自然而然地打开“铁人先锋”，或在学习模块观看热门课程，或在交流模块阅读推送文章，化被动为主动，开始自觉地去学习、去了解、去发掘更多平台的“宝藏”。

到今年我逐渐开始接触党建工作，我对“铁人先锋”不再只是简单地学习和使用，开始熟悉平台的后台运行、管理流程，通过后台管理实现组织管理、党费核对、信息公开等功能。每当我在学习模块完成自己上传的答题考试，在交流模块看到自己整理投稿的文章，都会发自内心地有一种成就感。平台不断推进党的创新理论传播，发扬奋斗和奉献的事迹，分享优秀的党建工作经验，为我提高思想认识、培养创新思维、提升工作效能都贡献了巨大帮助。同时，我也体会到智能化、一体化的信息平台给工作开展带来的便利，深刻地意识到党建信息化建设的重要性。

做学生党建工作时，我的指导老师曾经说过党建工作就像播种，信仰的种子会在心灵的沃土上生根萌芽。我也希望未来的日子里，做好平台的使用者和宣传者，尽我所能地去播撒更多的种子，期待这些种子落地生花，让奋斗之姿绽放精彩，使奉献精神永续长存。

（撰写人：杨博涵）

悟平台之美　笃前行之路

◎ 西南油气田

记得去年入职时，我还是一名刚毕业的大学生，对于如何快速转变角色、成为一名优秀的石油工人，感到精神与行动上的迷茫。这时我认识了“铁人先锋”平台，她就像一个石油人展示风采、交流学习的精神世界，让我看到了无数同行如何扎根现场、奔赴一线，感受到了前辈忘我奋斗、艰苦拼搏的铁人精神。在数字化浪潮席卷而来的今天，“铁人先锋”平台凭借她丰富而强大的功能，让石油精神可以由网络而具象，将我们每个人紧密相连，成为百万石油人的红色家园。

我于去年加入了开发事业部第一党支部，按照党组织的要求，我要按时完成“铁人先锋”内每日答题、在线答题、月月学与专题学，学习线上课程，参加党员大会，学习贯彻习近平新时代中国特色社会主义思想，深入学习党的二十大精神，认真学党史、悟思想、办实事、开新局，加强理论武装，提升精神素养。

在“铁人先锋”平台上的学习让我感受到，作为一名年轻的共产党员，我对于新知识、新发展的学习还不足，在今后的日子里，还需要充分发挥自身的主动性，加强理论学习、党性锻炼，发挥党员先锋模范作用，不断提高自身素质与能力。

在“铁人先锋”平台的引导下，我开始了我的石油工人之旅。我扎根井场，奔赴一线，与那些勇敢的石油工人们并肩作战。我感受到了他们的工作热情和无私奉献的精神，也深刻体会到了自己作为一名石油工人的责任和使命。我也因此受到鼓舞，在入职不久后便一扫最初的迷茫，怀着满腔的热血与激情，奔赴井场进行为期半年的驻井学习。

在金浅519平台井和蓬莱001-H2井，我对钻井现场有了一个初步的认识，并进行了不同岗位的轮换学习。通过现场的观察思考与技术人员的指导实践，我了解了小班记录工如何检查、丈量、记录入井工具；学习了坐岗记录工如何计算与记录灌浆罐、尖体罐、胶液罐、储存罐等罐体的池体积，调校液面报警器装置；认识了内、外钳工使用的液气大钳、B型大钳、内防喷工具等井口工具的作用；了解了泥浆工如何测定钻井液的基本性能、收集填写钻井资料以及管理泥浆材

井场学习

录井房学习

料；学习了司钻、副司钻如何进行常规起下钻、钻进作业的工艺流程，如何初步判断井场常见的钻井故障复杂；认识了录井工如何判断钻进、起下钻、空井、气侵等情况下的录井曲线，以及如何计算岩屑迟到时间、油气上窜速度等知识。

在学习过程中遇到困难时，我也会打开“铁人先锋”，从行业前辈的职业精神中汲取力量。阅读“铁人先锋”平台的文章，我仿佛身临其境地感受到了井场的艰苦与不易。那些描述石油工人如何在恶劣环境下工作、如何克服重重困难的故事，让我感受到了他们的坚韧与毅力。这种精神，深深地触动了我，使我在感到挫败时能够继续向前。

当我有幸能够在大庆进行“大庆精神、铁人精神”学习时，我更加深入地了解了“铁人先锋”平台想要带给年轻石油人的精神内涵，通过沉浸历史，我感受了“没有条件创造条件也要上”的勇气和决心，理解了石油精神发展和沉淀的来之不易。通过追寻铁人的足迹、聆听铁人的故事，我深感震撼、备受鼓舞。

随着时间的推移，我逐渐从平台上汲取了更多的知识和力量。我感受到，石油工人不仅是国家能源事业的守护者，更是社会发展的推动者。他们的辛勤付出，为我们的生活带来了便利和舒适。这种认识，让我更加坚定了投身石油事业的决心。在与“铁人先锋”平台的互动中，我深刻认识到了数字时代党建工作的新变化和新气象。这个平台不仅为我们提供了丰富的学习资源和便捷的服务支持，更成为我们工作生活中的得力助手。我相信，在未来的日子里，“铁人先锋”平台将继续发挥重要作用，为我们的企业发展和个人成长提供有力支持。

（撰写人：吴雨潇）

月总结季检验 促进青年整体能力提升

◎ 新疆油田

数据公司软件研发中心是一个新成立两年多的部门，部门中 90% 都是 35 岁以下的青年员工，青年富有朝气与活力，但也存在经验不足的问题，怎样做好青年工作，成为一大难题。为了更好地激发青年干事创业的活力，软件研发中心领导充分结合“铁人先锋”平台提供的能力，建立任务认领机制，让青年自行参与到工作中来，充分发挥青年员工的敢担当、肯奋斗的精神。

首先，将部门重点工作细分至具体系统，上传至“铁人先锋”平台任务管理，建立部门重点工作计划，通过部门领导挂帅，部门成员任务认领，自行组队，形成研发攻关小组，进行重点工作的攻关。其次，每个周、月进行任务完成度总结，把握工作整体进度，然后在“铁人先锋”中反馈，线上线下随时掌握项目进度。最后，每季度针对个人工作以及小组工作做一次整体的工作检验，由部门领导以及专家组成评委会对工作完成情况进行评审，评选出本季度的部门“研发之星”和“先锋小组”。

通过月度总结以及季度检验等方式，先后选出四名“研发之星”

软件研发中心开展月总结、季检验活动——分享团队建设经验

和四个“先锋小组”。“研发之星”汇报分享了认领项目具备的能力、取得的业绩，让在场的同事了解到要独立承担项目需要具备的各种能力、精准把控项目进度的能力以及项目管理的技巧，也让部门员工了解到与“研发之星”的差距，更加激发员工向先进典型学习的动力。“先锋小组”选手分享了小组在管理方面、技能方面、创新方面、和谐方面的特点和优势，让在场每一个人感受到了团队的力量，一个人的能力有限，但是团结协作能够迸发出 1+1 等于 3 的效果。

通过活动的创建进一步激励了中心全体员工争当生产经营的能手、科技创新的模范、提高效益的标兵、服务群众的先锋，在推动公司改革发展稳定等各方面发挥先锋模范作用。

（撰写人：严加展）

与先锋同行　践铁人初心

◎ 管道局

在数字时代，党建工作通过“铁人先锋”平台的运用，为党员和党组织提供了一个全新的互动和学习环境。以下是一个关于我与“铁人先锋”平台互动的故事，体现了数字时代党建工作的真实感受：作为一名党员，我有幸见证了党建工作在数字化转型中的巨大变化。“铁人先锋”平台的推出，不仅改变了我们学习党的理论和参与组织生活的方式，还极大地提升了党建工作的效率和质量。

记得第一次接触“铁人先锋”平台时，我被其丰富的功能和便捷的操作所吸引。平台集成了党建宣传、党员教育、组织管理等多个模块，让我能够随时随地了解党的最新动态，参与线上学习，甚至在移动终端上完成党费交纳等日常事务。

通过“铁人先锋”平台，我参与了多次线上党课和专题讨论。这些活动不仅内容丰富，形式也多样，包括视频讲座、互动问答、在线测试等。这种灵活的学习方式让我能够根据自己的时间安排进行学习，极大地提高了学习效率。

“铁人先锋”平台还改变了我们的组织生活方式。通过平台，我们可以在线参与网上学习和民主评议等活动，即使身处异地也能及时参与到组织生活中，这在以前是难以想象的。平台的互动交流功能让我感受到了党组织的温暖。在这里，我可以与其他党员分享学习心得、工作经验，也可以就党建工作提出自己的建议和意见。这种开放的交流环境促进了党员之间的相互理解和支持。

“铁人先锋”平台的数据化管理功能让我对党建工作有了更直观的认识。通过数据分析，我可以看到自己和所在党组织的工作成效，这不仅有助于自我提升，也为组织决策提供了科学依据。党建百科可以让党员学习最新思想政策，政治理论，党内法规等内容。

总的来说，“铁人先锋”平台让我深刻感受到了数字时代党建工作的便捷、高效和现代化。她不仅提升了我的党员意识，也增强了我参与党建工作的积极性。我相信，随着技术的不断进步，党建工作将会更加智能化、个性化，更好地服务于党员和党组织的发展。数字时代党建工作给个人带来的积极变化，反映了“铁人先锋”平台在提升党员参与度、增强组织凝聚力、提高工作效率等方面发挥的重要作用。

（撰写人：魏旭阳）

我和平台正式结缘的 593 天

◎ 管道局

2022 年 9 月 28 日，我清楚记得那天，我正在和同事们排除一个现场设备的故障难题，满脸的愁容和叹气。当我还在纠结怎么进行的时候，忽然收到党支部书记给我传来的正式消息：“你的入党通过了关键的考验阶段，刚刚结束的公司党委会已批准通过，你现在是一名预备党员了。”巨大的喜悦一瞬间填充进我整个脑海，将陷入排除故障难题困境中的我脸上的愁容一扫而光。我已成为一名光荣的预备党员，我距离那个神圣的组织就差最后一步了。而从那以后我就跟一个叫“铁人先锋”的平台结下了不解之缘。

2022 年的 9 月 28 日到今天 2024 年 5 月 12 日共 593 天，在这个近六百天的时间里，我登录平台达七百多次。登录平台是我每天必干的一个事情，它已经成为我的一个新的生活习惯。

作为一个入党不到两年的新党员，我时刻提醒自己现在是一名共产党员了，努力提高自己的党建知识和思想认识水平应成为我终身追求的目标。“铁人先锋”这个平台给我很大帮助，特别是她的手机客户端。她是一款专为广大党员职工提供线上学习、交流的平台。这里拥有超多党的主题活动、理论知识和党章党规党纪，可以让党员用户随时了解最新的党政方针政策，参与党建活动，加强基层党组织建设，起到党员的模范带头作用。同时还能够协助职工用户学习到许多专业知识，提升每一个职工的素质和专业技能。

积极拓宽视野，提高技术水平

在这个平台中有三个地方我每天都会留下足迹。第一个地方，每天的签到和答题。每天早起睁开眼睛拿起手机，首先打开“铁人先锋”，进行签到和答题。平台第一时间提醒我，我是一名共产党员，要以党员的榜样去工作和学习。当走进办公室开始一天的工作后，在间歇时候我再次拿起手机进入“铁人先锋”的第二个地方，网讯模块。看着当天发生的时事新闻，去了解最新的石油动态，可以让我跟紧石油人的步伐不会掉队。等到下班后，躺在宿舍里，回顾总结一天的工作后，我会拿起手机进入平台的第三个地方，交流模块。看着关于当天的党建话题，听听工会内的最新动态，再了解一下历史上的今天，最后再和先进、榜样的老党员交流一下今天的学习、工作及思想状态。这就是我和“铁人先锋”平台的一天。

风卷红旗过大关。作为一名党员，不断的奋进是必备的精神，“铁人先锋”平台提供了一种良好的支持手段，在未来我将和她继续结伴向前行，不忘初心，为党、为新中国的现代化贡献自己的力量。

（撰写人：田艳永）

同频共振　并肩同行

◎ 西南油气田

人有千秋，学无止境。不知不觉间，“铁人先锋”平台已经陪伴我三年时长，于我而言，她不仅是打卡完成任务的 APP，更是指尖上的“微课堂”、工作中的“加油站”，在三载春秋中，我们都在成为更好的自己。

2021 年 10 月，带着初入党的兴奋，我首次接触了“铁人先锋”平台，线上交纳党费、主题教育、党史知识、党的路线方针政策、廉洁教育等等，在这儿，我开始进行更系统地自我学习。随着深入接触，我发现她不仅是一个理论学习平台，也是标杆示范的展示平台，典型案例、榜样示范、突出活动……我们的身边人身边事，阅读着优秀同行的故事，我更找到了进步的力量。

在一次答题结束后，我翻阅着推送的文章，“石油工业发展史”几个字映入眼帘，一刹那间，我发现自己在脑海中几乎检索不出关于石油的历史。怀着愧疚与好奇，我在平台上搜索阅读着石油史上的故事，重新认识了新中国石油战线上的铁人王进喜，重新了解了大庆石油会战的关键性胜利，石油精神、铁人精神逐渐在脑海中具象化。也在此时，我渐渐意识到，“铁人先锋”平台不仅仅是一个呆板枯燥的学习答题工具，更是石油前辈们的筚路蓝缕、风雨兼程的见证与传承，是记录一代代石油历史变迁的文化册。再读平台上的石油故事，今天的石油人依旧不畏艰难扎根戈壁、迎风破浪于深海钻探、坚守一线守卫万家灯火，果真是应了那句话——石油工人干劲大，天大困难都不怕！

在“铁人先锋”上，我学习到最多的便是习近平新时代中国特色社会主义思想，在研讨学习习近平总书记的重要讲话与指示批示中坚定信仰信念，紧跟党的步伐。“全体中国共产党员！党中央号召你们，牢记初心使命，坚定理想信念，践行党的宗旨，永远保持同人民群众的血肉联系，始终同人民想在一起、干在一起，风雨同舟、同甘共苦。”这是习近平总书记在庆祝中国共产党成立 100 周年大会上对全体共产党员的号召，也是作为党员的我再读仍旧倍感振奋的激励之言。

当读到习近平总书记在庆祝中国共产党成立 100 周年大会上对全体共产党员的号召时，作为青年党员的我们仍旧倍感振奋

作为新时代的石油人，我们必将不屈前人之志、传承铁人精神，用一生坚守书写青春之志。

立身以立学为先，立学以读书为本。三载风雨相伴，每天在“铁人先锋”登录签到、阅读文章、答题积分已经成为我生活的一部分。学以致用、知行合一，可以启迪人的思想，故事、语言总有跨越时空的魅力，在阅读中养浩然之气，在学习中保持对生活的热爱，我们终将在匆匆时光中不负未来。

在学习中拓展生命的厚度与宽度，“铁人先锋”平台传达的是党中央精神、传承的是石油人的铁人精神，在未来的时光里，我将继续在“铁人先锋”的指导与引领下阔步前行，为青春梦想矢志奋斗。

（撰写人：罗钦南）

我和“铁人先锋”的一场奇妙“相遇”

◎ 长庆油田

“小柴，今天你的党建积分又排在咱们党支部的第一名了，大家加油啊……”2024年5月31日早上，党建业务人员在统计月度“铁人先锋”平台应用情况时，对党员进行了广而告之，听到褒奖的我心里满是自豪感。

“铁人先锋”平台自2017年运行至今，经过不断完善、更新和升级，现已成为新闻宣传、党员管理教育、工团组织生活等各项业务工作的信息化管理平台。特别是“铁人先锋”平台的推广和应用，让石油系统内的党员无论身在何处都能够参与到党组织的活动中来，不仅加强了党员的日常管理，也强化了党支部的组织建设。

“铁人先锋”是我成长路上的助推器。作为一名党员，“铁人先锋”平台已成为我每天必须完成的功课。平台上的内容丰富，我每天必须进行签到和答题，每月落实党费上缴、月月学网上课堂和其他学习任务。只要利用碎片化时间打开平台，就能学习到集团公司2024年工作会、《中国共产党纪律处分条例》和《党史学习教育工作条例》等。这样的参与方式，让我加强了自身管理，养成了良好的时间观念，每天学一点，每天进步一点，在积累中见证个人成长，为努力做一个与时俱进的学习型党员奠定基础。

“铁人先锋”是我工作上的好帮手。记得在2020年新冠疫情暴发时期，由于党员全部封闭在家，党支部书记就号召全体党员利用“铁人先锋”平台上党课。在上线学习中，我和党员们一起学习了党内知识，增强了党性修养，也了解到新冠病毒的预防常识。这样的线上活动，让支部党员在非常时期还能“相聚”在一起，是网络信息化带给我们的一次“奇妙体验”。现在的“铁人先锋”每天更新新闻、创新开展组织活动，而我最大的改变也是从“必须打卡”向“我要打卡”转变。每天坚持浏览国际、国内以及石油新闻也成为我的日常习惯，这样不仅开阔了我的视野，更是打开了我看世界的窗口，不断提升个人认知，也不断修正着个人价值观，为我破解工作中存在的问题打开了更多的思路。

“铁人先锋”是我生活上的好管家。2024年4月中旬，“铁人平台”发布了“云走中轴线 绿色‘油’我行”健步走活动。活动一开始，我就每天督促自己少坐多动，尽早完成10000步的计划目标。健步走让我树立健康的意识，积极地回应生活，塑造阳光心态，用正向的思维方式去看待身边的人、事、物。值得一提的是，“铁人先锋”每逢“五一”“十一”“春节”等节日时段，会如约进行温馨的问候和提示。从平台里传递出的节日祝福，更是拉近了我和平台之间的距离，在滋养和浸润心灵的同时，鼓舞着我用最大热情去热爱生活。

今天我在“铁人先锋”平台已连续签到1390天。在日复一日的坚持中，我看到了自己的成长，收获了自信，更让我相信只有持之以恒才能收获硕果。如果说是党员的身份让我和平台有了这一场“情缘”，那么，今后的我将珍缘惜缘，带着责任和使命，维护好和平台的这一场相遇。

（撰写人：柴庆玲）

我与“铁人先锋”的七年岁月

◎ 长庆油田

光阴似箭，日月如梭，一转眼之间，岁月的车轮滚滚向前，留下深深的印记，时间就像沙子一样，在我们的手中慢慢流逝，但作为一名共产党员，我与“铁人先锋”的感情却日渐深厚，她警醒着我入党的初心，浇灌着我精神的世界，指引着我在党的带领下越走越好。

含苞期

2018—2020年，这时的我还是一个少女。作为一名油田基层党务工作者，开展组织生活一直有一个让我深深苦恼的问题，那就是因为工作地点偏僻，执行的是轮休制度，好多党员休假不在岗，并且由于生产的不间断性，好多党员日常工作三班倒，总是有一部分党员赶不及参加组织生活，虽然绞尽脑汁，但仍旧没有好的办法，这时我的她出现了——“铁人先锋”。线上会议和讨论组让组织生活不再受限于时间地点，党建要闻、专题活动、堡垒先锋、理论研究等栏目不断丰富党员学习内容，广大党员干部可以不受时间、空间限制，自主选择学习内容，组织生活开展的难题迎刃而解。典型经验、基层党建等专栏，不断拓宽我的工作视野，通过借鉴先进单位的成功经验，自身专

2018年苏里格第五天然气处理厂“铁人先锋”应用培训

业素养和能力不断提升。这时的我，对她简直一见如故。

待放期

2021—2022年，这时的我肚子里已经有了可爱的宝宝，由于身体的原因，我不得不请假在家待产，孕期身体的不适及心理的转变让我每天身心俱疲，仿佛只有每天早晨睁眼的“铁人先锋”打卡，才是我唯一的一件“正事”。每天看看网讯里的党员风采和科普知识，让每天的生活从满满的正能量开始。是“铁人先锋”陪伴我走过了那段艰难岁月，这时的我，对她不离不弃。

绚烂期

2022—2024年，这时我的宝宝已经开始一天八百遍妈妈的喊叫不停了，我也重新站在了油田基层党务工作者的岗位上，此时的“铁人先锋”在我看来，已经是一本党建大百科了，通过系统、内容、模块的不断更新完善，组织生活、理论学习、专题教育等内容应有尽有，工作开展更便捷、快速、有效是我对她最深的感受。这时的我，对她再见倾心，已然“离不开”了。

一路走来，“铁人先锋”见证了我结婚生子的重要人生旅途，我也见证了她的建立、不断丰富和完善，并成为我工作上最重要的帮手。我们共同成长、共同进步，相信在未来的日子里，我们一定能够携手并进，共同开创基层党建工作的新局面。

（撰写人：张晓捷）

云端上的党纪学习教育

◎ 长庆油田

“开展党纪学习教育，要聚焦解决一些党员干部对党规党纪不上心、不了解、不掌握等问题，教育引导党员干部学纪、知纪、明纪、守纪……”2024 年 6 月 4 日，在樊学生产运维中心学一联党支部，已休假的党员姚凯通过视频连线，在家分享了他的学习心得体会。

连日来，樊学生产运维中心各党支部依托“铁人先锋”平台，以视频会议的形式，开展了一次云端上的主题党日活动，通过学习研讨，线上线下同频共振，做到党纪学习教育规定动作不走样、自选动作有特色，为高质量发展提供坚强的纪律保障。

“通过‘铁人先锋’平台开展线上党纪学习教育，摆脱了传统教育培训时间、场地、距离的限制，让我们这次活动党员覆盖率达到 100%。”学一联党支部书记蒋明兵介绍道。

在主题党日活动开展前，部分党员依然在岗位上忙碌着，他们暂停手上的工作，在值班室、办公室，都以支部为单位完成学习《中国共产党纪律处分条例》、分享学习心得体会等内容，有效提高了党员干部的活动参与率。党员结合自身实际，互相交流在党纪学习教育中的先进做法和心得体会，将好经验、好举措口口相传，既增强了线上

相互交流学习

教学的互动性和规范性，也提高了党员学习的参与度和有效性，与线下学习效果相比同样起到启示、引导效果。

“利用‘铁人先锋’上的党纪学习教育专栏自学，可真方便，这上面不仅有条例原文学习，还有视频解读和知识自测，真的是党纪学习教育的‘加油站’。”党员欧燕自学后心有感悟。

樊学生产运维中心党总支要求党员干部在“铁人先锋”平台上关注党纪学习教育专栏，引导党员干部利用碎片化时间，认真学纪、全面知纪、对标明纪、笃行守纪。并安排专人督导，检查各党支部答题率，统计、编发各党支部学习情况，定期在党建工作群中通报，将学习培训的“软任务”变成“硬指标”。

“‘铁人先锋’云党课形式新颖、传播有力、很接地气，学习阵地从线下搬到了线上，变的是形式，不变的是效果。”大家纷纷表示。在党纪学习教育中，樊学生产运维中心党总支不仅抓好线下“大讲堂”，还抓住了线上“云课堂”。通过线上学习和线下学习、理论学习和实践锻炼、集中学习和自主学习、规定动作和自选动作四个相结合，有效激发了党员干部的学习热情和兴趣，实现党纪学习教育融入日常、抓在经常、取得实效。

（撰写人：韦婧）

“铁人先锋” 真香

◎ 长庆油田

初识“铁人先锋”，那时候她还叫“石油党建”，她是中国石油党员们的共同学习平台。

推广之初，我们心中既有兴奋，也有些许的迷惑，还有一点点抵触，“我们的手机上 APP 已经很多了，内存、流量都不够用，还增加了工作量。”抱怨、牢骚不绝于耳。那时没有技巧，只有看着教程慢慢地摸索着去学，是为了完成任务而去使用、去学习。

随着平台功能的不断完善，学习的不断深入，我慢慢发现了许多学习的窍门，掌握了许多使用的技巧，不但减轻了工作量，还了解到更多的功能，找到了许多自己想学的内容。在“铁人先锋”平台不但可以交纳党费，参加知识竞赛，还可以了解国家大事，掌握历史文化典故，学习时代楷模、道德模范，观看党课视频，聆听健康讲座，总之内容极其丰富。

“铁人先锋”已然成为我的随身宝典，担任了历史老师和政治老师的角色。通过阅读平台上的文章，我及时了解了集团公司动态、石油精神和许多基层党建工作经验做法。我们一直以来所传承的大庆精神、铁人精神是长庆精神的源头，我深深了解到正是党建工作与生产经营的紧密融合为采油七厂的高质量发展筑牢了根和魂。

“铁人先锋”平台就好似一个家，记录着我们支部每一位党员的政治生日。她同时也是一所学校，见证我们每一位的成长变化。平台提供海量学习资源，为党组织生活提供高效率学习条件。在线答题等功能为检测学习效果提供了便利。通过平台了解党建时事要闻，学习典型经验，深入理论研究，不仅学习了党建知识，同时提高了党性修养，为更好为人民服务、高效工作提供了有力保障。

不知不觉，我和“铁人先锋”走过了几个春夏。随着时间的推移，我的热情也不断地提升。签到、答题更是成了我每天的必修课。周围的同事每天都在平台上签到、答题、学习、赛积分、比排名，热情持续高涨，尤其是当有同事通过积分抽奖获得了一只“铁人先锋”周边——铁人小老虎音箱，这种氛围更是达到了高潮。

现在，我会说：“‘铁人先锋’，真香！”

（撰写人：刘媛媛）